KB236544

근대 일본의 천황제

근대 일본의 천황제

스즈키 마사유키 지음 / 류교열 옮김

이산

근대 일본의 천황제

1998년 8월 10일 초판 1쇄 발행
2005년 1월 11일 초판 4쇄 발행
지은이 스즈키 마사유키
옮긴이 류교열
펴낸이 강인황·문현숙
도서출판 이산
서울특별시 마포구 서교동 399-11
Tel : 334-2847/Fax : 334-2849
E-mail : yeesan@yeesan.co.kr
등록 1996년 8월 8일 제2-2233호

편집 문현숙
인쇄 한영문화사 / 제본 경문제책

ISBN 89-87608-05-0 03910
KDC 913(일본역사)

가격은 뒤표지에 있습니다.

한국어판 서문

나는 학생시절에 근대 일본의 정치 시스템인 천황제가 절대주의적인 군주제라고 생각했다. 그리고 오늘날에도 역시 그렇게 생각하고 있는 역사 연구자들이 적지 않은 것으로 알고 있다. 그러나 영국이나 프랑스의 절대군주제를 성립시켰던 정치나 사회의 시스템과 일본을 비교해 보면 서로 상당히 다르다는 것을 발견할 수 있다. 우선 역사적으로 근대 천황제의 직접적인 전제가 되는 막번체제(근세 일본의 봉건제)의 구조가 유럽의 봉건제와는 현저하게 다르다는 점을 들 수 있다. 게다가 최대의 봉건영주가 절대군주가 된 유럽과는 달리, 근세의 천황은 권위이기는 했으나 권력으로서는 자립하고 있지 못했다. 이처럼 근대 천황제는 그 성립부터 유럽의 절대군주제와는 다르다고 할 수 있겠다. 그러면 과연 일본 근대의 군주제인 근대 천황제란 어떠한 것이며, 천황이란 어떤 존재인 것일까? 이것이 내가 연구를 시작하게 된 출발점이었다.

물론 근대 일본은 재빠르게 제국주의 국가로 전화했으므로 민주주의와 자유주의가 배제될 수밖에 없었다는 견해도 있었다. 그러나 제국주의 국가라 하여도 국내 체제로서는 프랑스나 미국과 같이 민주적 공화제라는 국가형태를 취하는 나라도 있으며, 영국과 같이 의회주의적인 입헌군주제를 채택하고 있는 나라도 있다. 따라서 제국주의로 조숙하게 전화했다고 해서 거기로부터 곧바로 절대주의적 천황제를 도출해 내는 것은 불가능하다. 국가의 형태는 주로 그 나라 국민의 정치적 움직임에 따라 결정되는 것이 아닐까? 이러한 점과 관련해서 나는 또 하나의 소박한 의문을 품게 되었다. 학생시절 나는 역사란 영웅이 만드는 것이 아니라 민중이나 많은 국민이 만들어 나가는 것이라고 배웠다. 그렇다면 만일 근대 천황제가 절대주의적 군주제라고 할 때, 왜 일본 국민은 전근대적인 천황제를 창출했으며, 게다가 패전 때까지 이를 유지·재생산해 온 것일까? 일본의 국민적 민주주의운동이었던 자유민권운동이나 다이쇼 데모크라시 운동은 도대체 무엇이었다는 말인가? 뭔가 석연찮은 느낌이 들었다. 이 역시도 내가 연구를 시작하게 만든 의문점이었다.

이렇게 해서 나는 근대 천황제를, 그 외재적인 개념인 절대주의나 제국주의로부터 연역적으로 설명하는 것이 아니라, 근대 천황제 자체에 내재하는 논리 속으로 파고들어 가 그 모습을 이해하고 설명해야겠다고 생각하기 시작했다. 그리고 구체적인 사료를 접하면서 천황과 황실, 천황제를 살펴본 결과, 근대화해 나가는(따라서 민주화도 제국주의화도 진행되는) 일본의 정치와 사회에 대하여 천황과 황실, 천황제가 진지하게 대응해 나가려는 자세를 발견할 수 있었다. 따라서 천황과 황실, 천황제도는 불변적인 것이 아님은 물론, 시대를 초월한 존재도 아니었다. 적응하는 데 한계는 있었겠으나 시대에 적응하려 한 존재였음이 분명했다.

살아 있는 천황제·황실제도. 이것이 나의 연구가 주목하는 부분이며, 따라서 이 책에서 살아 있는 천황제·황실제도를 제시하려 노력했다. 그럼에도 불구하고 다소 부족한 점이 있으리라 생각한다. 이 점, 한국 독자 여러분들의 학문적인 비판을 기대한다.

천황과 황실은 오늘날 일본에서도 지극히 이데올로기적인 테마이다. 물론 한국에서는 더욱 그럴 것이며, 따라서 평가의 시각도 일본과는 자연히 다를 것이다. 그러나 그러면 그럴수록, 일본에서도, 한국에서도 일본의 정치나 사회에서 천황이 어떠한 위치를 차지하며 어떠한 기능을 해왔는지 정확하게 이해할 필요가 있을 것이다. 이 책이 이러한 의미에서 조금이나마 보탬이 되었으면 하는 바람이다.

　마지막으로 이 책의 번역을 위해 수고한 류교열씨, 한국어판 출판을 맡아 준 도서출판 이산, 한국에서 출판하도록 허락해 준 이와나미 서점(岩波書店)의 여러분들께 감사의 말을 전한다.

1998년 5월

스즈키 마사유키(鈴木正幸)

서장

1990년 11월 28일, 즉위례를 마친 현 천황 아키히토를 태운 마차와 행렬이
대상제를 치르기 위해 황실의 주된 공식행사장 세이덴(正殿)으로 향하는 모습
(일본 每日新聞社 제공)

황태자의 결혼과 황실회의

1993년 6월 9일, 황태자의 결혼식[1]과 함께 일본에서는 대대적인 퍼레이드가 펼쳐졌다. 이날 텔레비전의 모든 프로그램은 결혼식에 관한 화제로 일관했으며, 당시의 매스컴은 황태자비가 결정되기까지의 경위나 로망스를 시시콜콜하게 보도했다. 그런데 정작 이 결혼이 "입후(立后)와 황족 남자의 혼인은 황실회의를 거쳐야만 한다"(황실전범 제10조)는 규정에 의해 비로소 성사될 수 있었다는 사실에 주의를 기울인 사람은 얼마나 될까? 더욱 중요한 것은 황실회의란 사적인 친족회의가 아니라는 점이다. 황실회의는 두 명의 황족 이외에 입법·행정·사법의 장(중의원·참의원 양원의 의장과 부의장, 내각총리대신, 궁내청장관, 최고재판소 장관과 재판관 한 명)이 참가하는 그야말로 공적인 국가기관이다. 우리들에게는 결혼이란 순수하게 사적인 일이며 "혼인은 오로지 양성의 합의에만 의거하여 성립"(일본국 헌법 제24조)한다는 규정처럼, 일정 연령에 이르면 자유로운 의사로 결혼할 수 있다. 그럼에도 불구하고 왜 천황과 황족 남자는 결혼까지 국가기관의 승인을 받지 않으면 안되는 것일까?

황족이 일반 국민과는 달리 이처럼 법적 제약을 받는 것은 모두가 천황이라는 특별한 지위와 관계가 있다. 황족 남자의 결혼에 황실회의의 승인이 필요하다는 규정에 대해서는 이런 설명도 있다. 천황이란 '일본국과 일본 국민의 통합의 상징'이라는 공적인 지위를 지니는 동시에 국사행위라는 공무를 수행하는 헌법에 규정된 존재이다. 이 점을 생각할 때, 황족 중에 남자는 태어나면서부터 그러한 공적인 지위를 담당할 가능성을 지니기 때문에 승인이 필요하다는 것이다.(여기에는 위헌의 소지가 있다는 견해도 있다.)

황실전범과 천황의 지위

메이지 헌법에서 천황은 국가원수로 '신성불가침'한 존재였다. 이 헌법은 천황이 하사한 흠정헌법이며 헌법개정을 위한 발의권은 오로지 천황만이 가지는 것으로 되어 있다. 그리고 황실제도의 골격을 정한 황실전범은 "황실 스스로가 그 가법(家法)을 정한다"(『皇室典範義解』)고 설명되듯이, 역대 천황들의 '유훈'(遺訓)에 따라 천황 자신이 제정하는 '가법'이었다. 따라서 이러한 황실전범에 대하여 국민의 대표기관인 국회는 당연히 관여할 수 없었다.

이에 비하여 전후의 황실전범은 1947년 1월에 국회의 의결로 제정되었다. 천황의 지위는 주권자인 국민의 총의에 그 바탕을 두게 됨으로써(일본국 헌법 제1조), 국권의 최고기관인 국회가 황위계승을 포함한 천황과 황실에 관한 제도를 제정할 권한을 장악한 것이다. 이처럼 전전과 전후는 황실전범의 제정권자와 제정방법이 근본적으로 다름을 알 수 있다. 이는 메이지 헌법과 일본국 헌법의 차이, 말하자면 주권의 존재가 서로 다른 데서 비롯된 것이라 할 수 있다. 그리고 그 결과 전전과 전후에서 천황과 황실이 국가기구에서 차지하는 위치도 결정적으로 달라지게 되었다. 하지만 황실 내부를 들여다 보면 전전과 전후의 공통성도 많이 찾아볼 수가 있다.

이 책의 부록인 「신·구 황실전범 대조표」를 보면, 황위계승에 관한 조항에서 서출(庶出)에 대한 규정이 없어진 것을 제외하면 기본적으로 변함이 없음을 발견할 수 있다. 천황·황태자·황태손의 성인 규정(만 18세)도 동일하며 경칭에 대해서도 이전과 변함이 없다. 그리고 황족의 범위와 황적(皇籍) 이탈의 규정 등에서도 커다란 차이는 볼 수 없다. 이는 곧 전전과 전후의 황실이 어느 정도 연속성·공통성을 지니고 있음을 보여준다. 또한 황실의 '결혼식'(結婚儀)이나 즉위례[2]·대상제(大嘗祭)[3], '대상례'(大喪禮)[4] 등의 의식에서도 이것이 국가의 공적인 행사인가 아니면 황실의 사적인 행사인가라는 점에서 서로 차이가 있는 것은 사실이나, 현재 의식의 내용 그 자체는 전전의 그것과 크게 다를 바가 없다.

시간의 지배라는 이념

앞에서 본 것 외에도 황실제도는 국민생활의 많은 부분에 파고들어 있다. 그런데 전전과 전후의 단절과 연속이라는 측면을 생각할 때, 자칫 소홀히 다루기 쉬우므로 황실제도에 대해 눈을 돌리지 않으면 안된다. 그 예로써 원호(元號)[5]나 공휴일 등을 들 수 있겠는데, 이는 군주가 공간뿐만 아니라 시간마저도 지배한다는 이념과 연관되어 있음을 의미한다.[6]

메이지로 원호를 바꾸면서 일세일원제(一世一元制)가 채택되었다. 이는 황실전범에서 "천조(踐祚, 즉위) 후 원호를 세우고 그 치세(治世) 동안 이를 다시 바꾸지 않는 것은 1868년(메이지 원년)의 정제(定制)에 따른다"(제12조)고 명시된 뒤 1909년의 등극령(登極令)으로 그 절차가 정비되었다. 곧 "천황은 즉위한 후에 곧바로 원호를 바꾼다"고 하고, 이때 원호는 '칙정'(勅定)에 따라 조서(詔書)로 공포하는 것으로 되었다. 이로써 국가와 국민 생활의 분기가 천황의 개인적인 생애에 따라 규정되고, 점차 국민의 시대 인식에까지 스며들게 되었다. 패전 후 일세일원제는 황실전범에서 제외되었으나, 1979년의 원호법 제정과 함께 사실상 다시 부활하게 되었다. 이 부활된 원호법에서는 과거와 같은 '칙정'이 아니라 정령(政令)으로 공포한다는 차이가 있다고는 하나, 천황이 즉위하면 곧바로 원호를 새로이 정한다는 사상에는 아무런 차이가 없다.

국민의 생활리듬에 커다란 영향을 주는 축제일(祝祭日)도 이와 동일한 사상에 입각해 있었다. 1872년(메이지 5) 11월에 메이지 정부는 태양력을 채용한다는 조서를 내림으로써(이 해의 12월 3일을 메이지 6년 1월 1일로 함) 태양력 시행과 함께 진무(神武) 천황 즉위일(紀元節)[7], 천장절(天長節, 11월 3일)[8]을 시작으로 새로운 축제일의 체계를 만들었다.

그리고 전 천황(先帝)의 사망일을 휴일로 정했는데, 메이지기(期)에는 고메이(孝明) 천황제(1월 30일), 다이쇼기에는 메이지 천황제(7월 30일), 쇼와기에는 다이쇼 천황제(12월 25일)가 각각 설정되었다. 쇼와기에는 특히 메이지 천황을 기념하기 위해 그의 생일(11월 3일)을 메이지절(明治

節)로 부활시켰다(1927년 — 옮긴이).

1948년 「국민의 축일(祝日)에 관한 법률」이 정해짐에 따라 공휴일의 의미는 근본적으로 바뀌었다. 곧 '자유와 평화를 희구하는 국민'이 미풍양속을 살려 보다 풍요로운 생활을 일구어 나가기 위한 것으로 된 것이다. 그러나 메이지절이 문화의 날로, 신상제(新嘗祭)[9]가 근로감사의 날로, 기원절이 건국기념일로, 그리고 쇼와 천황의 생일이 식목일(綠の日)로 바뀌어 존속한 점(한때 메이지절이 정해진 것과 취지가 동일하다고 할 수 있겠다) 등은 비록 그 명칭은 바뀌었으나 이처럼 전전의 공휴일이 그 명맥을 이어가고 있음을 볼 때, 공휴일의 의미가 전전과 완전히 단절되거나 바뀌었다고는 할 수 없을 것이다.(橫田耕一, 『憲法と天皇制』; 村上重良, 『國家神道』, 『天皇の祭祀』 등을 참조.)

황실제도의 근간

현대의 천황과 황실이란 대부분이 근대사＝전전사를 전제로 성립된 것이며, 근대와 현대 사이에 단절과 연속이라는 복잡한 관계를 지니고 있다. 전후의 황실제도를 검토하기 위해서는 무엇보다 우선 전전 황실제도의 존재양식과 성립 유래를 숙지하여야 할 것이다. 그리고 그 성격을 결정한 것이 국가와 사회에서 차지하는 천황의 위치라는 문제였다. 이 책은 전전의 천황이 국가제도와 사회제도상에서 차지하는 위치와 유래, 그리고 그 후의 전개를 밝힘으로써 황실제도의 성립과정과 내용은 물론, 전후의 변화와 그것이 의미하는 점을 밝혀 보고자 한다. 물론 황실제도라면 의식·제사·궁중 관행·능묘(陵墓) 등 검토해야 될 분야가 여럿 있으나 이 책에서 그러한 것들을 일일이 모두 논의할 수는 없다. 그렇지만 천황과 황실제도에 관한 모든 문제의 근간은 국가와 사회 속에서 천황이 어떠한 위치를 차지하고 있었는가라는 문제에서 파생된다고 여겨지므로 이 부분을 집중적으로 다루고자 한다.

1 근대의 천황상

막말 유신부터 메이지 14년 정변까지

메이지 천황의 지방순행
(*The Illustrated London News*, 1880.12.4)

1. 메이지 유신으로 가는 길

막부에 대한 조정의 권위

근세에 도쿠가와 막부(德川幕府)는 강대한 군사력과 경제력을 배경으로, 초월적인 권력＝'공의'(公儀)로 군림하고 있었다. 다이묘(大名)[1] 중에는 "영지란 배신(倍臣)은 말할 나위도 없으며 다이묘까지도 당시의 장군으로부터 위임받은 것으로 생각해야 한다"(「紀州政事鏡」)는 관념까지 존재했다.

그러나 각 다이묘는 제각기 독립된 경영체를 가진 번(藩)으로 존재하고 있었으므로, 조건과 역학관계에 따라 막부의 지배로부터 이탈하는 것도 전혀 불가능한 것은 아니었다.(사실 막말의 초슈〔長州〕, 사쓰마〔薩摩〕 번 등 힘이 강했던 번에서는 독립화하려는 움직임이 현실화되었다.) 일반적으로 권력은 실력(폭력)만으로는 오래 갈 수 없으므로 자기 지배의 정당성을 증명할 필요가 있다. 막부에 대한 다이묘의 종속관계를 고정시키기 위해서 막부는 도쿠가와가(家)-다이묘의 사적 관계인 주종제를 조정의 법, 곧 말하자면 국가법에 기인한 공적 상하관계(세이이다이쇼군직〔征夷大將軍職〕[2]-슈고직〔守護職〕[3])로 편성하여 일종의 관료제적 관계로 제도화시켰다. 막부는 고대 이래 최고의 권위로 존재해 온 조정의 권위를 독점적으로 이용한 것이다.

이는 조정이 실질적으로는 막부의 지배 아래 있으면서도 명목상으로는 막부의 상위에 위치한다는 관념을 낳을 수밖에 없었다. 따라서 조정이 막부의 통제를 벗어나서 독자적인 행동을 취할 수 있는 조건이 주어졌을 때 막부의 지배는 위기에 처하게 된다. 바로 그 위기를 가져다 준 것이 페리(M. C. Perry)의 내항(來航)이었다.

곤경에 처한 막부

1853년에 함대를 이끌고 우라가(浦賀)에 내항한 페리가 개국을 강요,

1858년에 미일통상조약[4]이 조인되었다. 이 과정은 외압에 굴복하여 불평등조약체제로 이행하는 과정임과 동시에 막부가 공의로서의 자격을 상실해 가는 과정이기도 했다. 또한 외적에 대한 방어능력 부재가 백일하에 드러남으로써 쇼군을 위임받은 막부는 치명적인 타격을 입게 되었다.

이때 막부는 공적인 권위의 원천인 조정에 조약칙허를 구함으로써 공의로서의 자격을 유지하려 했다. 그러나 이는 위험한 도박이었다. 왜냐하면 여태껏 단지 명목적인 상위자에 지나지 않았던 조정으로 하여금 이를 계기로 이제 실질적인 상위자로서 정치결정의 장으로 부상할 길을 열어주었기 때문이었다. 그 결과 이 도박은 기대와는 정반대로 고메이 천황이 막부에게 실행 곤란한 '파약양이'(破約攘夷)를 명함으로써 막부를 곤경에 처하게 했다.

이미 페리 내항 때, 막부가 다이묘들에게 외교 방침을 자문함으로써 도자마(外樣) 다이묘도 정치 결정에 참가하는 단서가 열려 있었다. 정치가 유동적으로 되어가는 가운데, 조정과 막부간의 의사대립이 명백해지면서, 양이운동은 천황의 의사를 받든다는 명분(정당성)을 획득하게 되었으며, 이로 인해 다이묘들과 조정이 직접 관계할 수 있는 기회가 도래했다. 따라서 조정과 천황은 막부에 대한 실질적 상위자가 될 수 있는 현실적 조건을 손에 넣게 된 것이다.

메이지 유신

존왕양이(尊王攘夷)운동[5]이 처음부터 막부 타도를 목적으로 한 것은 아니었다. 고메이 천황의 칙명을 받들어 양이를 실행하는 것이 목적이었으므로, 전국적인 군사동원체제의 구축을 막부에 요구했던 것이다. 그러나 막부는 양이를 실행할 수 없었다. 그뿐만 아니라 다이로(大老)[6]였던 이이 나오스케(井伊直弼)는 1858년 칙허를 얻어내지 못한 채 미일통상조약을 조인하고 존양파(尊攘派)를 탄압했다.(安政大獄)[7] 이러한 상황 속에서 존왕양이운동이 급속하게 반막부 색채를 농후히 띠게 된 것은 당연했다. 또한 이러한 움직임은 조정 내부의 존양파 공경(公卿)을 격분시켰고, 지사들의 활동도 활발해져 갔다.

그러나 고메이 천황은 상하의 질서가 문란해지는 것을 우려하여, 어디까지나 막부의 통솔하에서 양이가 이행되어야 한다고 생각했기 때문에, 천황의 의사를 뛰어 넘어 전개되는 존양파 공경들의 활동에는 비판적이었다. 1863년 천황은 막부와 결탁하여 궁정 쿠데타를 일으키고 존양파 공경들을 추방했다.(8·18정변) 또한 반막부의 최선봉이었던 초슈번은 이듬해 금문의 변(禁門の變)8)에서 패배했으며, 막부는 칙허를 얻어내어 초슈를 토벌하게 되었다.(제1차 초슈 정벌)

그런데 마침 그때 양이가 불가능한 것임을 깨닫게 한 사건이 발생했다. 영국함대의 사쓰마 포격(1863)과 영국·미국·프랑스·네덜란드의 4개국 연합함대에 의한 시모노세키(下關) 포격(1864)에 이어, 1865년에는 효고(兵庫) 해안에 4개국 함대가 내항하여 조정에 개항을 강요해 옴에 따라, 고메이 천황은 조약을 칙허하지 않을 수 없는 지경에 몰렸던 것이다.

여지껏 바람직한 국가방침으로 여겨 왔던 양이가 변경됨으로서, 고메이 천황과 막부의 권위는 함께 실추되고 말았다. 양이 방침을 취했기에 인정되어 왔던 고메이 천황의 권위와, 또한 그것과 결탁함으로써 지탱되어 온 막부의 존재이유가 함께 상실되어 가는 과정 속에서 막부 타도가 정치적 과제의 중심 문제로 부상하게 되었다.

1867년, 고메이 천황이 사망9)하자 새로이 즉위한 메이지 천황의 이름으로 사쓰마 번에 비밀리에 막부를 타도하라는 칙명이 전해졌다. 이에 대해 도쿠가와 요시노부(德川慶喜)는 대정봉환(大政奉還)10)으로 권력유지를 꾀하며 필사적인 정치적 흥정을 전개했다.(宮地正人, 『天皇制の政治史的研究』를 참조.) 그러나 토막파(討幕派)는 이듬해 쿠데타식으로 조정의 주도권을 장악했으며, 왕정복고11)를 알리는 대호령이 내려졌다. 그리고 신정부는 보신(戊辰)전쟁12)에 승리하면서 메이지 유신을 맞이하게 되었던 것이다.

2. 막말 유신의 천황관

'비의칙명도 칙명인가'

토막파가 보기에, 막부의 존재를 인정하려는 고메이 천황의 생각은 그들이 생각하는 '바람직한 천황의 의사'가 아니었다. 막부가 1865년, 제2차 초슈 정벌을 위한 칙허를 얻어냈을 때, 오쿠보 도시미치(大久保利通)는 사이고 다카모리(西郷隆盛)에게 보낸 편지에서, '비의(非義)칙명은 칙명이 아니다'라고 단언하고 있다. 국가방침에 오류를 범한 칙명이라면, 비록 천황의 명령이라 할지라도 따를 필요는 없다는 것이었다. 이렇듯 토막파 내에서 확립하지 않으면 안되었던 것은 일본 국가의 권력과 권위였고, 천황의 명령에 따르는 것은 이 목적에 유효하게 작용하는 한도에서라고 하는 실제적인 정치인식이 생겨나고 있었다는 점에 주목할 필요가 있다. 극단적으로 말하면 기도 다카요시(木戸孝允)가 "먼저 어떻게 해서든 구슬(玉, 천황)을 우리 쪽으로 끌어들여 받들어야" 한다고 피력했던 것처럼(『木戸孝允文書』), 천황은 자기 쪽의 정당성을 획득하기 위한 수단임과 동시에 국권 확립의 수단이었던 것이다.

국가 위주의 전통

국가야말로 목적(主)이며 천황은 수단(従)에 불과하다는 생각은 유신정부가 확립된 뒤에도 정치가와 관료들 사이에 존재했다. 예를 들면 1880년에 공포되는 형법(구형법)이 기초(起草)될 당시에, 어떤 법제관료가 죄형의 경중과 순서에 대하여 "국가에 대한 죄를 가장 무거이 하고, 천황에 대한 죄를 그 다음으로 한다"고 주장하여, 형법 작성을 지도했던 고용외국인 부아소나드(G. E. Boissonade)[13]를 놀라게 했다고 한다.(渡邊治, 「天皇制國家秩序の歴史的研究序說」) 또한 이노우에 고와시(井上毅)는 1892년 「비의원제내각론」(非議院制内閣論) 속에서 막말 당시를 회상하며, 존왕토막은 그 자체가 목적이 아니다, 진정한 목적은 바로 국권 확립이었다고 했다. 말하자면 국가가 주(主)이고 군주(천황)는 종(從)이었다. 따라서 이노우에는 같은 해에 「군주순법주의의견」(君主循法主義意見)에서 군주도 국가의 법에 따라야만 한다고 주장하게 되었던 것이다.

그러나 이러한 생각이 막말 유신의 격동기에 처음 나타난 것은 아니었다. 근세의 각 번은 막부에 대하여 종속적이었다고는 하나, 독자적인 지배기구와 법을 가지고 영민과 영지를 지배하는 존재였으므로, 번이란 하나의 국가였던 것이다. '오이에 소동'(御家騷動)의 경우, 가로(家老) 등 가신이 번 또는 주군의 조상을 들먹이면서 주군의 의사를 제약하거나, 감금해 버리기도 했던 사례가 있었다. 여기서 "주군의 권력이란 것은 그것이 번 전체를 완전히 뒤덮었을 때 역설적으로 명목화해 가는 것이며, 번이라고 하는 객관적인 정치기구체 속에 포섭되어 그 기구체의 의사에 종속당하게 된다"는 분석이 나오게 된다.(笠谷和比古, 『主君「押込」の構造』) 곧 번(국가)＝주, 주군(군주)＝종의 도식인 것이다. 이처럼 국가를 군주가 사물(私物)화 할 수 없다는 전통이 이미 근세에 형성되어 있었으며, 이것이 전 국가적 위기가 고조되는 속에서 더 한층 선명하게 나타나게 되었다고 할 수 있을 것이다. 바로 이러한 전통이 근대의 국가와 천황의 관계를 규정하고 있었던 것이다.

유신정부의 중대한 약점

유신정부의 정치가나 관료에게 천황은 국권을 확립하기 위한 수단이었다. 그러나 그것은 선택의 여지가 없는 유일무이한 수단이었다. 유신정부는 공의정체(公議政體)[14]를 부정하고(따라서 권력의 정당성을 공론의 지지로부터 구할 수가 없다), 천황의 국가를 내세우는 것에 의해서만 권력의 정당성을 확보할 수 있었기 때문이었다. 그러나 천황친정을 명분으로 하면서 실질적으로는 유사전제(有司專制)라는 형태를 취한 유신정부는 중대한 약점을 지니고 있었다. 그것은 정부 내에서 결정적인 대립이 생겨났을 때, 정부 내부에 수습 불가능한 혼란을 불러일으킬 위험이 도사리게 된다는 것이다. 천황친정이라는 명분하에 편성되어 있으므로 천황 자신이 최종 결정을 내리는 것 이외에는 방법이 없지만, 그러나 천황친정이 명분에 지나지 않는다는 것은 이미 정부 내의 숙지사항이었으므로 그 결정이 반대자에 대해 설득력을 가지지 못하게 되는 것은 당연한 일이다. 게다가 천황이 정치적 의사결정력을 지니고 있지 못함이 분명할 때에는 더더욱 그렇다.(메이지 천황은 즉위 당시 16세로 근세의 전통인 비정치적 군주라는 성격을 탈피하지 못했다.)

1873년, 정한론(征韓論)[15]을 둘러싸고 유사(有司)들 사이에서 싸움이 일었을 때 이러한 모순은 표면화되었다. 조정은 분열되고 결국에는 메이지 천황의 '성단'(聖斷)에 의해 조선에 대한 대사 파견은 중지되었으나, 사이고 다카모리(西鄕隆盛), 이타가키 다이스케(板垣退助), 에토 신페이(江藤新平) 등 정한파 참의(參議)는 하야했다. 이러한 정부 분열은 천황친정이 명분에 지나지 않음을 천하에 폭로한 것이며, 정부는 정당성을 잃고 위기에 직면하게 되었다.(坂田吉雄, 『天皇親政』 참조.)

이와 같은 천황친정과 유사전제의 모순은 정부의 위기를 초래했으며, 자유민권운동이 개시되는 가운데 국민국가 형성을 둘러싼 문제로 전개되어 간다.

3. 군민공치 구상

국회 설립 건의

이른바 '정한론 분열'(메이지 6년 정변)로 하야했던 이타가키 등은 이듬해인 1874년에 자유민권운동의 출발점이 된 「민선의원 설립 건백서」[16]를 정부에 제출했다. 이타가키 등이 여기서 "(권력이) 위로 제실에 있지 않고 아래로는 인민에게도 있지 않으며 오로지 유사에 귀속되어 있다"며 정부를 비판했던 것은 잘 알려져 있는 사실이다. '위로 제실에 있지 않'을 뿐만 아니라 '아래로는 인민에게도 있지 않'다고 말한 것은, 천황친정의 허실을 운운하는 데 그치는 것이 아니라 그 이상의 논점을 내포하고 있었다.

서구열강으로부터 개국을 강요당했던 당시의 일본에게 불평등조약을 개정하여 대외주권을 확립하는 것은 국가는 물론 국민에게도 지상과제였다. 주권국가를 확립하기 위해서는 부국강병을 실현하지 않으면 안되며, 그러기 위해서는 국민이 자발적으로 활발한 생산활동을 하여 국민적 부를 축적할 필요가 있다는 인식이었다. 국민의 총력을 집중하여 국가를 구하기 위해서는 먼저 국민에게 참정권을 부여하여 민선의원(국회)을 설립해야만 한다는 것이었다.

특히 조세부담이 과중함에도 불구하고 참정권이 주어지지 않았다는 것이 문제시되었다. 국민적 부를 축적하기 위해서는 무엇보다도 토지사유권에 대한 승인이 전제가 되어야 한다. 그 때문에 정부는 1873년부터 지조개정(地組改正)[17] 사업을 했으나, 이는 정부재정을 확립하기 위한 수단에 지나지 않는 것이었으며 당시의 지조는 총수입의 3분의 1에 달하는 고액이었다. 국민에게 조세액과 그 사용방법을 결정할 권리가 없을 때, 국민이 국가에 대한 의무를 수행하려는 자세를 가질 수 없는 것은 당연하다. 지조개정 1년 전에 학제(의무교육), 징병고유(1873년에 징병령으로 바뀜) 등이 이미 발포되어 있었다. 이른바 메이지 시대의 3대 개혁이다. 의무교육은 교육비의 부담을 강제하는 것이었으며, 징병제 또한 국민생활을 압박하는 것이었으므로, 당시 이들 개혁에 반대하는 '신 정부 반대 일규(一揆)'가 각지에서 발생했다. 이를 해결하기 위해서는 국민에게 참정권을 부여하여 국민국가화하지 않으면 안되었다. 따라서 「건백서」가 주장한 그 주된 부분은 '군민공치'(君民共治)였으며, 유사전제는 천황친정이라는 명분과 모순될 뿐 아니라 주권국가를 확립하는 데도 유해하다고 하는 것이었다.

정부의 군민공치 구상

이와쿠라 도모미(岩倉具視)를 정사(正使)로 하는 사절단이 구미를 순방 중일 때, 사이고를 수반으로 하는 루스(留守) 정부 내에서 이타가키와 에토 등의 참의는 1872년에 국회개설 절차에 대한 조사를 서둘러, 이듬해인 1873년을 기해 국회를 개설하는 안(案)을 작성하고 있었다. 하지만 이 구상은 메이지 6년 정변으로 인하여 실현되지 못했다. 그러나 반정한 파였던 오쿠보나 기도도 비록 점진론이기는 하나 군민공치체제의 필요성을 자각하고 있었다.

오쿠보는 정한논쟁에서 승리한 그 해에 제출한 의견서에서, 영국이 발전한 이유가 군민공치체제에 있었음을 지적하고, 앞으로 제정하지 않으면 안될 헌법이 "곧 군민공치의 제도로서 ……지극히 공정해야 하며 군민 모두가 사사롭지 않아야 한다"고 했다.(『大久保利通文書』) 또한 원로원이 1876년에 작성한 「일본국헌안」(日本國憲按)의 이유서에도 "군권이 너무 지나치면 민권이 신장되지 못할 수가 있다. 민권이 신장되지 못함은 곧 와해되어 흩어지는 원인이 되므로 군주 혼자서 그 권한을 누려서는 안된다"고 되어 있다.

정부 내에서 전개된 군민공치 구상을 보면 두 가지 중요한 논점이 등장하고 있음을 볼 수 있다. 하나는 헌법제정이 군민협약으로 행해져야 한다는 것이고, 또 하나는 국민의 고유한 권리를 인정해야 한다는 것이다.

전자에 대해서는 1873년에 기도가 "군민동치(君民同治) 헌법이란 인민의 협의에 의하지 않을 때, 동치의 헌법으로 인정될 수 없다"고 했으며(『木戶孝允文書』), 또한 나중에 흠정헌법을 주장하게 되는 이노우에도 1876년에는 "전국민의 대표자들과 함께 의논하지 않고서 'Constitution'(헌법)을 제정하는 것은 도리에 어긋나는 일"임을 강조했다.(『井上毅傳』) 후자에 대해서는 예를 들면 1872년에 태정관 좌원의 정·부의장이 정원에 제출한 의견서에 "인민 천부의 영지(靈知)는 처음부터 상하의 구별이 없으므로 국내 정치는 국내의 중지(衆智)를 모아서 행하지 않으면 안된다"고 되어 있다.(『明治建白書集成』)

천부인권론과 인민정부론

이처럼 메이지 6년 정변을 사이에 두고 1872년부터 1877년에 걸쳐 정부 내에서 군민공치체제를 둘러싼 논의가 진행되는 가운데 군민협약헌법과 천부인권론 등의 주장도 등장했다. 그런데 이들 주장의 대부분은 좌원(左院)의 소의관(小議官)인 오규 유즈루(大給恒)가 "의원(議院)은 총과 같고 민권은 탄약과 같다. 어느 하나가 결핍되어도 호국(護國)은 불가능하다"고 말한 것처럼(『明治建白書集成』), 민권의 신장이란 어디까지나 국권 확립과 국가 부강에 필요한 하나의 수단에 지나지 않았다.

이에 반해서 자유민권파의 주장은 민권신장 그 자체를 궁극의 목적으로 하는 방향으로 전개되었다. 「민선의원 설립 건백서」가 제출된 다음달인 2월에, 호조 현(北條縣, 현재 오카야마(岡山) 현의 일부)의 평민 요시오카 고키(吉岡弘毅)가 좌원에 건의서를 제출하여 "비록 천자라 하더라도 이(인권)를 빼앗을 권리는 없다"며, "인민을 보호하기 위해 사용되지 않는다면, 단 한 푼도 정부는 이(조세)를 평민으로부터 받아 낼 권리가 없으며, 평민 또한 이를 바칠 의무가 없다"고 했는데, 이러한 주장의 도달점이 바로 인민정부론이었다. 1880년 미야기(宮城) 현의 유지들에 의한 건백서에서는 "국가란 인민공공의 소유이며 정부는 이른바 인민 각자의 의사에 따라 이루어지는 하나의 회사와 같다"고 단언했다.

이처럼 자유민권운동이 군민공치까지도 뛰어넘어 인민정부론에까지 이르게 되자 정부는 더 이상 이를 방치해 둘 수가 없게 되었다. 그래서 다시금 천황을 주권자로 부각시켜, 천황친정을 외견적인 원칙으로 하는 새로운 국가체제를 구축하는 것이 무엇보다 시급한 과제로 등장하게 되었던 것이다. 정부의 근대국가 구상은 메이지 14년 정변 후에 본격적으로 전개되지만, 그 전에 이와는 다른 한편에서 급속히 전개되고 있었던 궁정개혁에 대하여 약간 언급해 둘 필요가 있을 것이다. 왜냐하면 어떠한 군주상을 정착시킬 것인가 하는 문제는 다가올 국가체제 확립과도 밀접하게 관련되어 있기 때문이다.

4. 천황의 이미지와 그 변용

인민고유와 지방순행

메이지 유신은 왕정복고로 실현되었다. 하지만 260년 이상에 걸친 막번체제 사회에서 천황이라는 존재는 위정자와는 달리 일반 민중과 동떨어져 있었다. 이는 메이지 초년에 천황의 지배와 그 정당성을 강조하는 「인민고유」(人民告諭)가 빈번히 만들어져 배포된 사실에서도 잘 알 수 있다. "천자님께서는 아마테라스 오미카미(天照大神) 님의 자손으로 이 세상이 시작될 때부터 일본의 주인이셨으며 ……참으로 신보다도 존귀하며 한 뼘의 땅, 한 명의 백성까지 모두 천자님의 것"이라고 설명하지 않으면 안되었다.(「奥羽人民告諭」)

왕정복고의 대호령은 '진무(神武) 창업의 처음'으로 돌아갈 것을 주장했으나, 그것은 물론 단순한 복고가 아니라 근대 군주로서의 새로운 천황상(像)을 창출하는 것이 진정한 목표였다. 그러기 위해서는 공가(公家)사회의 깊숙한 곳에 틀어박혀 있는 천황이어서는 안되었다. 천황이 여지껏 민중에게 생소한 존재였던 상황을 생각하면 더더욱 그러했다.

오쿠보는 1868년의 「오사카(大阪) 천도(遷都) 건백서」에서 "지금까지처럼 주상이라고 받드는 분이 옥렴(玉簾) 속에 있으면서 ……한정된 공경들 이외에는 알현할 수조차도 없는 실정이어서는 백성의 부모라는 천부의 직분에 어긋나는 것"이라 지적하고, "주상이 있는 곳을 운상(雲上)이라 하며, ……용안(龍顔)은 알현하기 어려운 것이라 생각하고, 옥체는 시골벽지에 행차해서는 안된다는 식으로 너무 과하게 추켜세워 받들려" 해서는 안된다고 주장했다. 오쿠보에 의한 이 건의는 천황을 공가로부터 분리시켜 근대적인 군주로서 자립시킬 것을 요구한 것이었다.

이 해 9월에 천황이 처음으로 도카이도(東海道)로 행차한 것은(사실상의 도쿄 천도) 그 방침을 실현한 것이기도 했다. 그리고 이는 1876년에 시작된 천황의 지방 순행(巡行)에 의해 절정에 달하게 된다. 천황은 이 해에 도호쿠(東北)·홋카이도(北海道)를 시작으로 1878년에 호쿠리쿠(北陸)·도카이(東海), 1880년에 야마나시(山梨)·미에(三重)·교토(京都), 그리고 1881년에는 야마가타(山形)·아키타(秋田)·홋카이도 등 잇따른 대규모 순행을 전개했다.[18]

이상의 순행에서 천황은 결코 민중과 함께 하지 않았다. 순행 중 마차 속에 있으면서도 얼굴을 단 한번도 내보이지 않았던 경우가 많았다. 하지만 과거 '옥렴 속에 있'던 천황이 전국을 순행한 것은 분명히 전례 없는 큰 사건이었다. 순행에는 신문기자들도 수행했는데, 그 중에서 기시다 긴코(岸田吟香)는 당시 센다이(仙臺) 부근의 광경을 다음과 같이 보도했다.

> (천황의 행렬이―옮긴이) 산과 들판을 지날 때 이를 배알하기 위해 나온 이들도 곳곳에 있었으나, 이들 대부분이 속옷차림의 여자아이들이거나, 낫과 곡괭이 따위를 손에 든 농부들로, 흙 묻은 발을 논두렁에 올리거나, 풀숲이나 바위에 걸터앉아 구경하는 정도였다. 또한 개중에는 벌거벗은 아기를 등에 업은 채 겨드랑이 사이로 아기의 머리를 당겨 내어 젖을 먹이는 아낙네들도 있었다. ……낮잠을 자는 도중, "어이 행차시다. 어서 일어나 고개를 숙여라"며 떠들썩하게 두들겨 깨우는 통에, 눈을 비비면서 천황이 타고 가는 가마를 향해 머리를 숙이는 자도 있는 등 지극히 우스꽝스런 모습이었다.(『東京日日新聞』, 1876. 7. 5)

이 순행은 정치적으로 긴박한 시기에 행해졌다는 데 그 특징이 있다. 전국의 민중은 이때 처음으로 천황의 권위와 권력을 직접 목격할 수 있게 된 것이다. 더구나 패전 직후의 쇼와 천황에 의한 전국 순행이 있기까지 이때만큼 대규모의 순행은 없었다.

천황의 초상 문제

그런데 정부로서는 종래의 천황상을 근대군주로서 변혁해 나가는 한편, 천황의 '신성성'을 유지하는 것이 문제였다. 그 전형적인 예가 천황의 초상 사진을 어떻게 다룰 것인가 하는 문제였다. 초상 사진 문제는 먼저 대외적인 관계에서 시작되었는데, 그것은 당시 외교 의례상 국가 원수의 초상 사진을 교환하는 것이 관례였기 때문이다. 천황의 사진은 1872년 특명전권대사로 미국에 있던 이와쿠라 도모미가 요청한 것이 직접적인 계기가 되어 이듬해인 1873년에 처음으로 촬영하게 되었다.

그런데 문제는 어느 선까지 이 사진을 하사할 것인가였다. 물론 외국 외교관에 대해서는 당연히 하사했는데, 국내에서는 당초 칙임관(勅任官)[19] 이상으로 제한했다. 그리고 1874년에는 주임관(奏任官)에게도 일정한 절차를 거쳐 하사했지만, 하급관리인 판임관(判任官)에게는 허락되지 않았다. 또한 민간에서 매매되는 것도 금지[20]했는데, 당시의 신문에서 이 금지령을 어겨 처벌당한 사례를 볼 수 있다.[21]

이와 관련해서 화폐 속의 초상에 관한 문제가 있었다. 1872년에 새로운 화폐를 만들 때, 고용 외국인 킨더(T. W. Kinder)가 천황의 초상을 각인할 것을 제안했다. 이에 대해 대장성의 이노우에 가오루(井上馨), 시부사와 에이이치(澁澤榮一) 등은 찬성했으나 태정관은 이를 반대했다. 아마도 천황의 초상이 각인된 화폐를 민중이 어떻게 다룰지 알 수 없다는 이유에서였을 것으로 생각되는데, 화폐를 아무렇게나 취급한다면 그것은 곧 천황의 신성성에 대한 모독이라는 인식에서였다.

그 후 1889년에 이르러 천황의 초상이 초등학교에 하사되어 예배의 대상이 되었다. 하지만 이것은 사진이 아니라 이탈리아인 화가 키오소네(E. Chiossone)가 그린 초상화를 복제한 것이었다. 참고로 당시는 민간에서 초상화를 판매하는 것은 '묵인'되었으나 사진 판매는 여전히 금지되었다.

궁중제사의 '복고'나 제왕학의 내용, 그리고 천황과 군사 등 이 시기의 천황과 황실에 대해 검토할 과제는 많은 부분에 걸쳐 있으나, 무엇보다 천황과 황실 문제의 근간은 헌법제정과 황실전범의 성립과정에서 잘 나타나고 있다. 다음 절부터는 근대 군주로서의 위상이 어떻게 정립되어 나가는가를 보기 위해 다시금 정치의 소용돌이 속으로 들어가 보기로 하겠다.

5. 메이지 14년 정변과 흠정헌법주의

오쿠마 시게노부의 참의 파면

1880년, 자유민권운동의 전국 조직인 국회기성동맹(國會期成同盟)이 결성되면서 운동은 그 정점에 달했다. 각 민권결사를 중심으로 기성동맹의 제안을 바탕으로 하는 헌법 사안(私案)이 하나둘씩 작성되면서 국민에 의한 국가구상이 제시되기 시작했다.

1881년 3월, 정부 내의 유력한 참의였던 오쿠마 시게노부(大隈重信)는 의원내각제를 채용한 헌법을 만들어 조속히 국회를 개설해야 한다는 내용의 의견서를 제출했다. 이와 같은 급진적인 내용은 이와쿠라는 물론 이토 히로부미(伊藤博文) 등에게 충격을 줌과 동시에 거센 반발을 불러일으켰다. 한편 이 해에는 홋카이도 관유물불하사건[22]이 백일하에 드러나는 등, 정부에 대한 비판이 전례 없이 고조되고 있었다. 이러한 위기적인 상황을 타개하기 위하여 이와쿠라와 이토는 정변극을 연출했다.

이들은 10월에 10년 후 국회를 개설한다는 조서를 내림과 동시에 오쿠마를 참의직에서 파면하고, 오쿠마계나 그와 관계가 깊다고 본 후쿠자와 유키치(福澤諭吉) 문하의 관료를 정부에서 추방했으며, 이와 함께 비판의 표적이 되었던 관유물 불하도 중지했다. 바로 이 메이지 14년 정변으로 이와쿠라와 이토는 헌법제정과 국회개설을 향한 주도권을 손아귀에 쥘 수 있게 되었던 것이다.

흠정헌법주의의 채용

정변에 앞서 7월에 이와쿠라는 이미 이른바 「대강령」을 천황에게 상주했는데, 거기서 헌법은 천황이 제정하여 국민에게 부여한다는 식의 흠정(欽定)헌법주의를 명확히 주장했다. 이와쿠라는 이 방침에 따라 이토를 헌법조사를 위해 유럽으로 파견했으며, 이토는 이 조사로 자신감을 길러 귀국 후 헌법 작성을 주도했다. 메이지 14년 정변부터 메이지 헌법 제정에 이르기까지 헌법안이 여러 형태로 바뀐 것은 사실이지만 흠정헌법주의만은 변함 없이 일관되었다. 그리고 이러한 자세는 뒷날 헌법과 거의 동시에 작성된 공인 헌법해석서 『대일본제국헌법의해』(大日本帝國憲法義解)에서 "헌법은 천황이 혼자서 친히 정하는 것이다"라는 주장으로 나타나게 되었던 것이다.

군민협약헌법을 부정하고 흠정헌법주의를 채택한 것은 당연히 군민공치라는 생각에 대한 부정이었다. 1888년, 추밀원에서 의장인 이토는 국회가 의결한 법률안에 대한 천황의 거부권에 대해 다음과 같이 설명했다.

> 거부권은 소극적인 주의로서 군주의 대권을 행정권에 국한하거나 군주로 하여금 입법권의 일부만을 점령케 하는 군민공치 논리에서 연유한 것이다. 우리나라의 헌법은, 법률은 반드시 왕명(王命)에 의거하도록 하는 적극주의를 취함으로써, 거부권과 그 외양은 서로 유사하나 실제는 엄청난 차이가 있는 것이다.(『樞密院會議議事錄』)

거부권이란 군주가 의회와 입법권을 나눠 갖거나, 군주가 행정권만을 가진다는 군민공치주의인 경우에 의미를 가지는 규정으로, 그러한 생각은 취하지 않겠다는 점을 강조한 것이었다.

곧, 천황은 입법·행정·사법 등 3권을 가지는 최고통치권자로서 자리매김되었던 것이다. 그리고 이노우에 고와시가 메이지 14년 정변이 있고 난 이듬해에 "관(官)이란 국민공공의 다른 이름인가? 아니, 그렇지 않다"고 명확히 밝힌 것처럼(『井上毅傳』) 당연히 정부(관)도 천황의 정부였다.

군민공치구상은 국민의 고유권(천부인권)을 인정한다는 전제 아래 성립되는 것이므로, 이를 부정함은 곧 천부인권에 대한 부정으로 연결되어 버리는 특성이 있었다. 그리고 메이지 14년 정변 직후 이를 상징하는 사건이 발생했다. 정부도 공인하는 계몽사상가였다고 할 수 있는 당시 도쿄대학의 총리(總理) 가토 히로유키(加藤弘之)가 천부인권설에 바탕을 두고 저술했던 저서 『국체신론』(國體新論, 1874)이 정부측의 권고로 절판되고 말았던 것이다.

이와 관련해서 이토는 추밀원에서 다음과 같이 피력했다.

이 헌법에서 말하는 권리라는 단어를 가지고 신민이 천황에 대하여 권리를 지닌다고 하는 설이 있으나, 이는 그렇지 않다. 단지 신민은 이 헌법의 효력에 의해 법률에 대하여 법률의 범위 내에서 권리를 지니는 것이다. 또 천연(天然)의 권리론도 있으나, 이는 루소(J. J. Rousseau) 등이 천연의 자유권을 맡겨 정부를 세우는 것이라는 설에서 생겨난 것으로 이를 변론할 필요는 없다.(『樞密院會議議事錄』)

메이지 14년 정변을 분수령으로 정부는 군민공치·천부인권을 부정하고, 천황주권과 '국부인권'(國賦人權, 이는 후에 교토 제국대학 교수인 가와카미 하지메[河上肇]가 명명한 말이다)의 방향을 선택했다. 이렇게 해서 천황친정의 방침이 다시 확립되는 듯이 보였다.

2 정치적 군주로서의 위상

메이지 헌법 속의 천황

이토 히로부미(伊藤博文, 1841~1909)
일본의 메이지 헌법·황실전범을 만드는
데 중심적인 역할을 했다.

1. 주권논쟁과 내각논쟁

신문 지상의 공방전

10년 후의 국회개설을 약속하는 칙유(勅諭)가 내려지자 자유민권파는 그 준비에 착수했다. 1881년 10월에는 자유당(自由黨), 이듬해 1882년에는 입헌개진당(立憲改進黨)이 결성되었다. 입헌개진당은 당강령 제1조에 군주제 지지를 내걸었으며, 자유당도 황실의 안녕과 태평을 위한 입헌정체라는 주장으로 탄압을 피하면서 언론전을 전개했다.

1882년, 신문지상을 통하여 국가의 주권이 군주에게 있는가, 인민에게 있는가, 아니면 군민에게 혼재하는가를 둘러싸고 이른바 주권논쟁이 펼쳐졌다. 말할 필요도 없이 주권의 소재란 국가의 성격에 관련된 가장 중요한 문제이며, 따라서 국가최고법규인 헌법의 성격을 규정하는 데 최대의 문제이기도 했다. 주권을 둘러싼 논의는 이미 메이지 14년 정변을 전후해서 산발적으로 나타나고는 있었으나, 국회개설의 전제인 헌법제정이라는 출발점에서 주권논쟁이 활발하게 전개된 것은 그 의의가 크다고 하겠다.

논쟁은 『도쿄니치니치 신문』(東京日日新聞, 후일 정부의 어용정당이 된 입헌제정당의 기관지가 됨. 이하 『니치니치』로 약칭)과 『도쿄요코하마마이니치 신문』(東京横浜毎日新聞, 후에 입헌개진당의 기관지가 됨. 이하 『마이니치』로 약칭) 등 민권파계의 신문 사이에 전개되었다. 우선 『니치니치』가 같은 해 1월 「주권론」이라는 제목으로 다음과 같이 말했다.

군주국과 민주국간에 한 가지 분명한 경계가 있으니, 그것은 다름이 아니라 바로 그 주권 곧 대권이 하나는 제왕에게 있고 하나는 국민에게 있다는 것이다. 만약 군주국이면서 주권이 국민에게 있다고 한다면, 군주국·민주국을 왜 선택하겠는가?

그리고 당시 『국법범론』(國法汎論, 가토 히로유키 번역)의 지은이로서 자유민권파에 많은 영향을 끼친 독일의 국가학자 블룬칠리(J. C. Bluntschli) 역시 입헌군주국인 영국의 경우도 국왕이 주권의 장악자라 했다고 덧붙였다.

이에 대해 『마이니치』가 즉각 반론을 게재했다. 주권적 권력이란 법률제정권력이라며 이외의 어떠한 권력도 이에 따라야 함을 강조한 뒤, 공화국(민주국)에서는 주권이 국민에게 있고, 군주독재국에서 주권은 군주에게 있으며, 입헌군주국에서는 군주와 인민에게 혼재함을 주장했다. 그리고 그 이유를 입헌군주국에서 법률은 의회가 의결하고 군주가 재가함으로써 비로소 성립되는 것이기 때문이라는 데서 구했다.

『니치니치』와 『마이니치』 사이의 논쟁이 거듭되는 가운데 역시 민권파 신문인 『초야 신문』(朝野新聞, 이하 『초야』로 약칭)과 『유빈호치 신문』(郵便報知新聞, 이하 『호치』로 약칭)이 가세했다. 『초야』는 "전제·독재의 정치인 경우 한 사람이 무상(無上)의 정권을 가지게 되므로 그 군주가 곧 순수한 주권자임에는 틀림이 없다 하더라도, 이미 헌법으로 군주와 국회의 권한을 정한 이상 군주와 국회로 구성된 조직체에 일국의 주권을 맡겨야 한다"고 주장하면서 『마이니치』의 입장에 가세했다. 또 『호치』는 입헌정체 국가에서 "황권(皇權)은 주권의 분신(分身)이라고는 하나, 역시 주권의 전체를 구성하지는 못한다"고 함으로써 간접적이기는 하나 『마이니치』설을 지지하고 나섰다. 이 주권논쟁이란 다가올 헌법제정을 의식한 정부의 천황주권론과 민권파의 군민공치론간의 싸움이었던 것이다.

주권과 관련된 선구적 비판

같은 해 3월, 입헌제정당의 강령이 『니치니치』에 발표되었다. 그러자 『마이니치』는 강령의 제3조에서 "우리 황국의 주권은 물론 성천자(聖天子)가 홀로 장악하고 계시다. 그러나 그것을 행함에서는 헌법이 규정하는 바에 의한다"고 한 것은 모순이라며 다음과 같이 날카롭게 비판했다.

주권의 행사는 헌법의 규정에 따라야 한다고 한다. 그렇다면, 곧 헌법에 따르지 않을 경우 주권을 행사할 수 없다는 뜻이 될 것이다. 이는 황제의 권력에 헌법상의 제한이 있다는 게 되어, 주권을 성천자가 홀로 갖고 계시다는 정신과 서로 위배되는 것이다.(「立憲帝政黨綱領を讀み併せて日報記者に問う」)

메이지 말부터 다이쇼 초기에 메이지 헌법에 대한 해석을 둘러싸고 미노베 다쓰키치(美濃部達吉)와 우에스기 신키치 사이에 이른바 천황기관설논쟁1)이 치열하게 전개되었는데, 이상은 그 내용을 선구적으로 제시한 것이었다.

사실 메이지 헌법에는 주권이라는 용어가 등장하지 않는다. 그러나 1889년, 이토 히로부미의 이름으로 출판된 공인해설서 『헌법의해』는 헌법 제4조 "천황은 국가의 원수로서 통치권을 총람(總攬)하며, 이 헌법의 조규에 따라 이를 행한다"를 "통치권을 총람함은 주권의 체(體)이며, 헌법의 조규에 따라 이를 행함은 주권의 용(用)이다"는 식으로 해설했다.

그러나 이 『마이니치』의 제정당 강령에 대한 비판은 마치 『헌법의해』를 미리 비판하기라도 하듯이 다음과 같이 피력했다.

어떤 논자는 강변하여 말하려 한다. 성천자가 홀로 갖고 계심은 주권의 체(體)일 뿐, 그 용(用)은 곧 헌법의 규정에 따르지 않을 수 없다고. ……아아 그 논자는 권력이 어떠한 것인지를 모르는가? ……행할 수 없는 것은 이를 권력이라 할 수 없다. 만약 모름지기 주권이 그 전체를 행할 수 없으며, 반드시 헌법에 따라야만 한다고 한다면 주권의 실질은 도대체 어디에 있단 말인가?

물론 이토의 『헌법의해』는 주권자인 천황이 자신이 제정한 헌법에 의해 자기제약을 가하는 것으로 해석하고 있다. 그러나 천황은 헌법에 의해 헌법개정을 위한 발의권을 독점하고 있다고는 해도, 제국의회(국회)의 3분의 2 이상의 찬성이 없으면 개정을 할 수 없게 되어 있었으므로, 역시 『마이니치』의 선행적인 비판은 메이지 헌법의 주권론상의 모순을 지적한 것으로서 유효했다.(단, 이 유효성은 주권을 주권적 권력으로 해석할 때에 한한 유효성이었다.) 그리고 『마이니치』는 "무엇을 입헌군주의 본색이라 하는가? 말하자면 주권은 군민합동에 있어야 한다. 우리들은 우리나라에서도 1890년 이후 그와 같은 정체로 되기를 희망한다. 이는 명실상부한 견해로 어찌 천하의 공론이 아니겠는가"라고 하며 명확히 주장했던 것이다.

1882년 주권논쟁이 한창인 때에 등장한 주권재민론으로는 『고쿠유 잡지』(國友雜誌)에 실린 자유당계의 민권가인 오이시 마사미(大石正巳)의 「주권론」이 있는데, 메이지 14년 정변 후의 주권론으로는 드문 예다. 오이시는 "사회를 지배하는 최대권력을 지니는 것, 이를 곧 주권이라 한다"며, "주권은 사회 인민의 행복과 안녕을 포괄하여 이를 잘 보전하는 것"이라 했다. 그리고 "주권이 만약 인민의 수중을 벗어나게 된다면 이는 주권이 아니다"고 단언하며 다음과 같이 말했다.

> 세상의 논자 중에 혹자는 말하기를 주권은 군주가 소유하는 것이라 한다. 이는 예전에 군주가 마음대로 사용하던 이른바 전제권을 그대로 받아들여 주권이라 오해한 것이다. 왜냐하면 군주 한 사람이 사회의 안위(安危)와 공중의 생사(生死)를 좌우함은 도리에 어긋나는 것이며, 또 인민으로서도 불편·불리할 것이다.

그 밖에 나카에 초민(中江兆民)도 인민주권설을 주장했으며, 우에키 에모리(植木枝盛)도 사실상 인민주권론을 주장했다. 우에키는 『고치 신문』(高知新聞)에 발표한 「국가주권론」에서 모든 국가의 주권은 국가 그 자체에 있으며, 국가란 기본사회를 조직하는 전체이므로 곧 인민 전체를 뜻한다고 했다.

메이지 14년 정변으로 인하여 정국의 주도권은 정부가 장악하고 있었으나, 여전히 군주권을 제한하려는 자유민권사상은 건재했다. 그리고 뒤에서 논하듯이, 그 사상이 메이지 헌법 제정 후에도 명맥을 유지하며 조금씩 형태를 바꾸면서 다이쇼 데모크라시로 이어지게 되는 것이다.

내각논쟁의 전개

1882년 5월부터는 주권논쟁에 이어 『니치니치』와 민권파 신문 사이에 내각논쟁이 전개되었다. 이는 『니치니치』가 「정당론」을 발표하여 여지껏 견지해 왔던 정당내각론을 버리고, 암암리에 제실(帝室)내각론을 주장하게 된 데서 비롯되었다. "정당세력은 이미 의원(議院)을 능가하고 행정관까지 점령했다. 의원은 이름만 입법관일 뿐 실제는 행정권과 함께 완전히 정당세력에게 장악당해 있다. 따라서 국황(國皇)은 단지 부질없는 존영(尊榮)의 허기(虛器)를 받드는 데 지나지 않을 뿐"이라며 정당내각제를 비판한 것이다.(하지만 『니치니치』는 당시 아직 헌법이 제정되어 있지 않았으므로 어느 쪽을 취할 것인가는 군주의 의사에 따라야 한다고 하여, 정당내각제에 절대 반대였던 것만은 아니다.)

이에 대해 『초야』는 "정당은 내각을 조직하기 위해 여론의 지지를 얻으려 서로 다툰다. 이 때문에 정당은 '공리'를 추구하게 되고, '공리' 실현을 위해 정당이 서로 다투는 것에 의해서만 인민의 행복이 얻어지게 되어, 입헌정체의 나라에서 정당내각제를 채용하는 것은 당연하다"고 주장했다. 또 『마이니치』는 내각을 정당내각으로 하고 정치의 책임을 내각에 맡김으로써 제왕에게 책임이 돌아가지 않게 하는 것이 입헌정체라 주장했다. 『호치』는 오자키 유키오(尾崎行雄)의 연설 초고를 게재했다. 오자키는 독일의 제실내각을 예로 들면서 독일에서는 집정관(내각대신)이 "왕좌의 그늘 아래서 인민의 분노와 원한의 탄환을 피하기" 위해 집정의 책임에 대한 인민의 원망이 제왕에게 돌려지게 되어 있다고 비판하며, 이와 같은 제실내각제가 일본에서 채택되어서는 안된다고 했다.

1882년 민간에서 전개된 논쟁에서는 주권논쟁·내각논쟁 모두 민권파가 우세를 보였다. 그러나 민권파의 주장도 대부분 군주(천황)의 존재를 전제하고 동시에 군주의 존엄성을 인정한 바탕에서 논리를 전개한 것이었음에 주의할 필요가 있다.(이상은 福田正次, 『明治憲法史』를 참고했다.)

2. '천황의 내각'인가 '내각의 천황'인가

정부 내부의 대립

1874년의 「민선의원 설립 건백서」에서 "(권력이) 제실에 있지 않고 ……오로지 유사에 귀속되어 있다"고 한 것은 이미 언급했는데, 그렇게 생각한 것은 민권운동가뿐만이 아니었다. 민간 저널리즘이 주권논쟁을 전개하고 있을 무렵, 정부 내부에서도 천황과 정부의 관계에 대한 문제로 대립이 생기고 있었다.

세이난(西南) 전쟁[2]이 끝나 가던 1877년 8월, 정부는 천황친정이라는 형태를 정비하기 위해 이토의 상주에 따라 태정관 정부를 궁중으로 옮기고 다음 달에는 천황의 일일임어(日日臨御)까지 결정했다. 그런데 이러한 움직임은 천황친정을 명목적인 것에 그치지 않고 실질화하려는 이들을 부추겼다. 같은 달 천황의 측근인 시보(侍補)직 설치와 함께 취임한 모토다 나가자네(元田永孚)·사사키 다카유키(佐佐木高行) 등은 시보의 권한을 강화하여 천황이 주도하는 궁중(宮中)·부중(府中, 행정부) 일체의 천황친정체제를 구축하기 위해 운동하기 시작했다. 이들은 모두가 보수적인 사상의 소유자였으며, 특히 천황의 교육을 담당하고 있었던 모토다는 정부의 개화정책에 불만을 품고 있었다.

이 운동은 결국 실패하여 1879년 10월에 시보가 폐지되었다. 그러나 여전히 모토다를 비롯한 측근이 메이지 천황에게 미치는 영향은 적지 않았다. 그리고 메이지 14년 정변 때에도 사사키 등은 중정당(中正黨)이라는 그룹을 결성하여 오쿠마의 급진적인 국회개설안에 반대하는 동시에 개척사 관유물 불하에도 반대하며 독자적인 정치행동을 취하기에 이르렀다. 메이지 14년 정변에서 천황을 독점하여 정국의 주도권을 장악하려 했던 이토 등에게 이러한 움직임은 무시할 수 없는 일이었다. 때문에 이토 등은 한편으로는 민권파를 탄압하고 다른 한편에서는 천황과 그 측근의 자의적인 행동을 누르면서, 정치의 중심을 정부가 쥐기 위한 궁중·부중의 분리를 추진하지 않을 수가 없게 되었다.

대재상제의 채택

이토가 헌법조사를 마치고 귀국한 뒤인 1885년 12월에 기존의 태정관제도 대신에 내각제도가 창설되었다. 이 내각제도에 의해 궁내대신이 내각구성원에서 분리되면서 궁중·부중의 구별은 제도화되었다.

그러나 내각제도의 창설 의도는 이처럼 소극적인 데 국한된 것만은 아니었다. 이 제도의 모델이 된 것은 1810년 프로이센의 하르덴베르크(Hardenberg) 관제(官制)라고 한다. 프로이센의 슈타인=하르덴베르크 개혁은 나폴레옹에게 당한 패배를 계기로 국가의 근대화를 추진하려 한 것인데, 프리드리히 대왕 시대의 전형이었던 '내정(內廷)에 의한 통치' 대신에 정부 중심의 통치를 지향하는 이른바 관료절대주의라 불리는 것이었다. 이 관제의 특징은 내각의 수상에게 각 대신에 대한 지휘권을 부여하고, 내각의 대표자인 수상이 국왕에 대하여 책임을 지는 것이었다.(대재상제라고 한다.) 이는 1822년에 폐지되어, 국왕이 각 대신을 임명하고 각 대신이 제각기 국왕에 대하여 책임을 진다는 이른바 단독보필제로 바뀌었다.

그러나 이토는 굳이 대재상제 채택을 고집했다. 그리고 1885년 12월의 「내각직권」(內閣職權)에서 총리대신에게 '대정(大政)의 방향을 지시'할 권한이 부여되었으며(1889년 12월에 제정된 「내각관제」에서는 삭제), 또 법률 명령에 대한 부서는 총리대신만 하는 것으로 한정하고(「내각관제」에

서는 총리대신과 주무〔主務〕대신의 부서), 각 성의 주임 사무에 속하는 것에
도 총리대신이 부서하는 것으로 되어 있었다.

이토는 나아가 이듬해인 1886년 9월, 「기무육조」(機務六條)를 상주했
으며, 메이지 천황도 이를 기본적으로 수락했다. 「기무육조」의 제1항은,
여지껏 자의적이었던 천황의 내각 임어(臨御)를 멈추고 총리대신이 주청
(奏請)하지 않는 한 임어하지 않는다는 규정인데, 이는 "실질적으로 천황
이 정치의 제일선에서 물러나 명실공히 총리대신을 중심으로 하는 체제
가 정비됨을 의미한다"고 평가되기도 한다. 또 제2항에서 정무에 관한 천
황의 고문을 관계 대신과 차관에만 한정한 것도 천황 측근의 영향력을 배
제하려는 것이었다고 한다.(坂本一登, 『伊藤博文と明治國家形成』)

나쓰시마 초안의 특징

이토는 1886년 가을 무렵, 이노우에 고와시 외에 수상의 비서관이었던
이토 미요지(伊東巳代治)와 가네코 겐타로(金子堅太郎)의 협력을 얻어 헌
법기초에 착수했다. 이 헌법초안 작성은 비밀리에 행해졌으므로 정부 내
부에서도 극히 한정된 자들만이 알고 있었을 뿐이었다. 우선 이노우에가
기초하여 이듬해 4월과 5월에 두 가지 초안을 만들었다. 동시에 독일인
고문 뢰슬러(H. Roesler)도 초안을 만들고 이토는 이를 소재로 8월에 이
른바 나쓰시마(夏島) 초안을 작성했다.

이 나쓰시마 초안은 천황과 내각(대신)의 관계에 대한 부분에서 이노우
에 안과 뢰슬러 안에서는 볼 수 없는 특징을 갖고 있었다. 곧 천황의 대정
시행에 대하여 특별히 '여러 대신의 보필에 의해'라는 단서를 넣고(제6
조), 모든 법률기안권은 천황대권이 아닌 정부에 속하는 것으로 하며(제
32조), 나아가 '행정권은 제국내각에서 이를 통일한다'(제70조)고 했다.
그리고 천황에 대한 대신의 책임에 대해서는 '합체(合體) 또는 각자가 책
임을 진다'(제73조)고 연대책임제를 일부 인정했다. 또한 행정기관의 구
성과 그 여러 규칙(뒷날 관제로 됨)이 이노우에 안에서는 천황대권으로 되

어 있는 데 반해, '칙재(勅裁)를 거쳐'서이기는 하나 내각의 권한으로 규정하고 있었다. 그리고 뢰슬러 안에서는 「행정」의 장에서 주어가 천황으로 되어 있는 데 반해, 나쓰시마 초안에서는 내각으로 되어 있었다.

게다가 나쓰시마 초안에는 이노우에·뢰슬러의 두 안에 있었던 의회의 상주권이 빠져 있었다. 이 점을 놓고 뢰슬러의 군주상이 군림하면서 통치하는 능동적인 군주였던 데 반해, 이토는 내각제도 이래 "정치 운영의 주체가 천황이 아니라 내각이라는 것"을 계속 강조했다고 지적하는 경우도 있다.(坂本一登, 『伊藤博文と明治國家形成』) 분명히 의회상주권에 대한 부정은 중요한 것이다. 뒤에서 논하듯이 의회와 내각 사이에 대립이 생겼을 때 천황이 의회상주에 대하여 자의적인 판단을 내리게 된다면 천황이 내각과 의회를 초월한 독자적인 재정(裁定)권력으로 부상할 가능성이 있으므로, 이를 미리 부정하는 것이었다.

헌법 성안(成案)에서는 결국 의회상주권이 규정되지만 이토의 생각은 후일의 추밀원에서 행해진 헌법심의 때에도 변함없이 유지되었다. "군주(國君)는 정치상 의회와 직접 왕복하는 것이 아니다. ……그러나 정부는 결코 그렇지 않다. 항상 군주와 의회 사이를 오가는 것"이라고 말했다. 이것은 의회에 대한 (또는 넓게는 국민에 대한) 정부의 천황 독점 사상이었다. 행정권·법률기안권을 내각이 사실상 독점하고, 의회와 국민에 대해서는 천황을 내각이 독점한다는 구상은 실로 '내각의 천황'이라는 구상이었다.(坂本一登, 『伊藤博文と明治國家形成』)

이노우에 고와시의 반론

이노우에 고와시는 1887년 나쓰시마 초안에 대하여 날카롭게 반론했다.(「逐條意見」) 우선 제6조로 인하여 내각이 헌법상 독립기관이 된다는 점을 비판했다. '군주의 완전한 시행권을 인정'해야만 하며 '군주와 내각은 실로 일가일족(一家一族)의 오로지 도덕상의 관계'임에도 불구하고 그 관계를 파괴하는 것이라 했다. 법률기안권이 내각에게만 있다는 제32조에 대해서는 '헌법 중의 최대 문제'라 지적하고 "무릇 국권에 관계된 중대한 사항은 헌법상으로 정부의 명칭을 사용하지 말고 군주에게 돌리는 것이 당연할 터이다. 하물며 법률기안권의 경우는 말할 필요도 없다"며 주권자에게만 귀속되는 법률기안권이 군주에게 주어져야 함을 주장했다. 또한 제70조에서 내각이 행정권을 통일한다는 규정에 대해서는 '천황의 대권을 침해'하는 것이라 비판했다. 제74조의 행정기관 편성과 그 여러 규칙을 내각이 제정한다는 부분에 대해서도 "천황의 대권에 속해야 하는 것이다. ……어찌 내각이 주재할 바이겠는가" 하며 부정했다.

따라서 이토가 '내각의 천황'을 주장한 반면 이노우에는 '천황의 내각'을 일관되게 강조했던 것이다. 이노우에는 메이지 14년 정변 전후부터 궁중·부중 일체론을 주장해 왔으며, 내각제도에 의하여 그것이 무산된 뒤에도 계속해서 천황과 내각의 일체론을 강조했다. 그러나 그는 천황의 자의적인 전제에는 반대하는 입장이어서, 모토다 등 천황 측근이 주장하는 천황친정론과는 달랐다. 이노우에는 의원내각제에 반대하는 입장이었기 때문에 내각이 천황으로부터 독립하여 시정의 주체가 되는 데 강하게 반발했던 것이다. 그는 이미 대재상주의에도 반대한다고 표명했는데, 그것은 연대책임제라는 성격을 띠어 의원내각제에 연계될 가능성이 있다는 이유에서였다.

이노우에의 비(非)의원제 내각론은 단순한 근왕론(勤王論)에서 비롯된 것은 아니었다. 앞에서 말했듯이 근왕은 오히려 '주권을 한 곳에 두어' '사회를 보전하기' 위한 수단이기까지 했다. 때문에 그는 훗날 『비의원제 내각론』(1892)에서 의원제 내각은 "정권을 분리시켜, 국위를 실추시키고 사회세력으로 하여금 정권 투쟁에 빠져들게 하는 것"이므로 반대한다고 분명히 말했다. "우리의 군주통치제와 양립될 수 없다"고 한 것은 단지 '명분'에 지나지 않았다. 따라서 이토뿐만 아니라 이노우에에게도 '군주주의의 니힐리즘'은 존재하고 있었던 것이다. 여기에서 주목할 사실은 유신기의 정치가나 관료에게는 아직 국권을 군권 위에 두는 발상이 공통적으로 존재했다는 점이다. 이는 그 후 메이지 헌법체제를 관통하는 하나의 정치 사조였다.

타협적 산물로서의 헌법

이 나쓰시마 초안 후, 10월초안과 2월초안 등의 수정안이 만들어지고 1888년 4월에 이르러 성안이 작성되었다. 이 성안의 헌법조문상 표현을 보면 이노우에의 나쓰시마 초안 비판이 몇 가지 중요한 점에서 이토에 의해 받아들여졌음을 알 수 있다.

나쓰시마 초안의 제6조·제32조·제70조가 삭제되었으며, 게다가 10월 초안까지 유지되었던 "내각의 대신은 천황에 대해 합체 또는 각자가 책임을 진다"는 항목도, 이노우에의 단독보필제 주장으로 2월초안 이후 조문에서 삭제되었다. 그리고 2월초안부터는 「행정」이 독립된 장(章)으로 존재하지 않게 되었다. 게다가 이노우에와 뢰슬러가 주장했던 의회의 상주권도 10월초안부터 첨가되었다. 이렇게 해서 이노우에의 주장, 곧 '천황의 내각'론은 상당히 부활한 듯이 보였다. 그리고 10월초안까지는 없었던 천황의 자문기관인 추밀원의 규정이 2월초안 이후 첨가되었다.

그러나 이토의 '내각의 천황'론 중에서 중요 부분이었던 여러 대신에 의한 천황의 대정 보필에 대해서는, 2월초안 이후 별도의 형태로 유지되어 메이지 헌법에도 "국무 각 대신은 천황을 보필하여 그 책임을 진다. 모든 법률·칙령, 기타 국무에 관한 조칙(詔勅)은 국무대신의 부서를 필요로 한다"(제55조)고 규정했다. 이는 1886년의 공문식(公文式, 법률·명령의 발포 형식을 규정한 것)에 관하여 이토의 심복인 이토 미요지가 "왕명이라 할지라도 책임대신의 보필이 없으면 이는 일가의 사언(私言)으로 보아 법률상의 효력을 지닐 수 없다"(坂本一登, 『伊藤博文と明治國家形成』)고 말한 것처럼, 군주의 자의적인 전제에 대한 방파제였으며, 여기서는 '내각의 천황'론의 기본적 부분이 유지되었던 것이었다.

이렇게 하여 완성된 메이지 헌법은 이노우에의 '천황의 내각'과 이토의

'내각의 천황'이라는 두 가지 정신의 타협적 산물로서, 운용 여하에 따라 어느 쪽으로도 기울 수 있는 것이었다. 그리고 그 기울기를 결정하는 것은 그때그때의 역학관계와 정세였다. 바로 이러한 점이 메이지 헌법 원리의 모순이기도 했던 것이다.

3. 헌법 속의 천황

메이지 헌법 발포

1889년 2월 11일, 곧 기원절에 메이지 헌법(대일본제국 헌법)이 발포되었다. 이 헌법에서 천황은 어떠한 존재로 규정되었던 것일까?

우선 일본은 만세일계의 천황이 통치하는 나라임을 주창하는 동시에 천황은 신성불가침하며 통치권을 총괄하는 자임을 명시했다. 그리고 천황은 법률의 재가·집행권, 의회의 소집·해산권, 비상시에 법률을 대신하는 명령을 내릴 수 있는 권한, 칙령이라는 행정명령을 내릴 수 있는 권한, 관청제도 제정권, 관료·군인에 대한 임면권, 군대의 작전·용병에 관한 지휘·명령권인 통수권(統帥權), 군대편성·병력결정권, 선전강화·조약체결권, 비상시 군에게 행정·재판권을 부여하는 계엄을 선고할 수 있는 권한, 작위(爵位) 등의 영예수여권, 은사(恩赦)권 등이라는 광범위한 대권(천황대권)을 지니는 것으로 규정하고 있다. 그리고 마지막으로 천황만이 헌법 개정 발의권을 가지는 것으로 했다.

잘 알다시피 이 헌법은 천황이 정하여 국민에게 부여한다는 흠정헌법주의에 입각하여 발포되었다. 그리고 이 헌법은 황조황종(皇祖皇宗)[3]의 유열을 이어받은 천황이 신민에게 선포한 '불마(不磨)의 대전(大典)'(「헌법발포칙어」)으로서 훗날 성전(聖典)으로 취급되었던 것이다.

군권의 옹호와 제한

이 헌법은 자유민권운동에 대항하여 작성된 것이므로 군주권의 옹호가 그 첫번째 취지였다. 이토는 헌법심의를 위한 추밀원 회의에서 "이 헌법 초안에서는 ……군권을 존중하고 가능한 한 이를 속박하지 않도록 하는 데 힘을 기울였다. ……곧 이 초안에서는 군권을 기축(機軸)으로 하여 오직 이것이 훼손되지 않도록 주의했으며, 굳이 저 유럽의 주권 분할 정신에 의거하지 않았다"(『樞密院會議議事錄』)고 말했다.

그러나 이토는 동시에 헌법 제4조 "천황은 국가의 원수로서 통치권을 총람(總攬)하며 이 헌법의 조규에 따라 이를 행한다"에 대한 설명에서 "헌법정치라 함은 곧 군권 제한을 뜻하는 것임을 분명히 했다. ……우리나라에서 헌법정치를 행할 때에는 이 조항이 가장 필요하다"라며, 헌법이 다른 한편에서는 군주권을 제한하는 것임을 명백히 밝혔다. 그리고 그 제한을 나타낸 것이 제37조 "모든 법률은 제국의회의 협찬(協贊, 동의)을 거쳐야 한다"와, 제55조 "국무 각 대신은 천황을 보필하여 그 책임을 진다. 모든 법률·칙령, 기타 국무에 관한 조칙은 국무대신의 부서를 필요로 한다"는 조항이라고 했다. 이토는 이 두 조항에 대하여 "입헌정체를 창출함에 있어서 천황은 행정부에서는 책임재상을 두어 군주행정권도 어느 정도 제한되며, 입법부에서는 의회의 승인을 거치지 않으면 법률을 제정할 수가 없다. 이 두 가지 제한을 설정하는 것, 이것이 입헌정체의 본뜻이다. 이 두 점이 결여되면 입헌정체가 아니다"라고 단언했던 것이다.

그러면 이처럼 군권의 옹호와 제한이라는 얼핏보아 서로 모순되는 규정이 동시에 헌법의 정신이 되었던 것은 어떤 연유에서였을까?

물론 입헌군주제는 곧 제한군주제라고 생각한다면 어느 정도 설명은 가능하다. 헌법개정을 위한 발의는 칙명에 의해, 바로 천황대권의 행사에 의해서만 가능한 것으로 되어 있었으나, 동시에 귀족원과 중의원의 협의를 거치지 않고서는 개정될 수 없었다.(제73조) 흠정헌법주의에 입각하여 천황이 발포했다고는 하나, 그 개정에 관해서는 의회, 곧 '신민'의 대표자의 동의를 필요로 한다는 의미에서 '군민협약'적인 성격을 완전히 부정하지는 않았다. 『헌법의해』에서는 "개정권은 이미 천황에 속한다. 그러나 이를 의회에 부여하는 것은 왜인가? 한번 정해진 대전(大典)은 신민과 함께 지켜야 할 것이며, 왕실의 의사만으로 이를 변경함은 원치 않는다"고 말한 것은, 마치 천황이 본래는 단독으로 개정할 수 있는데도 불구하고 단독으로 개정하는 것을 원치 않기 때문이라는 설명으로 이는 조금 억지가 섞인 설명이다. 그러나 설명의 논법 여하와 관계없이 천황은 단독으로 헌법을 개정할 수 없다는 것이다. 게다가 국무상의 칙명은 대신(내각)의 동의를 얻지 않고서는 내릴 수 없으므로 개정발의권도 천황 단독으로는 불가능했다. 입법권의 경우는 의회에 의해, 행정권의 경우는 정부에 의해 군권이 제한되었던 것이다.

그러나 사정이 이처럼 단순하지만은 않은데, 그것은 다른 한편으로 군권옹호라는 부분이 있기 때문이다. 군권옹호란 국민과 의회에 대한 것이었으나, 그 실재는 군권옹호라는 명목으로 의회에 대한 정부의 권한을 옹호하는 것이었다. 이토는 변함 없이 천황에 대한 의회의 상주권에 소극적이었으나, 그 규정이 헌법조문(제49조)에 실렸어도 어디까지나 의회의 내각탄핵상주권을 부정했다. 그렇게 함으로써 천황의 정치적인 의사를 가능한 한 정부가 독점할 수 있는 체제를 만들고자 했던 것이다. 천황의 정치적인 의사를 정부가 가능한 한 독점할 수 있다면, 사실상 천황의 권한이 크면 클수록 정부에게 유리하다. 따라서 군권 옹호라는 것은 명목적인 것이고 그 실재는 의회와 국민에 대한 정부권의 옹호였던 것이다.

한편 천황은 정부 이외의 독자적인 집행기관을 가지지 않으며, 국무에 관한 대권행사는 모두 국무대신, 곧 정부의 동의 없이 행사할 수 없었으므로, 대신의 임면권은 가지고 있더라도 정부에 대한 군권은 자동적으로 제한받지 않을 수 없게 되었다. 나중 일이지만 『메이지 천황기』(明治天皇紀)에 의하면 메이지 천황은 청일전쟁과 러일전쟁 개전에 반대했다고 한다. 청일전쟁 개전 결정 후 천황은 "이번 전쟁에 짐은 처음부터 본의가 없었다. 내각 신료(臣僚)들이 전쟁이 불가피하다고 상주해 왔기 때문에 이를 허락했을 뿐"이라고 말했다. 이 역시 천황의 의사가 정부결정에 의해 제약당했음을 잘 입증해 주고 있다고 할 수 있을 것이다.

관철되지 못한 대재상주의

그러나 이러한 헌법의 체제도 제도상으로 볼 때 이토가 생각한 '내각의 천황'이라는 논리를 관철할 수 있는 것은 아니었다. 먼저 의회에 상주권을 부여한 점을 들 수 있다. 그러나 의회의 상주에 대한 천황의 칙답도 대신의 동의를 얻지 않으면 효력이 없었으므로, 제도적으로 이 점에 관해서는 '내각의 천황'이라는 논리는 유지될 수 있었다. 보다 중요한 문제는 다른 곳에 있었다.

헌법이 발포된 해의 12월에, 「내각관제」가 정해짐에 따라 이제까지의 「내각직권」은 폐지되었다. 그리고 이와 함께 대재상주의적인 요소가 제도적으로 희석되어 버렸다. 대재상주의가 관철될 수 없었던 이유는 총리대신 직속의 집행기관이 없었다는 점과 단독보필제를 부정할 수 없었다는 점에 있었다. 이렇게 해서 일본의 정치의사결정권은 단지 천황·내각·의회로 나눠 갖게 되었을 뿐 아니라(후에는 여기에 군부가 추가됨), 내각도 총리대신 아래 완전히 일원화되지 못하고 국무 각 대신에게 나뉘게 되었다.

이렇게 해서 일본에서 정치적 의사결정기구는 제도적으로 다원화되었으며, 그 결과 국가의사가 분열되어 수습이 곤란해질 위험성을 내포하게 되었다. 동시에 이러한 다원성이 역으로 유연성을 발휘하여 헌법의 개폐를 모면하게 함으로써, 헌법이 '불마(不磨)의 대전(大典)'으로 존속할 수 있는 조건이 되기도 했던 것이다. 다시 말해서 사실상의 천황친정에서부터 정당내각제까지를 허용할 수 있는 강인성을 헌법이 가질 수 있게 된 것이다.

이와 같은 헌법체제가 실질적으로 어떠한 정치형태를 취할 것인가 하는 문제는 의회·내각 등 국가 기관의 역학관계는 물론, 내각에서 대신들 사이의 역학관계에 따라 결정되었다.

4. 천황의 '신성' 문제
민간의 헌법해석

내각의 책임에 대한 논평

헌법이 발포되자 민간의 신문들은 일제히 이에 대한 해석을 시도했다. 그 공통적인 특징은 제55조의 규정에 있는 국무대신의 '책임' 부분에 대한 것으로서, "단지 천황폐하에 대해 책임을 질 뿐만 아니라, 아울러 인민에 대해서도 책임을 져야 한다"(『고쿠민노토모』〔國民之友〕)는 식으로, 인민이나 의회에 대해서도 책임을 지는 것이 당연하다는 논조였다. 오다 겐(織田謙)의 『대일본제국헌법문답주석』(大日本帝國憲法問答註釋) 등은 "(내각의) 전체 의견이 국회의 협찬(協贊)을 얻지 못할 때에는 내각도 설자리가 없다"(『憲法解釋資料』에서 인용, 이하 같음)고 하여 내각은 의회에 대해 연대책임을 지는 것으로 해석하였다. 『니치니치』마저도 내각이 시정(施政)을 그르쳤을 경우에는 천황에 대해서뿐만 아니라 "의회와 인민에 대하여 그 책임을 져야 한다"고 주장했다. 정부가 천황에 대해서만 책임을 지는 대권내각·초연(超然)내각[4]의 방침을 취한 것에 반하여, 민간에서는 내각이 의회와 국민에게도 책임을 져야 한다는 것이 상식이었던 것이다.

이 제55조를 둘러싼 내각책임론은 제3조 "천황은 신성하므로 침범할 수 없다"에 대한 해석과 밀접하게 관련되어 있었는데, 『에이리초야 신문』(繪入朝野新聞)은 다음과 같이 설명한다.

(헌법 제3조에서) 일국의 정치적 사안을 통괄하시는 분이시면서 설령 그릇된 정치를 행하시더라도 그 책임을 지지 않는다는 것은 기이하게 들

릴지도 모르나, 여기에는 이유가 있다. 물론 천황이 일국을 통치하심에는 틀림이 없으나 그 정치를 행할 때는 내각의 여러 대신, 곧 국무대신이라는 관직에 있는 사람들에게 분부하시어 모든 일을 행하시기 때문에 그 대신이 모든 정치적 사안에 대해 책임을 지게 된다. ……그 정부의 대신이 책임을 짐으로써 천황에게는 조금도 영향이 미치지 않게 되는 것이다. …… '신성'이라고 하는 것과 '침범할 수 없다'고 하는 것은 두 가지 의미가 아니다. 신성하기 때문에 침범할 수 없는 것으로서, 침범할 수 없다는 것은 바꾸어 말해 신성하기 때문이다.

결국 의회와 국민에 대해 대신(내각)이 천황을 대신하여 책임을 지기 때문에 천황은 신성불가침하다고 해석한 것이다.

그리고 천황이 신성하다는 것에 대해서도 『니치니치』 등처럼 천황이 신대(神代)부터 황통연면(皇統連綿)·만세일계이므로 신성하다고 한 경우도 있으나, 대개는 외국의 군주 일반에 관한 "왕은 악을 행하시지 않는다 (왕은 법률적인 책임을 추궁받지 않는다)"는 격언의 유비(類比, analogy)로서 이해하고 있었으며, 그것도 대신책임제와 한쌍을 이루는 것이었다. 『고쿠민노토모』는 "본 조항에서 신성이라 한 것은 종교에서 말하는 신성이 아니라, 단지 정치상으로 가장 고귀한 존재인 천황의 존엄성을 나타내는 것에 지나지 않는다"며 자유민권파의 합리적 군주관(觀)을 유지하고 있었다.

의회의 상주권을 둘러싸고

헌법 제49조 "양 의원은 각각 천황에게 상주할 수 있다"는 의회의 상주권을 인정한 것이었다. 헌법발포 직후의 민간신문 등은 이 조항을 높이 평가했다. 『지지신보』(時事新報)는 "행정상의 문제에 대해서도 의회는 당시의 집정을 고려할 필요 없이 곧바로 폐하를 알현하여 그 당부를 상주할 수 있다. 말하자면 서양제국에서 행해지는 탄핵과 같은 것도 이 상주에 의해 성취할 수 있다고 해석하는 자가 있다. 참으로 고마운 권리이다"라 했고, 『에이리초야 신문』도 "이 상주의 권한이야말로 긴급할 때에 둘도 없는 효력을 지니는 것"이라 평가했다. 곧, 정부의 전횡을 방지하기 위한 수단으로 받아들여졌던 것이다. 그러나 이 평가는 천황이 정부와 의회 위에 서서 그 대립을 조정하는 자립적인 권력, 곧 능동적인 군주임을 전제로 하지 않으면 성립될 수 없는 것이었다. 따라서 정부의 전횡을 방지한다는 논리는 다른 한편에서 능동적인 군주론을 낳게 되므로 의회와 국민에게 위험성을 동반하는 것이었다.

일반적으로 1890년 말에 제1회 제국의회가 열리고 나서부터 청일전쟁까지의 의회를 '초기 의회'라 하는데, 초기 의회에서는 자유당·개진당 등 민권운동의 맥을 이어받은 민당(民黨)[5)]이 중의원의 다수를 점하여 정비절감(政費節減)·민력휴양(民力休養, 감세)을 주장하며 군비확장정책을 취하는 정부와 사사건건 대립했다. 그리고 이 상주권을 이용하여 내각탄핵 상주를 꾀하기도 했다. 청일전쟁 전에 중의원에 제출된 상주안 가운데, 개원식 등의 칙어에 대한 봉답(奉答)상주와 심의 미결된 것을 제외한 상주안은 11건, 이 중 가결된 것이 8건, 그 중에서 내각불신임 또는 그와 비슷한 것이 4건 있다.

그러나 천황에 의존하여 정부에게 압력을 가하는 방식은, 조칙에 의존하여 정치를 행하는 정부를 비난할 수 없게 될 뿐만 아니라, 천황에 대한 의회의 자율성을 부정하는 것으로 귀결되었다. 게다가 천황은 자기의 대권 집행을 정부에 기대지 않을 수 없으며, 더욱이 메이지 천황은 정당을 신뢰하지 않았으므로, 상주에 대한 칙답(勅答)은 정부에게 유리한 형태로 내려질 수밖에 없었다. 따라서 천황은 의회의 상주에 대하여 부정적인 회답을 하거나 아니면 아예 회답하지 않았던 것이다.

이렇게 되면 의회와 국민에 대하여 "황실이 원망의 대상이 될 우려"(『秘書類纂帝國議會資料』)가 생길 가능성이 있었다. 이러한 위험성은 천황 친정을 표면상의 원칙으로 하고 있을 때, 더욱이 의회가 정부와 대립할 때에는 언제든지 발생할 수 있는 것이었다. 곧 천황의 조칙을 이용하거나 상주하여 '성단'을 기대하는 것은, 곧 천황이 자립된 독자적인 권력이 되는 것으로 이어져 천황 자신이 정치적 책임을 지지 않을 수 없게 되고 만다. 그리고 그 귀결은 메이지 헌법의 또 하나의 원칙인 '천황의 신성불가침'을 부정할 가능성을 내포하게 된다.

이처럼 초기 의회에서 민당은 능동적인 군주상을 천황에게 기대함으로써, 그 주관적 의도와는 반대로 천황을 위험한 낭떠러지에 서게 했다. 그러나 얼마 지나지 않아 청일전쟁이 발발하여 그 전쟁이 일본의 승리로 끝나자, 의회의 정당은 다소 서로 다른 의견을 가지고 있으면서도 군비확장을 포함한 정부의 적극적인 정책에 동조하게 되었으므로, 정부와 정당은 타협과 제휴를 행하기에 이르렀으며 따라서 천황의 '성단'에 의존하지 않고서도 정치운영이 가능해졌다. 이렇게 해서 위의 모순은 정치적으로 해소되어 가게 되었다.

3 '황실'의 성립

황실전범과 '이에' 사회

일본 추밀원의 회의 모습
중앙은 메이지 천황, 서 있는 사람이 이토 히로부미
(메이지 신궁 성덕기념회관 벽화)

1. 황실제도의 변천

제정작업의 본격화

황실제도에 대한 체계적인 정비의 출발점은 아마도 1878년 3월 이와쿠라의 「의제(儀制) 조사국 개설 건의」일 것이다. 거기서 이와쿠라는 다음과 같이 말하며 민권운동에 대항하여 황실의 기초를 다질 것을 주장했다.

> 논자들이 걸핏하면 민선의원설립론을 주장한다. ……이러한 때에 실무자들은 심사숙고하여 장래의 기초를 정해야 할 것이다. 그러나 만사에 시작과 끝이 있으며 일에는 순서가 있다. 하물며 우리 국체는 그 자체가 다른 나라와 비교할 수 없지 않은가. 따라서 지금의 급무를 생각할 때 우선 제실(帝室)의 규정·직무(制規天職) 부분을 정해야 할 것이다.(『岩倉具視關係文書』)

실제로 황실제도에 대한 정비가 본격화되기 시작하는 것은 메이지 14년 정변 후부터이다. 1882년 말 이와쿠라가 중심이 되어 궁내성에 내규취조국을 설치하고 황족령안을 작성했다. 이듬해 7월에 이와쿠라가 사망하자 유럽에서 헌법조사를 마치고 귀국한 이토가 1884년 3월에 새로이 제도취조국을 설치하고 스스로 장관이 되었다. 이토는 궁내경을 겸임하며 궁중개혁을 추진함과 동시에 황실법에 대한 검토도 본격화했다.

최초의 안(案)은 1884년부터 1886년 사이에 작성되었을 것으로 생각되는데, 궁내성이 입안한 두 개의 안인 「황실제규」(皇室制規)와 「제실전칙」(帝室典則)이 그것이다. 1887년에 들어서면서 유럽 각국의 제도까지 참고하면서 새로운 황실법에 대한 구체화가 급속하게 추진되었다.

우선 이토의 유럽 체재시, 주러시아 공사였던 야나기하라 사키미쓰(柳原前光)가 1월에 유럽의 왕실제도를 조사하여 「황실법전 초고」(皇室法典初稿)를 작성했다. 이것을 이노우에가 대폭 수정했고, 명칭도 「황실전범」

(皇室典範)으로 바꾸었다. 그리고 야나기하라는 다시 이것을 받아서 「황실전범 재고(再稿)」를 작성했다. 3월에 이토는 다카나와(五輪)에 있는 그의 별장에 야나기하라·이노우에·이토 미요지(당시 이토 히로부미의 비서관)를 불러모아 야나기하라의 「재고」를 검토하게 했다. 여기서 결정된 사항을 바탕으로 야나기하라는 「황실전범 초안」을 작성했으며, 이듬해 3월에 그 최종안이 결정되었다. 그리고 5월부터 추밀원에서 심의를 받아 1889년 2월 11일 메이지 헌법의 발포와 동시에 황실전범이 비공식으로 발표되었다.

사라진 '양위'와 '여제'에 대한 규정

황실전범이 제정되기까지의 황실 법안에는 최종안에서는 보이지 않는 몇 가지 특징이 있었는데, 그 중 하나가 양위에 대한 규정이었다. 궁내성이 입안한 「황실제규」는 "천황은 재세(在世) 중에 양위할 수 없다"고 했으나(제9조), 이노우에는 「근구의견」(謹具意見)을 제출하여 "천황의 의사(叡慮)와 상황에 따라 평온하게 양위할 수 있도록 해드리는 것이 가장 바람직한 일일 것이다"며 반대 의견을 내놓았다. 이노우에는 그 이전에도 황위계승자는 천황이 생전의 의사로 정하는 것이 원칙이라고 생각하고 있었는데, 이러한 점에서 미루어 볼 때 현 천황의 자발성을 인정하고 있는 듯했다. 이 양위에 대한 규정은 천황이 중병에 걸린 경우 등에 한해서이기는 하나 야나기하라의 「황실전범 재고」에서 채용되었다.

결단을 내린 것은 이토 히로부미였다. 이토는 다카나와회의에서 "천황은 종신 재위하심이 당연하다. 일단 즉위하신 이상 마음대로 자리를 떠나실 수 없다. 원래 계승의 의무는 법률이 정한 바에 따른다"고 단언했다. 그리고 이전에 양위가 있었던 것은 불교의 악영향에 의한 것이라 했다. 이노우에는 당시 일본의 정치이론에 커다란 영향을 준 블룬칠리의 말을 빌려 "지존(至尊, 천황)이라 해도 인간이시므로 원치 않으실 때에는 언제라도 그 자리를 떠날 수 있어야 한다"며 저항했으나, 이토는 그것을 '일가의 사언'이라며 일축함으로써 양위에 대한 규정은 삭제되었다.

또 한 가지 특징은 「황실제규」에서는 여제·여계제(女系帝)를 인정하고 있었다는 것이다. 황위는 "황족 중 남계가 끊어졌을 때는 황족 중 여계로 계승한다"(제1조), "황녀 또는 황통의 여계가 황위를 계승할 때는 그 황자에게 물려주며, 만약 황자가 없을 때에는 그 황녀에게 물려준다"(제7조)고 되어 있었다. 또한 "여제의 남편은 황족의 후예(皇胤)로 신적(臣籍)에 편입된 자 중에서 황통에 가까운 자를 받아들여야 한다"(제13조)는 규정도 있었다.

이노우에는 이러한 규정에 대하여 다음과 같이 비판을 가했다. 첫째, "우리나라에서 여제가 즉위한 예는 그 발단이 섭정에 기인한 것이며, 모두 일시적인 재위"에 지나지 않는다며 전례를 부정했다. 그리고 둘째로 "왕위는 정권의 최고이다. 여성의 선거권을 인정하지 않으면서 오히려 최고 정권을 쥘 수 있게 하는 것은 이치상 모순이다"라고 했다. 그리고 여계제에 관해서는 여제의 황자(皇子)는 여제의 남편의 성을 따르게 되므로 황통이 다른 곳으로 옮아가게 된다며 비판했다. 그리고 "정사(政事)와 법률 등에 관한 것은 모두 유럽을 모방할 수 있으나, 황실계통은 조종(祖宗)의 대헌이 존재하므로 결코 유럽을 모방해서는 안된다"고 했다.(「謹具意見」)

이노우에의 이같은 거센 비판으로 「제실전칙」 이후의 안에서 여제와 여계제의 규정은 자취를 감추게 되었다. 야나기하라의 「황실법전 초고」에는 "황위를 계승하는 것은 남통의 남자에 한한다. 스이코(推古) 이래 여제가 임시로 재위한 예를 따라서는 안된다"(제36조)고 명기되었으며, 성립된 「황실전범」에서는 제1조에 "대일본국의 황위는 조종의 황통을 이어받은 남계의 남자가 계승한다"고 규정되었다. 추밀원 심의에서도 과거 여제의 존재가 약간 문제되었을 뿐, 황위계승을 남계남자에 한정하는 데 반대는 없었다.(이상은 國學院大學梧陰文庫研究會 編, 『梧陰文庫影印·明治皇室典範制定前史』; 國學院大學梧陰文庫研究會 編, 『梧陰文庫影印·明治皇室典範制定本史』; 稻田正次, 『明治憲法成立史』; 小嶋和司, 『明治典憲體制の成立』을 참고했다.)

2. 여제가 부정된 이유

신문지상의 논의

여제에 대한 문제는 이미 민간에서도 논의의 표적이었다. 자유민권결사로서 훗날 그 간부들이 입헌개진당 결성에 참가했던 앵명사(嚶鳴社)[1]는, 「황실제규」 입안에 앞서 1882년 1월 '여제를 옹립할 것인가'라는 제목으로 토론했는데, 3월에서 4월에 걸쳐 『마이니치』의 지면에 그 내용이 연재되었다.

당시 자유민권결사는 다양한 주제를 가지고 활발하게 토론회를 개최하고 있었는데, 앵명사에서 행한 첫 공개 토론회의 제목은 '군주에게 특사권(特赦權)을 부여할 것인가'로 대성황을 이루었으며, 뒤이어 열린 제2회에서 바로 '여제를 옹립할 것인가'라는 주제를 다루었다. 지금부터 살펴보는 바와 같이 이 토론은 당시의 여제에 대한 관점을 보여주는 것으로서 상당히 흥미 있으며, 또한 이노우에가 「근구의견」에서 여제부정론자인 시마다 사부로(島田三郎)와 누마 모리카즈(沼間守一)의 발언을 전문 인용한 것처럼 정부에 적잖은 영향을 미친 것으로도 주목된다.

이 토론에 참가한 논객은 여덟 명으로, 여제 불가를 주장한 자는 시마다 사부로·마스다 가쓰노리(益田克德)·누마 모리카즈이며, 고이즈카 류(肥塚龍)·구사마 도키요시(草間時福)·마루야마 나마사(丸山名政)·아오키 다다스(靑木匡)·하타노 덴자부로(波多野傳三郎) 등은 찬성했다.

이 토론에서 먼저 시마다가 여제를 반대하는 이유로 다음 세 가지를 들었다. 첫째, 고대의 여제 스이코·고교쿠(皇極, 두번째 재위 때 사이메이[齊明])·지토(持統)·겐메이(元明)·겐쇼(元正)·고켄(孝謙, 두번째 재위 때 쇼토쿠[稱德])과 근세의 여제 메이쇼(明正)·고사쿠라마치(後櫻町)는 메이쇼를 제외하고 모두 황자가 제위에 앉기까지의 중계역할로서, 유럽의 여제 제도와는 본질적으로 그 성격이 다르다는 점. 둘째, 일본은 남존여비의 국가이므로 여제의 남편은 신민이면서 여제보다 상위에 위치하는 듯 보여 오히려 황제의 존엄성을 해치는데다 일본에서는 외국의 왕족과 결혼할 수도 없다는 점. 셋째, 여제의 남편이 몰래 여제를 움직여 정치에 간섭하는 폐해도 생길 수 있다는 점 등이었다. 이렇게 논쟁을 향한 도화선에 불이 붙기 시작했다.

다양한 논점

논쟁의 주된 쟁점은 남녀의 지위문제에 관련된 것이었다. 구사마는 시마다의 논리를 "아직도 아시아의 누습(陋習)에서 벗어나지 못함으로써, 남자만 사람으로 알고 여자는 금수로 여겨 여자의 권리를 파괴하려는" 것이라며 정면 공격을 가했다. 하지만 이러한 논객은 의외로 많지 않았다. 여제도 가능하다는 논객들 사이에도 "남녀가 평등함을 말하고자 하는 것이 아니라", 일본은 남존 풍습이 있으므로 당연히 남자를 우선해야 하지만 여제 풍습도 있었으므로 이를 부정할 수는 없다거나(고이즈카), 황제는 구름 위의 존재이므로 비록 인민 사이에서는 남존여비의 관습이 있더라도 여제의 존엄을 해치지 않을 것이라는(하타노) 등의 소극적인 논리가 중심이었다.

여제 찬성론자는 자유민권운동가답게 입헌정치와 관련지어서 자기의 논리를 주장하는 자들이 많았다. 예를 들면 시마다가 여제의 남편이 정치에 개입하는 폐해를 운운한 것에 대하여, 고이즈카와 구사마는 군주독재국이라면 모르겠으나 지금부터 일본이 지향하는 입헌국에서 군주는 헌법에 따라 정치를 행하게 될 터이므로, 내각대신의 의견을 무시하고서 정치를 할 수는 없기 때문에 그러한 걱정은 할 필요가 없다고 주장했다.

여제가 신하인 남편을 맞이하는 것이 문제라면 외국의 왕실과 결혼하는 방법도 있지 않느냐는 주장도 등장했다. 고이즈카는 과거에 그러한 예가 없더라도 "1890년 후 국회에서 일본 인민 모두가 우리 황실과 외국 왕실과의 혼인에 동의한다면 우리 제실이 청국이나 그 밖의 외국 등 희망하는 외국 황실과 혼인하는 것도 무방하다"고 단언했다.

이 토론은 채결(採決) 결과, 찬성과 반대가 각각 여덟 명씩 동수였다. 결국 의장의 권한으로 여제는 부결되었으나, 소수이기는 해도 남녀동등 권론이 존재했다는 점, 여제론자가 반수나 됐다는 점, 더욱이 외국 왕족 과의 혼인을 인정하는 발언 등, 오늘날 생각해도 놀라울 만큼 자유롭게 논쟁이 전개되었다는 점은 주목되어야 할 것이다. 그리고 국가측의 황실 법안 속에도 여제나 양위를 인정하는 생각이 존재했다는 것은 메이지 국 가 초창기의 특유한 질서관의 다양성을 잘 보여주는 것이라 할 수 있을 것이다.(이 논쟁은 遠山茂樹 編,『天皇と華族』(日本近代思想大系2)에 전문이 수 록되어 있다.)

3. 추밀원의 황실전범 논의

여자 섭정을 둘러싼 논의

황실전범의 성안은 모두 12장 66조로 되어 있으며, 1888년 5월부터 6 월에 걸쳐 추밀원에서 심의되었다.(그리고 이듬해 1월에 재심되었다.) 추 밀원은 이해 4월, 헌법과 황실전범에 대한 심의를 목적으로 설립된 천황 의 최고 자문기관이었다. 이토가 초대 의장으로 친왕 5명, 각료 10명, 추 밀고문관 15명이 심의를 맡았다.(설명원으로서 이노우에가 출석했다.) 거기 서는 성안에 없는 양위와 여제는 문제되지 않았으나 그 밖의 각종 의문과 수정안이 제기되었다.

쟁점 가운데 하나는 황족남자의 계승 순위와 함께 황후·황태후·태황 태후·황족여자 등 여성이 섭정에 취임할 수 있다는 점이었다.(성안 23조) 추밀고문관 소에지마 다네오미(副島種臣)는 "남자를 우선하고 여자를 뒤 로 하는 것은 전범 전체의 정신과 같다"고 함으로써 천황을 남계남자에 국한한다면 섭정에 대한 규정에도 역시 여자를 넣을 필요가 없다고 주장 했다. 이에 대하여 입안자측의 설명원이었던 이노우에는 진구(神功) 황후와 겐조(顯宗) 천황이 즉위하기 전에 섭정했던 이이토요아오노 히메미코(飯豊靑尊)의 예를 들면서 여성의 섭정 취임이 "우리나라 고유의 규정"이라 했다. 그러나 이러한 전례론은 역으로 전례가 있었던 여제까지도 인정하지 않으면 안되는 위험성이 있었다. 물론 이노우에 등은 여제는 사실상 섭정이라고 강변했으나 그 논리가 약했다. 고노 도가마(河野敏鎌)는 전례를 중시한다면 여제도 인정해야만 할 것이며, 만약에 그것을 인정하지 않는다면 전례를 버리는 것이 되므로 황족 여자의 섭정 취임이라는 전례도 버려야 할 것이라 주장했다. 그러나 이는 소수 의견으로서 부결되었다.

그러나 여자 섭정에 대한 문제는 관련 조문에서 재연되었다. "황족 여자의 섭정은 혼인하지 않은 자에 한한다"(성안 25조)는 규정과, "일단 섭정하게 되면 타인에게 물려줄 수 없다"(성안 26조)는 규정에 대한 심의에서 고노는 다음과 같이 의문을 제기했다. 만일 남자 황족이 미성년으로 여자가 섭정을 하게 된 경우, 그 남자 황족이 성인이 되더라도 계속 섭정한다면 여자는 "혼기를 놓침으로써 인륜지대사를 다할 수 없게 될 가능성이 있다"는 것이었다. 여기서도 고노는 황실전범이 "오로지 남자를 우선하는 정신"이라 했는데, 이런 식의 표현은 고노 이외에도 많았음에도 불구하고 결국 부결되었다.

혈맥의 귀종성

다음은 황족의 혼인 범위에 관해서였다. 성안에서는 황족의 혼인 범위가 황족간, 그리고 특별히 칙허가 내려진 공·후작과 그 가족에 한하는 것으로 되어 있었다.(성안 41조) 여기에 대한 반론 중에서, 공·후작의 가족만으로는 범위가 너무 협소하다는 의견이 나왔다. 모토다는 황후와 황태자비의 경우 공·후작의 가문에 한하고, 그 밖의 황족은 화족[2]과 혼인할 수 있도록 하는 것이 타당할 것이라고 했다.

의장인 이토는 공·후작의 가문은 40~50호 정도나 있으므로 작다고만은 할 수 없으며, 또한 화족의 혼인을 보면 혈통과 가문을 살피지 않는 자들도 있으므로 화족 일반으로 확대할 수 없다고 답변했다. 여기에 대하여 고노는 '혈통이 좋은 가문'을 필요조건으로 한다면 공·후작의 가문 이외에도 있다고 반론하는 등 다양하게 거론된 후, 일단은 원안대로 가결되었다. 단 전범 성문에서는 "황족의 혼인은 동족 또는 칙지에 의해 특별히 인허된 화족에 한한다"(전범 제39조)라고 하여 공·후작이라는 한정 사항이 사라졌다. 이러한 논의에서 문제가 되었던 것은 혈맥의 귀종성(貴種性) 문제였다. 이는 뒤에서 언급하겠으나 천황 통치의 정당성에 대한 근거와도 관계되는 것이었다.

혈맥의 귀종성에 관한 주장은 황족의 범위와 칭호에 대한 조문의 심의에도 가끔 등장했다. 예컨대 친왕의 비를 내친왕이라 부르고, 모든 왕의 비를 여왕이라 한다는 규정(성안 35조)에 대하여 아리스가와노미야 다루히토(有栖川宮熾仁) 친왕은 "명분이 좋지 않다"고 반대했는데, 그 이유는 내친왕이란 황녀의 칭호이며, 왕 칭호는 황통으로부터 나온 자에 한한다는 것이었다. 친왕은 회의에 참석은 하지만 발언하지 않는 것이 상례이므로 "(이 규정은) 조종의 대전을 파괴하는 것이 되므로 이 조항을 단연코 삭제하기 바란다"며 강한 어조로 주장한 것은 이례적인 일이었다. 이 다루히토 친왕의 제안과 원안은 모두 과반수를 넘지 못하고 위원회에 부쳐졌으나 결국 삭제되게 되었다.

또한 성안 33조의 "황자에서 황고손에 이르기까지는 태어나면서부터 남자는 친왕, 여자는 내친왕으로 칭한다. 5세(世) 이하는 태어나면서부터 왕·여왕이라 칭한다"도 논란의 대상이 되었다. 이 조문에서 가장 문제가 되었던 것은 영세황족제였다. 자손을 영구히 황족으로 한다면 장래에 그 수가 너무 많아질 우려가 있었다. 이는 경비 증대뿐만 아니라 감독상의 문제도 생기게 되어 결국 "황실의 존엄을 해치는" 자가 나올지도 모른다는 주장이었다. 설명원 이노우에는 우다(宇多) 천황의 예를 들면서 일단 신적에 든 자가 황위를 계승하게 되는 일은 피해야만 할 것이며 "황족이 번창함은 참으로 기뻐해야 할 일"이라며 문제삼지 않았다.(그러나 이는 청일전쟁 후에 다시 문제가 되었다.)

즉위 장소를 둘러싼 논쟁

그리고 성안에는 즉위식을 교토(西京)에서 거행한다는 조항이 있었다. 옛 도읍(교토)의 진흥을 그 이유로 내세우는 자들도 있었는데, 여기에 대해서 히가시쿠제 미치토미(東久世通禧)는 그것은 불편할 뿐더러, 어쩌다 한번씩 거행될 즉위식 때문에 교토가 발전하리라고는 생각하지 않는다며 반대했다. 반면 다루히토 친왕은 러시아에서도 즉위는 옛 수도 모스크바에서 행하고 있다는 예를 들어 교토에서 거행하는 것을 찬성했다. 결국 전범 성문에서는 "즉위식과 대상제는 교토에서 행한다"고 되었다.(제11조)

공포할 것인가 말 것인가

이렇게 해서 성립된 황실전범은 모두 12장 62조로 구성되었으며(부록의 신·구 황실전범 대조표를 참고할 것) 이 황실전범을 둘러싼 추밀원의 논의는 단순히 조문만을 심의하는 데 그치지 않았다. 가장 큰 문제로 제기되었던 것 중의 하나로 전범의 공포를 둘러싼 문제가 있었다. 이에 관해 전범 성안의 설명문은 다음과 같이 언급하고 있다.

> 황실전범은 황실 스스로 그 가법을 조정하는 것이므로 공식적으로 국무대신의 부서하에 이를 신민에게 공포할 것이 아니다. 따라서 장래 피치 못할 사정으로 인하여 그 조문을 고칠 경우가 있더라도 역시 제국의회의 승낙을 거칠 필요는 없다. 무릇 황실의 가법은 조종으로부터 이어받아 자손에게 전하는 것이지 군주가 임의로 만드는 것이 아니다. 하물며 신민이 이를 간섭한다는 것은 더더욱 있을 수 없는 일이다. 유럽 나라들처럼 이를 헌법에 명기하여 향후 신민의 개입을 허용하는 것은 우리 국체로서 도저히 받아들일 수 없는 것이다.

이에 대하여 고노는 다음과 같이 반론했다.

황실전범은 국가에게 불후의 기초가 되는 것이므로 황실 일가에 관련된 사항이라고만 치부할 수 없다. 전국에 군림하며 정권을 통괄함에 있어서 국정과 관련된 중요한 사항이 그 누구보다 많으며, 특히 신민에 대해 이를 준수할 의무가 있는 이상 반드시 이를 공포해야 할 것이다.

추밀원 고문관 중에는 단순한 공포와 '공문식'(公文式)[3]에 의한 공식적인 공포를 혼동하는 자도 있었다. 정부의 설명원인 이노우에는 "이 전범을 공식으로 공포해야 한다고 정해 버린다면 언젠가 반드시 이를 국회에 상정하지 않을 수 없게 될 것이다. ……국회에 상정되면 인민들이 아무 거리낌도 없이 황실을 거론함으로써 오히려 황실의 존엄을 모독하게 될 위험이 있다"고 주장했다. 이 역시 나중에 이토가 지적하듯이 법률 등을 혼동한 설명이었다. 이토는 "헌법도 전범을 지배할 수는 없다"며 황실전범이 헌법보다 훨씬 순수한 황실법규임을 강조했다. 결국 황실전범은 관보에도 싣지 않고 신문지상에 비공식적으로 발표하는 형태를 취하게 되었다.

이토 등은 황실문제에 관해 국민이 절대 개입할 수 없다는 이른바 황실 자율주의체제를 추구하고 있었으며, 이러한 견해는 이미 이토의 별장에서 진행된 회의에서 제기된 바 있었다. 또한 황위계승에 대한 문제를 원로원에 자문하는 것은 위험하다고 보았는데, 그 이유는 시대가 바뀌어 원로원에 '민정주의(民政主義, democratic)의 원소(元素)'가 들어와 인민이 개입할 가능성이 생기기 때문이라는 것이었다. 내각에 자문하는 것도 마찬가지였다. "만약 정당내각이 성립되어" 그 내각이 '민정주의'적 노선을 취한다면, 군권을 침해하기 위해서 "아둔한 황자를 선택하여 자기 당의 모략을 꾀하지 않으리라는 보장이 없다"는 이유에서였다.

따라서 공표하는 방식 하나에서도 국회가 간섭할 수 있는 법률의 형태는 물론, 내각대신이 관여할 수 있는 칙령 같은 형태도 취하지 않으려 고 심했던 것이다.

구가 가쓰난의 비판

이러한 정부의 비(非)공포주의에 대해서는 경파(硬派)의 잡지 『니혼』(日本)이, 주필 구가 가쓰난(陸羯南)의 「황실전범의 공포를 바란다」(1889년 2월)는 논설을 게재하며 정면 공격을 가했다. 구가는 "관계 당국의 허가를 받아 그 명문을 읽고 그것을 『니혼』에 게재"했는데도 공포하지 않는 것은 납득할 수 없다면서 "성천자가 이미 황위계승과 섭정은 (헌법에서) 황실전범의 규정에 의거하기로 약속한 이상, 다른 조항은 다음 기회에 하더라도, 전범 중 위의 두 가지에 관한 명문만큼은 천하에 공포하지 않으면 안될 것이다"라고 했다. 이는 정당한 비판이었다. 그는 또 "국민으로 하여금 ……황실에 관한 사항을 전혀 모르게 하는 것이 인민의 황실에 대한 충정을 고무하는 일이 될 것인가 아닌가는 삼척동자도 그 이해득실을 알 수 있을 것이다"라고 하여, 국민과 황실을 격리시키려는 정부의 방침에 대해 날카롭게 비판을 가했다.

4. 화족제도의 창출
'귀종'을 뒷받침하는 장치

정치적 대책으로서 부상

황실전범에 관한 논의 중에서 혼인의 범위로서 화족(華族)이 문제가 되었다. 화족제도는 황실전범의 제정과 병행하여 정비·확립되어 가는데 여기에는 어떠한 의미가 있는 것일까? 1869년 판적봉환(版籍奉還)과 함께 정부는 구다이묘와 상층 공가에 화족이라고 하는 새로운 신분을 부여했는데 화족제도가 본격적으로 문제가 되기 시작한 것은 메이지 14년 정변 이후부터였다.

우선 그것은 정치적인 대책에서 비롯되었다. 10년 후의 국회개설에서 자유민권파의 흐름을 이어받은 민당(야당)이 하원(중의원)에서 다수를 차지할 것이 예상되었으므로 그에 대한 정부와 황실의 방파제로서 상원(귀족원)의 설치가 시급히 요청되었다. 그리고 정부는 이 상원의 구성원으로서 새로운 정치적·사회적 지위를 가진 화족을 창출하는 일이 필요해졌다.

정부는 1884년, 화족령을 공포하여 공·후·백·자·남이라는 5작제를 정했다. 여기서 중요한 것은 이 화족령이 구다이묘·공가화족(구화족)에다 정치적 능력을 지닌 유신 당시의 유공자까지도 화족(훈공화족)으로 포함시킨 새로운 귀족제도였다는 점이다. 이들 화족은 메이지 헌법과 귀족원령에 의해서 상원인 귀족원에 세습적으로 의원이 될 권리(공·후)와 의원 호선권을 세습할 수 있는 권리(백·자·남)를 부여받았다. 그리고 천황·황족과 혼인할 수 있는 특권과 학습원에서 교육받을 수 있는 특권, 게다가 차압을 면할 수 있는 세습재산 소유 특권까지 부여되었다.

민간에서 쏟아져 나온 비판

이러한 특권신분의 창출에 대해 민간에서 즉각적으로 비판이 쏟아졌다. 이미 구화족에 대해서도 '무위도식'이라는 비판이 있었는데, 화족령이 공포되자 더욱 그 비판이 거세어졌다. 자유당의 기관지인 『지유신문』(自由新聞)은 이를 유신 당시에 문벌을 가리지 않고 인재를 존중했던 평등주의에 대한 반동이라며 비판했다. 국회 개설 후 도쿠토미 소호(德富蘇峰)의 『고쿠민노토모』도 "황실의 번병(藩屏)이 어찌 화족뿐이랴. 일본 국민 모두가 그렇지 않은가"라고 하며, 사민평등에 위배됨을 비판했다. 그보다 조금 뒤에 이타가키도 세습적인 특권신분을 다시 창출한 것은 유신의 정신인 일군만민(一君萬民), 곧 군주 아래 만민이 평등하다는 원칙에 위배되는 것이라며 비난했다. 이타가키 자신은 수차례에 걸쳐 사양하던 끝에 칙명을 거절할 수 없어 백작을 수여받았으나, 작위는 일대에 한해야 하며 세습되어서는 안된다고 했다.

유신국가는 분명히 사농공상의 신분제를 철폐하고 천황 아래에 사민(四民)이 모두 평등하다고 선전해 왔다. 예를 들면 1872년의「징병고유」에서 과거 무사뿐만이 아니라 농공상도 병역을 부담해야 하는 필요성을 말하면서 "사민은 바야흐로 자유의 권리를 얻어내었다. 이는 상하를 평균되게 하며 인권을 모두 한결같이 하는 길"이라 하고 있다. 화족제도에 의한 특권신분의 창출은 유신 이래 국가가 주장해 온 일군만민·사민평등에 위배되는 것이었으므로 국민은 여기에 대하여 날카로운 비판을 가했던 것이다. 그리고 국민의 비판은 이후에도 일관되게 지속되었다.

원래 일군만민주의는 일군, 바로 천황을 초월적인 존재로 만들기 위해 주장된 것으로서, 국민은 초월자인 천황 아래 모두가 동등한 지위에 있다는 것이었다. 그러나 일군하의 만민평등을 주장하면서 새로이 특권신분을 창출한 것은 국가가 자기모순에 빠진 것이다. 국민의 비판은 이 점을 날카롭게 지적한 것이었으나, 국가가 자기모순을 무릅쓰면서까지 기어코 화족을 유지했던 까닭은 단순히 귀족원의 구성원을 창출하여 중의원에 대항하려는 정치적 목적 때문만은 아니었다. 그것은 황실의 귀종성 유지에 관한 문제이기도 했던 것이다.

최고의 가문과 혈통

일본에서 천황이 최고의 권위로서 국가와 사회에 군림할 수 있는 근거는 최고의 신인 아마테라스 오미카미(天照大神)의 직계로 고대부터 군주로서 최고의 가문을 '만세일계'의 혈통으로 유지해 왔다는 데 있었다. 예를 들면 야노 하루미치(矢野玄道)의『삼조대의』(三條大意, 1870)는, "우리 천황만은 천지개벽과 함께 탄생한 천자님이라고 하듯이, 대신궁(大神宮, 이세신궁〔伊勢神宮〕 곧 아마테라스 오미카미)의 적통이어서"(內務省 神社局,『國體論史』에 의한 요약)라고 하여, 민중의 이세 신앙과 연결하여 그 최고신으로 받드는 아마테라스 오미카미의 직계라고 하는 최고의 귀종성으로 천황을 정당화시켰던 것이다.

천황이 일본의 군주로서 부동의 지위를 차지하는 것은 최고의 가문, 최고의 귀종이기 때문이라고 했으므로 황실은 언제나 그 귀종성을 유지하지 않으면 안되었다. 이 때문에 황실전범에서는 황족이 양자를 입양하는 것을 금했던 것이다.(제42조)

종래에 고노에(近衛)·규조(九條)·이치조(一條)·니조(二條)·다카쓰카사(鷹司)의 다섯 섭가(攝家)⁴⁾가 황후를 배출하는 가문이었으나, 메이지 유신 때 섭정과 관백이 폐지되었으므로 새로이 혼인이 가능한 가문을 설정할 필요가 생겼다. 황실전범에서는 그것을 동족(황족) 이외에 "칙허로 특별히 인허된 화족에 한한다"고 했으며, 『황실전범의해』에서는 황족의 혼인을 한정하는 이유를 "명문우족(존귀한 혈통을 지닌 자)을 선택하기 위함"이라고 설명하고 있다. 그런데 실제로는 메이지 천황의 황후 하루코(美子)는 이치조가에서, 다이쇼 천황의 황후 사다코(節子)는 규조가에서, 그리고 쇼와 천황의 황후 나가코(良子)는 구니노미야(久邇宮)가에서 선택되고 있어, 황족과 옛 5섭가 이외에 혼인이 성립된 적은 없었다.

천황과 황족의 귀종성을 유지하기 위해서는 그에 버금가는 귀종의 가문이 필요했다. 세습 화족이 필요했던 것은 이러한 이유에서였다. 때문에 화족의 혼인은 궁내대신의 허가를 필요로 했으며, 귀종인 화족을 일반국민과 구별하기 위하여 그 호적은 궁내성이 관리했던 것이다.

5. 황실제도의 사상
'이에' 사회의 체현자

이에 사회의 전통

군주의 자격이 최고의 가문 출신이라는 것은 일본에만 국한된 것이 아니라 많은 군주제 국가에서도 마찬가지인데, 일본에서는 특히 그것이 중요시되었다. '이에'(家)[5]라고 하는 것은 원칙상 혈족(일본의 경우에는 양자에 의한 것도 가능했다)으로 구성되는 가족이 그 가산·가업·가명을 유지하기 위하여 가장의 지휘와 감독에 따라 생활하는 조직이다. 이러한 이에는 근세(에도 시대) 중기에 이르러 농민들 사이에서도 형성되었다.

일본의 농업은 거의 대부분이 소경영으로, 가업인 농업을 가장의 지휘하에 가족이 자기 이에의 가산(토지)에 경영하는 것이었으므로 이에는 농촌에서 널리 형성되었다. 이러한 농업경영방식은 근대에 들어서도 변함이 없었으며, 메이지 유신기에는 인구의 8할이, 그리고 아시아태평양전쟁 직전에도 인구의 약 5할이 그러한 농민이었다. 곧 전전의 일본은 자본주의와 도시의 발달에도 불구하고 오늘날과는 비교도 안될 만큼 농촌적인 성격을 지니고 있었으며, 그 농촌은 이에의 집합체였으므로 이에와 그 질서는 뿌리깊게 존재하고 있었다.

민법을 둘러싼 논쟁

이렇듯 일본은 이에 사회였으므로 국가는 국민을 이에 단위로 파악하려 했다. 메이지 정부는 1871년에 호적법을 제정하여 이에를 단위로 호적을 편제하고 거기에 따라 징세·징병 등을 시행했다. 이러한 행정 목적에 의한 이에의 장악은 그 후 사라지게 되지만, 가족을 가장(호주)이 감독하게 하는 방식은 계속 유지되었다.

가족법을 포함한 민법의 편찬은 정부가 고용한 프랑스인 법학자 부아소나드의 지도하에 이루어져 1890년에 공포되었다.(구민법) 그러나 정부가 민법과 상법의 시행을 당시 국가적인 중대사였던 불평등조약 개정의 수단으로 삼고 있다는 점에 대한 반발과 구민법이 프랑스의 민법전을 모태로 삼은 데 대한 국수주의측의 반발 등, 민법시행에 대한 연기를 요구하는 움직임이 고조되었다.

여기에 이른바 민법논쟁이 시작된 것이다. 그 중에서도 보수적인 법학자인 호즈미 야쓰카(穗積八束)는 1891년에 「민법이 나옴으로써 충효가 무너졌다」고 하는 도발적인 표제의 논평을 발표하여 다음과 같이 말했다.

> 우리나라는 조상을 믿는 나라로 이에 제도의 고향이다. 권력과 법은 이에에서 생겨난다. ……황실이 총애받는 신하를 대하고 ……가부장이 가족을 다스리는 것은 모두 그 권력의 근원이 같다. ……그럼에도 불구하고 민법의 법문은 국교를 배척하고 이에 제도를 파괴하는 정신으로 구성되어 있다. ……극단적인 개인 본위의 민법을 시행하고 3천여 년의 신앙으로 돌아가지 않으려 하다니 참으로 애석한 일이다.

구민법도 이에와 호주의 존재를 부정하지 않았으나, 이에 제도를 파괴함으로써 국체를 파괴한다는 호즈미의 주장에 눌려 시행이 연기되다가 다시 1898년에 이에 제도를 전면에 내건 메이지 민법(그 가족법 부분)이 공포·시행되었던 것이다. 여기서 호주는 가족의 거소 지정권, 혼인·양자에 관한 동의권, 분가·입가(入家)·거가(去家)에 대한 동의권을 갖는 반면 가족의 불복종이나 이의 제기는 인정되지 않았다.

이처럼 민법전 논쟁에서 연기를 주장하는 측이 승리하여 가족에 대한 호주의 강력한 감독권을 인정한 민법이 성립된 것은 사회 내부에 이에와 이에 질서가 뿌리깊게 존재하고 이에 질서가 바람직한 사회의 규범이라 생각되고 있었기 때문이다.

이에 사회에 대한 지향

도시에서는 농촌보다 사회의 유동성이 높은데다 자본주의의 발달로 인해 낡은 이에 질서가 농촌만큼 유지되지는 않았다. 농촌으로부터 차남·삼남 등이 도시로 유입되어 단신임금노동자로 생활하는 경우가 늘었기 때문이다. 그러나 도시의 노동자와 하층사회에서 이에 질서가 해체되거나 이에를 형성하려는 지향이 없어서 개인을 단위로 하는 사회가 형성되었다고 생각하는 것은 성급한 판단일 것이다.

나카가와 기요시(中川淸)에 의하면, 일본의 노동자와 도시하층민은 메이지 중기 이후 세대(생계를 함께 하는 가족)를 형성하기 시작하여, 1920년대 후반(다이쇼 후반)기에 들어와서야 안정적으로 세대를 형성할 수 있게 되었다고 한다.(『日本の都市下層』) 그러나 그들은 단순히 생계를 함께 하는 가족의 형성만을 지향한 것은 아니었다. 1924년, 효고(兵庫) 현의 공업간담회가 전국 3,500명의 노동자를 대상으로 행한 '노동자의 사상에 관한 조사'에 의하면 집에 불단·가미다나(神棚, 조상의 영을 모시는 제단—옮긴이)가 있는 자는 94%에 달하며, 아침·저녁으로 또는 한번이라도 그곳을 향해 기도를 올리는 자는 74%, 그리고 조상과 부모의 영을 모시거나 공양해야 한다는 자도 93%에 달했다. 이는 겨우 안정적으로 세대를 형성한 노동자의 대다수가 조상숭배를 바람직한 사회의 규범으로 인식하고 있었음을 말해 준다.

이것은 그들 노동자가 이에 사회를 지향하고 있었다는 것을 잘 대변해 주는 것이다. 물론 그들의 행동은 한편에서는 노동운동으로 향했다. 그러나 노동운동이 지향했던 것은 단순히 노동임금 등 노동조건에 대한 개선뿐만 아니라, 직공으로서 한단계 낮게 인식되고 있다는 데 대한 이의제기적인 성격이었으며, 따라서 정당한 사회적 대우를 위해, 사회에서 인정받을 수 있는 생활양식을 몸에 익히는 것이 선결과제였다. 그 때문에 당시 아직도 사회적 규범으로서 유효했던 이에적인 규범에 바탕을 둔 생활양식과 그 의식을 노동자는 지향했던 것이다.

근대 일본에서 이에와 이에 질서는 자본주의화·도시화에 따라 소멸해 가기만 한 것이 아니라, 노동자와 도시하층 속에 오히려 자각되고 추구되기도 했다. 곧 근대 일본에서 이에와 이에 질서는 여전히 민중적인 계층에서 재생산되었던 것이다. 이렇듯 이에와 이에 질서가 재생산되는 이상, 가문·혈통과 그 상하관계라고 하는 이에 질서의 특징적 가치기준도 재생산되었던 것이며, 그것이 국민 사이에서 최고의 가문이자 귀종인 황실의 존재를 시인하는 조건을 제공하는 역할을 했던 것은 아니었을까?

이에적인 질서의 모범적인 체현자

군주가 도덕의 모범적인 체현자여야 한다는 생각은 중국의 유교사상에서 비롯된 것으로, 유교를 수용한 일본에서도 오래 전부터 끊임없이 주장되어 온 것이었다. 그러므로 근대 일본과 같은 이에 사회에서 천황과 황실은 이에 질서의 모범적 체현자가 아니면 안되었던 것이다.

메이지 헌법을 제정할 때에 이토는, 유럽에는 기독교라는 사회질서의 기축(基軸)이 있으나, 일본의 종교는 그 어느 것도 인심을 하나로 모을 만큼의 힘을 가지고 있지 못하므로, "우리나라에서 (사회질서의) 기축으로 삼을 수 있는 것은 오로지 황실뿐이다"라고 했는데(『樞密院會議議事錄』), 황실은 사회질서인 이에 질서의 '기축'이 되어야만 했던 것이다. 때문에 다이쇼 시대에 들어와서도 "위로는 황실부터 아래로는 서민에 이르기까지 이에에 대한 관념, 친족에 대한 관념이라는 것을 함께함으로써 미풍양속을 지킬 수 있다"고 했던 것이다.(『臨時法制審議會總會議事速記錄』)

그러면 황실이 체현해야 하는 이에와 이에 질서의 이상적인 형태란 어떠한 것이었을까?

우선 첫째는 가장의 지위를 남계의 장남이 계승하는 것이다. 일반 국민의 경우, 이에를 유지하기 위하여 장남이 있더라도 경영 능력이 없으면 차남·삼남, 경우에 따라서는 양자가 가독을 상속하는 경우도 있었으나, 황실에서는 황실전범에 "황위는 황장자에 물려줌"(제2조), "황족은 양자를 입양할 수 없음"(제42조)이라 규정된 바와 같이, 다른 혈통을 배제하고 장남에게 황위(가독)를 물려주게 되어 있었다.

둘째는 아버지에 대한 아들의 순종이 충분히 행해지는 것이다. 일반 국민 사이에서는 아버지가 늙어서 이에의 경영이 곤란해진 경우에 은거하여 가독을 자식에게 물려주면 새로이 가장이 된 자식의 지휘하에 아버지가 들어가게 되어 있으나, 이는 부자간의 정서상 바람직하지 못한 것이었다. 황실에서는 천황 생존 중에는 황위를 자식에게 물려주지 않으며, 병상 등으로 섭정을 둘 경우에도 섭정은 천황보다 아래의 존재였으므로 가

부장제라고 하는 의미에서 황실제도는 이상적인 것이었다.

셋째는 가장이 가족을 강력히 통제·감독할 수 있어야 하는 것이다. 황실전범에서 "황족은 천황이 이를 감독한다"(제35조)고 규정하고 있는데, 『황실전범의해』는 이 내용을 황족의 필요 경비를 지급할 권한, 황족의 결혼, 외국여행에 대한 허가권, 부친이 없는 어린 황족에 대한 교육·보호권 등이라 설명하고 있으며, 가장인 천황은 사실상 일가를 거느린 황족에까지 가장권을 행사했던 것이다.

그 밖에도 가명·가격을 유지하기 위한 경제적인 보장물인 세습재산(황실의 '세전어료'〔世傳御料〕)을 엄밀하게 관리하는 것, 또한 가족이 그 은혜를 입고 있는 가산·가업·가명의 연원인 조상의 제사를 행하는 것도 이에서 대단히 중요한 것이었으며, 천황은 그것을 가장 엄격하게 실행하는 가장이었다. 더욱이 조상의 유훈을 지키는 것도 오래된 가문에서는 중요시되었는데, 천황은 즉위하면 황조황종의 영을 이어받음으로써 솔선하여 유훈을 준수하고 체현하는 존재가 되었다.

이처럼 황실은 이상적인 이에로서 부각되었으며, 천황은 이상적인 가장으로서 부각되었다. 말하자면 천황과 황실은 일본의 사회질서인 이에질서를 이상적으로 체현함으로써 이에 질서(로 편성된) 사회에 군림했던 것이다.

4 '사회 속의 군주'로 가는 길

통치의 정당화

이노우에 고와시(井上毅, 1843~1895)
일본의 메이지 헌법·황실전범·교육칙어
등을 만드는 데 큰 역할을 했다.

1. 황실재산 설정 논쟁

급무 중의 급무

헌법제정과 함께 메이지 14년 정변 후 정부가 해결해야 할 시급한 과제로 등장한 것은 다름 아닌 황실재산 설정에 대한 문제였다. 이는 이 장에서 다룰 "천황에 의한 일본국 통치가 어떻게 정당화되었는가?" 하는 문제를 생각하는 데 빠뜨릴 수 없는 문제이므로, 메이지 초반까지 거슬러올라가 검토해 보기로 하겠다.

황실재산을 설정하려는 움직임은 1876년에 궁내성비와 황실비의 분리가 결정될 무렵부터 기도 다카요시(木戸孝允) 등에 의해 검토되기 시작했다. 또 자유민권운동이 활발해지기 시작한 1878년에는 민권운동에 맞서 황실의 기초를 굳히기 위해 황실재산 설정론이 등장했다. 같은 해에 궁내성 대서기관 가가와 게이조(香川敬三)는 태정대신 산조 사네토미(三條實美)·우대신 이와쿠라에게 건의하여, 관유림의 10분의 1을 황실재산으로 해야 한다고 했으며, 이와쿠라도 이같은 제언을 했다. 또한 1880년, 전대장경 오쿠마는 "바야흐로 입헌정체를 구성하려는" 현상황에 비추어 볼 때 "전국의 토지 중에서 어료(御料)를 정하는 것"이 긴요하다고 했다.(『大隈重信關係文書』)

그렇지만 정부에게서 황실재산 설정이 급무 중의 급무로 인식되기 시작한 것은 역시 메이지 14년 정변 후부터였다. 정변 직후인 1881년 11월부터 이듬해에 걸쳐 정부요인들에 의한 건의가 줄을 이었다. 이노우에 가오루(井上馨, 참의)·이토 히로부미(참의)·야마다 아키요시(山田顯義, 내무경)·사이고 쓰구미치(西鄕從道, 농상무경)·야마가타 아리토모(山縣有朋, 참의 겸 참사원 의장) 그리고 참사원(정부 내의 법률규칙심의기관)의 의관으로 지방의 실정을 조사하고 있던 후쿠바 요시시즈(福羽美靜)·야스바 야스카즈(安場保和) 등이었다.

그들이 황실재산이 필요한 이유로 든 것들을 정리해 보면 다음과 같다.

첫째, 지조개정으로 인민에게 토지사유권을 부여한 이상, 황실도 사유권을 가져야만 한다는 것. 둘째, 입헌정체로 이행하기 위한 전제로서 황실의 사유재산을 국가재산과 구별해야 한다는 것. 셋째, 황실이 사회에 대한 권위를 확립하기 위해서는 자선·은상이나 학술·문화 육성에 힘을 쏟을 필요가 있으므로, 그것을 위한 황실재산이 필요하다는 것 등이었다. 그러나 무엇보다 가장 큰 이유는 황실이 독자적인 수입을 낼 수 있는 재산을 가지지 않는다면, 국회가 열렸을 경우 국회나 정부가 황실비를 좌우하게 되며, 그렇게 된다면 황실이 입법·행정기관으로부터 초연해질 수 없다는 것에 대한 경계였다.

이러한 건의를 받아들여 정부의 참사원 내무부는 1882년 7월경 「어유지관유지달안」(御有地官有地達案)을 작성했는데, 그 내용은 관유지와 구별된 황유지를 설정하려는 것이었다. 그러나 여기에는 정부 당국자 내부에서 숱한 이론이 제기되었다.

이와쿠라 등의 왕토론

이와쿠라는 1882년 2월, 「황실재산 설정에 대한 의견」을 제출하고 황실재산 설정이 시급함을 주장했다. 그러나 그의 생각은 관유지의 일부를 황유지로 삼자는 것이 아니었다. 그는 "우리 국토가 모두 왕토(王土)임은 우리나라 건국의 체(본질— 옮긴이)"임을 선언하고, 국가=조정=황실의 3위일체설을 주장하며 "관유지 전체를 황실령으로 삼는다 해서 이론을 제기할 사람이 과연 누가 있겠는가?"라고 주장했다.(『岩倉公實記』) 간단히 말해 모든 관유지는 곧 황유지가 되어야 마땅하다는 것이었다.

이와쿠라는 7월 참사원 내무부 안에 반대하며 태정대신 산조에게 의견서를 제출했는데, 거기서는 한 걸음 더 나아가 "관유지뿐만 아니라 '민유지'도 황실의 토지이다. 지조개정으로 부여된 토지에 대한 국민의 권리는 토지이용권, 곧 '토지에서 발생되는 수확·이익을 매매·사용할 권리'뿐이며, 그 진정한 소유자는 황실이다"라고 하며 전 국토가 황유지라는 이른바 왕토론을 전개했다.

메이지 천황의 측근인 모토다와 사사키도 이와 같은 왕토론을 주장했다. 1882년 9월, 모토다는 이와쿠라에게 편지를 보내어 "국토를 민유·관유·황유로 구분하게 된다면 이는 곧 일본 천황이 일본의 전국토를 3분하여 그 중 하나를 가지는 형태가 된다. ……이는 제실의 실권을 소멸시키게 되는 것으로 개탄을 금치 못하겠다"고 했다. '만세일계의 황통', '군신불역(君臣不易)의 대의명분' 그리고 '개벽 이래의 황토보유 대권'이라는 이 세 가지는 '국체를 성립시키는 전제조건'이므로 전 국토는 황실의 소유지이며 국민은 그 소작인에 불과하다고 주장했다.(『元田永孚關係文書』)

사사키(당시 참의 겸 공부경)도 다음 달, 민유지와 관유지 이외에 별도로 황유지를 정하는 것은 '왕토의 원칙'을 어기는 것이라며 이와쿠라에게 건의했다. 그리고 민간인 중에서도 고치(高知) 현의 사족(士族)인 야마카와 료스이(山川良水)나 미야기(宮城) 현의 사족인 기쿠치 도라타로(菊池虎太郎)와 같이 원로원에 왕토론을 건의하는 자도 있었다.

마쓰카타 마사요시의 비판

이와쿠라 등의 왕토론은 천황이 일본을 통치하는 데 필요로 하는 권한의 근거를 황실의 전 국토 소유에서 찾고자 하는 것이었다. 그러나 토지 소유권에 근거하여 통치한다는 논리는 봉건제의 가산제 국가를 근대 일본에 적용하려는 것으로서, 지조개정의 성과인 국민의 근대적 토지소유권을 부정하는 것이 되고 만다. 원래 근대국가의 통치권은 공권(公權)으로서 순화되어 있어야만 하며 사적 (토지)소유권에 근거를 두어서는 안되는 것이었다. 다시 말해 공과 사의 엄밀한 구별은 근대의 대원칙이었던 것이다. 대장경이었던 마쓰카타 마사요시(松方正義)는 1883년 9월에 이들 왕토론에 반대하며 다음과 같이 말했다.(『公爵松方正義傳』)

왕토론은 '국토관령(管領)의 공권'(통치권)과 '전산(田産)소유의 사권'

(사적 토지소유권)을 혼동하고 있다. 사유권과 통치권은 명확히 구별되어야만 하는 것으로, 국민이 토지사유권을 가지고 있더라도 통치권은 국가(천황)에게만 귀속되는 것이다. 국민의 사유권을 부정한다든지 하면 국민이 경제활동을 적극적으로 하지 않게 되어 부국강병을 실현할 수 없으며, 나라를 윤택하게 하지 않으면 도리어 왕권까지도 쇠약하게 된다.

이노우에 고와시의 반대 이유

이노우에는 정부관료 중에서도 근대법에 정통했던 인물로서, 마쓰카타보다 앞서 통치권과 사유권의 구별을 논한 「토지소유고」(土地所有考)를 써서 왕토론을 비판한 인물이었다. 그러나 이러한 이노우에도 참사원 내무부의 황유지 설정안에 강력히 반대함으로써 한때 내무부안을 부결로 몰고 갔다.

이노우에가 반대한 이유는 과연 무엇이었을까? 그것은 그의 궁중·부중 일체론(황실·정부 일체론)에 근거한 것이었다. 이노우에는 다음과 같이 말했다.

> 현재 우리나라의 정체는 궁내·부중의 일체로 ……황실 외에 정부는 존재하지 않는다. 곧 황(皇) 외에 관(官)은 없다. ……이 국체로 인해 토지의 경우도 관유지란 곧 황유지를 말하는 것이 되며 결코 양립될 수 없다. ……만약 토지를 황과 관으로 양분할 경우, 정체 또한 제실과 정부로 구별되어 서로 판이하게 다른 것이 될 수밖에 없다.(『井上毅傳』)

그리고 이노우에는 "이번의 황유지에 대한 사항은 실로 헌법상 중대한 관계가 있는 것"이라 했다. 말하자면 이노우에는 정부재산(관유지)과 구별된 황실재산(황유지)을 설정하는 것이 황실과 정부를 괴리시키는 것으로 이어져, 정부가 천황의 정부가 아니게 될 가능성이 있다는 것이다. 이노우에가 무엇보다도 두려워했던 것은 이러한 논의가 의원내각제를 허용하는 논리로 이어지는 것이었다.

1882년의 황실재산 설정을 둘러싼 논쟁은, 국회가 열렸을 때 천황이 통치권을 유지할 수 있는가 하는 문제와 밀접히 연관되어 전개되었다. 다시 말해 황실재산 문제는 천황통치에서 정당성의 근거 및 그 확보와 관계되는 중대한 문제였던 것이다.

2. '다스리시는 천황' 론
이노우에 고와시의 천황관

'시라스'형 통치론

황실·정부일체론을 주장했던 이노우에는 황실과 근대화하는 국가·정부가 일체가 될 수 있는 근거, 다시 말해 근대국가를 천황이 통치하는 것에 대한 정당성의 근거를 '시라스'라는 일본 특유의 통치방법에서 찾아냈다. 천황은 '아메노시타 시로시메스 스메라미코토'로, 그리고 진무 천황은 '하쓰쿠니 시라스 스메라미코토'로 각각 불리는 것처럼 천황의 통치는 '시로시메스' 또는 '시라스'(모두 '다스리시다'의 뜻—옮긴이)라 불리고 있었다.

이와쿠라 등의 왕토론은 지조개정에 의해 국민에게 인정된 토지사유권을 부정하는 반근대적인 성격을 띠고 있었기 때문에 파탄을 맞이하게 되었다. 이노우에는 이러한 점을 고려하여 근대법리와 모순되지 않으면서도 천황에게 통치권을 집중시킬 수 있는 논거를 모색하던 중, 이 '시라스'라고 하는 일본의 독자적인 통치형태를 발견한 것이다. 이노우에의 '시라스'형 통치론은 메이지 헌법이 발포된 직후에 행한 강연 「고언」(古言, 이 듬해인 1890년에 가필한 「언령」[言靈]과 함께 『井上毅傳』에 수록되어 있음)에서 가장 체계적으로 전개되었다. 이노우에 주장의 요점은 이렇다.

나라를 수중에 넣어 통치하는 것을 중국에서는 나라를 가진다고 하며,

유럽에서는 'Occupied', 곧 빼앗아 점령한다고 한다. 이것은 모두 국토와 국민을 사유재산으로 간주하여 소유한다는 의미이다. 그러나 일본에서는 황조신이 오쿠니누시노 미코토(大國主神)에 대해 "네가 '우시하구'('영유하다'의 뜻—옮긴이)하는 토지와 인민은 내 자손이 '시라스'할 것"이라 했다고 고사기에 기록되어 있다. 오쿠니누시 등 호족의 지배방식이었던 '우시하구'가 중국과 유럽의 왕이나 호족과 같은 사적 소유적인 것인 데 비하여, 황조신이나 역대 천황의 통치방식인 '시라스'란 토지와 인민을 사유하여 지배하는 형태와는 정반대로 순수하게 공적인 통치이다. 유럽에서는 겨우 200년 전에야 국가통치를 공적인 것으로 함으로써 공과 사의 구별이 명확히 되었으나, 일본에서는 신대의 옛적부터 천황에 의해 공과 사의 명확한 구별 위에 성립된 공적 통치가 행하여지고 있었다.

이노우에가 여기서 말하고 싶었던 것은 다음과 같이 정리될 수 있다. 근대국가의 통치권력은 순수하게 공적인 것이어야만 하는데 일본에서는 신대의 옛부터 천황이 '시라스'라고 하는 순수한 공적 통치를 해왔으므로, 천황의 통치는 근대적인 통치와 완전히 일치하게 된다. 따라서 근대 일본 국가를 천황이 통치하는 데에는 아무런 모순도 없다는 것이다. 이렇게 주장함으로써 일본에서 천황의 전통적인 통치형태는 근대적인 통치형태와 자연스레 일치하여, 천황이 근대 일본을 통치하는 것이 정당하다고 했던 것이다.

구상과 어긋난 전개

이 '시라스'형 통치론으로 천황 통치의 정당성을 증명하는 방법은 이노우에가 초안을 쓰고 이토가 정정 가필한 공인 헌법해석서 『헌법의해』에 채용되었다. 곧 헌법 제1조 "대일본제국은 만세일계의 천황이 이를 통치한다"에 대한 해설로 "무릇 조종의 천직을 중시하면서 군주의 덕은 일본의 국토와 신민을 통치하는 데 있지 개인이나 한 가문에 봉사하는 사적인 일이 아님을 밝혀 두었다. 이것이 바로 헌법에서 규정하여 그 기초로 삼는 까닭이다"라고 한 것은, '시라스'형 통치가 헌법의 근본정신임을 나타내고 있는 것이다.

그러나 '시라스'형 통치론에 의한 천황통치의 정당성에 대한 증명은 천황과 황실이 순수하게 공적인 존재라는 것을 전제하고 있으므로, 실제로는 이노우에의 구상과 어긋나게 전개된다.

먼저 이노우에의 반대에도 불구하고 1885년 궁내성에 어료국이 설치되었다. 그 전후부터 정부 소유의 유가증권(일본은행·요코하마정금은행·일본우선〔郵船〕 등의 주식)이 황실재산으로 옮겨졌으며, 그 결과 황실의 자본은 1873년 말에 약 193만 엔이었던 것이 1889년에는 975만 엔까지 증가했다. 여기에다 1889년에는 사도(佐渡)·이쿠노(生野) 두 광산도 어료로 포함되었으며, 이듬해까지 국회개설에 대비하여 전국에서 약 360만 정보(3만 5,700km²)의 산림원야와 경지 등이 황실재산으로 편입되었다. 편입된 홋카이도의 산림 200만 정보 중에서 137만 정보는 1895년에 홋카이도에 교부되었으나, 그렇다손 치더라도 황실이 방대한 재산을 지니게 되었다는 것은 틀림이 없었다.(黑田久太, 『天皇家の財産』) 이와 같이 관유재산과 구별된 황실재산이 설정된 것은 관＝공＝황이라는 이른바 '시라스'형 통치론을 부정하는 것이었다.

다음으로 이와 함께 1885년 말, 내각제도가 발족됨으로써 궁내성이 내각 밖에 두어지게 되었다는 점이다. 이노우에가 주장했던 궁중·부중 일체론마저도 정부기구의 개혁에 의해 부정되어 버리고 말았다.

헌법해석에 채택된 이유

이상에서 본 바와 같이 '시라스'형 통치론에 의한 천황통치의 정당성 논증은, 현실의 황실·정부의 존재방식과 모순을 일으켰다. 그럼에도 불구하고 '시라스'형 통치론이 헌법해석에 채택된 것은 어떠한 이유에서였을까? 그것은 바로 근대의 법리를 무시하고서 국가나 헌법을 설명하는

데 어려움이 따랐기 때문이었다.

당시 일본의 가장 큰 대외적인 국가 과제는 서구와 맺은 불평등조약을 개정하는 것이었다. 헌법제정 전후의 조약개정 교섭과 병행하면서 정부는 조약개정의 전제조건으로 서구가 제시한 국내 법제(민법·상법 등)의 근대화를 서두르고 있었다. 이는 정부가 조약개정을 위해서는 "문명세계의 인민에 걸맞은 법전을 제정하여 실시하는 것 외에는 방법이 없다"고 밝힌 데서 충분히 알 수 있을 것이다.(1892년 에노모토 다케아키〔榎本武揚〕외상의 의회 발언) 유럽의 근대법리에 합치할 필요성은 비단 민법과 상법에만 국한된 것이 아니었다. 이토의 심복이었던 가네코 겐타로(金子堅太郎)는 『대일본제국헌법의해』가 완성되자마자 그것을 들고 서양의 학자·정치가에게 평가를 듣기 위해 출국했는데, 그가 귀국했을 때 이토는 구미의 정치가와 헌법학자가 어떤 식으로 평가할까 하는 생각에 "밤낮으로 노심초사하고 있었다"고 전했다.(『憲法制定と歐米人の評論』) 만일 작성된 헌법이 서구인들에게 유럽의 근대법리를 무시한 이론에 의한 것으로 받아들여지게 된다면 당면의 조약개정 문제는 얼마 안돼 곤란에 빠져들 것이기 때문이었다.

근대국가의 순수한 공적인 통치권을 원칙상 천황이 독점한다는 근거는, 천황이 순수하게 공적인 존재인 데서 가능한 것이며, 만일 그렇지 않으면 서구식의 합리적인 해석에 부합될 수 없다. 말하자면 국제관계가 최대의 정치과제로 부각되었을 때 현실의 황실이나 정부의 상황과 '시라스'형 통치론 사이의 모순은 단순한 '국내문제'로서 불문에 붙여졌다고 보아도 좋을 것이다. 그러나 모순은 어디까지나 모순이다. 이 모순을 해결할 방법은 단 두 가지, 곧 서구의 근대법리와 대립하여 일본의 독자적인 국가이론을 만들고 그것으로 천황통치의 정당성을 증명하든가, 아니면 천황이 통치권을 독점하는 원칙 자체를 부정하고, 관＝황의 논리를 필요로 하지 않는 "군림하되 통치하지 않는" 식의 체제를 만드는 것 외에는 없었다.

3. 후쿠자와 유키치의 '제실론'과 그 파문

영국식 입헌군주론

이노우에 고와시가 관유지와 황유지를 구별하는 의견에 반대하면서 필사적으로 관＝황이라는 논리를 주장했던 1882년, 후쿠자와는 5월에 『제실론』이라는 책을 한 권 저술했다. 이 『제실론』은 "제실이란 정치와 사회 밖의 것이다. 적어도 일본에서 정치를 논하고 거기에 관여하는 자는 그 주의에서 제실의 존엄과 신성을 남용해서는 안된다는 것이 본인의 지론이다"라는 유명한 구절로 시작한다.(『福澤諭吉全集』) 그리고 후쿠자와는 다음과 같이 말했다.

무릇 정치란 살풍경한 것으로, 법률을 지키지 않는 자를 벌하듯 국가 질서를 강요하는 것이지, 인간 정신의 내면으로부터 질서를 지키려는 마음을 일으키게 하는 것은 아니다. 황실은 정치권력을 전제로 해서 국민에게 질서를 강제하는 것이 아니라, 인간이 인간 되는 이유인 정신을 통합하는 것이므로 정치권력보다 훨씬 상위의 정신적 권위인 것이다. 특히 일본에서는 유럽의 크리스트교처럼 국민의 정신적 통합에 핵이 될 만한 그런 종교가 없으므로, 더더욱 황실이 도덕의 중심이 될 필요가 있는 것이다. 그렇기 때문에 황실은 정부와 분리하지 않으면 안된다.

그리고 후쿠자와는 "제실은 민심을 모으는 중심이 되어 국민정치론의 알력을 완화하고, 육해군인의 정신을 다스려 그 나아갈 바를 가르치고, 효자·열녀·유공자를 포상함으로써 전국의 덕풍을 두텁게 하고, 문(文)을 존중하고 사(士)를 중히 여기는 모범을 보여 우리 일본의 학문을 독립시키고, 예술을 진작시켜 문명을 증진하는 등, 그 공덕이 지극히 중대함은 이루 다 말할 수 없다"고 했다. 그런데 황실이 이러한 '공덕'을 베풀기 위해서는 정부의 재산과는 구별된 황실재산이 필요했다. 후쿠자와가 "황실비의 넉넉함을 바란다"고 한 것은 바로 이상과 같은 논리에 근거를 두고 있었다. 이 후쿠자와의 주장은 앞에서 본 '시라스'형 통치론과 현실의 황실·정부의 존재방식 사이의 모순을 "군림하되 통치하지 않는다"는 영국식 입헌군주제 원리의 도입으로 해결하려 했던 것이라고 말할 수 있겠다.

이노우에 고와시의 반발

그러나 이노우에를 포함한 정부 당국자는 자유민권운동에 대항하여 천황(정확하게는 천황의 정부)의 정치적 권력을 강화시킬 수 있는 헌법을 구상하고 있었으므로, 후쿠자와의 황실론을 채용할 리 없었다. 후쿠자와의 황실론이 이노우에의 그것과는 물과 기름 같은 관계였을 뿐만 아니라, 이노우에는 메이지 14년 정변 무렵부터 후쿠자와에 대하여 심한 경계심을 품고 있었다. 이노우에는 1882년 11월, 헌법을 연구하기 위해 유럽에 가 있던 이토에게 편지를 보내어 다음과 같이 주의를 환기시켰다.(『井上毅傳』)

'미타(三田)의 선생'(후쿠자와)은 『제실론』에서 황실의 존엄을 능란하게 논하고 있다. 그래서 화족들 중에서도 동조하는 자들이 생겨나고 있는데, 그의 생각은 '영국의 정체론을 교묘히 환골탈태시킨 것'으로 그 여파가 정부 내의 황실재산 설정론에까지 파급되어 정부와 황실을 분리하자는 견해로 발전하고 있다.

이노우에가 특히 이토에게 주의를 요청한 것은, 이미 밝힌 바와 같이 이토 역시 황실을 종교를 대신하는 정신적 통합의 핵으로서 정의하고 있으므로, 그것만 본다면 후쿠자와의 언설과 놀라울 정도로 유사했기 때문이다. 그리고 이노우에는 '말재간이 능숙한' 후쿠자와의 언설이 이토 등 여타의 정부요인에게 침투할까봐 우려했던 것이다. 이노우에는 후쿠자와 등이 주장하는 황실·정부 분리론이 앞으로 다가올 헌법체제에 주목할 때 가장 경계해야 할 것이라 생각했던 것이었다. 그러나 이노우에의 '시라스'형 통치론과 황실·정부의 현실적 상황 사이의 모순은 후쿠자와의 생각을 부정하는 것만으로 해결되는 것이 아니었다. 오히려 이노우에는 더욱 곤란한 새로운 문제에 직면하지 않으면 안되었다.

4. 교육칙어의 논리

메이지 헌법에 필적하는 성전

1890년 메이지 천황은 국민이 지켜야 할 도덕적 규범을 제시한 교육칙어[1]를 발표했다. 교육칙어는 메이지 헌법과 함께 2대 성전(聖典)으로 전전의 일본에 크나큰 영향을 미치게 되었다. 여기서는 이노우에가 구상한 천황의 자리매김과 관계되는 범위 내에서 교육칙어의 성립에 대해 언급하기로 하겠다.

1890년 2월의 지방장관회의(부·현 지사회의)에서 교육문제가 거론되었는데, 이때 국회개설에 즈음하여 민심을 지도하기 위한 덕육(德育)의 중요성이 건의되었다. 정부도 그 필요성을 인정하고 문부대신 요시카와 아키마사(芳川顯正)는 먼저 나카무라 마사나오(中村正直)에게 초안을 만들게 했다. 그러나 당시 법제국 장관이었던 이노우에는 이것을 비판하고 결국 자신이 직접 초안을 재작성하게 되었는데, 여기에는 모토다도 가세하여 같은 해 10월 30일에 교육칙어가 발포되었던 것이다.

이노우에가 주의를 기울였던 것은 무엇보다도 우선 교육칙어의 내용이 종교상·철학상의 논쟁을 일으키지 않도록 하는 것이었다. 천황이 친히 국민에게 부여한 도덕적 규범이 논쟁을 일으키게 된다면, 이는 곧 천황의 권위를 손상시키게 된다. 그 때문에 교육칙어의 내용은 한 가지 종지(宗旨)나 학설에 치우치지 않도록 면밀하게 배려되어 있었다. 그러나 이노우에는 그뿐만 아니라 교육칙어를 어떠한 형태로 발포할 것인가에 대해서도 극도로 주의를 기울였다.(稻田正次, 『敎育勅語成立過程の硏究』; 國學院大

學梧陰文庫研究會 編, 『明治國家形成と井上毅』를 참조.)

이노우에 고와시의 고심

이노우에는 교육칙어의 기초에 착수하면서 6월에 총리대신 야마가타에게 의견서를 제출했는데, 거기서 그가 대단히 고심하고 있음을 토로했다. 그 이유는 다음과 같았다.(『井上毅傳』)

> 헌법의 발포와 함께 일본도 '입헌정체'로 이행하게 되었으므로, "입헌정체의 주의에 따라 군주는 신민의 양심의 자유를 간섭할 수 없다"는 원칙을 따르지 않으면 안된다. 곧 입헌군주는 그 정치상의 입장에서 국민의 도덕에 '간섭'할 수 없다. 더욱이 만약 정치상의 천황의 명령으로 발포하게 된다면, 대신의 부서가 필요하다. 대신의 부서가 있으면, 교육칙어 또한 그 대신의 '지혜를 빌린' 것으로 인식될 가능성이 있으며, 따라서 진정으로 복종하는 자가 나오지 않을 우려가 있다. 그러므로 '입헌정체의 주의'에도 위배되지 않으며, 대신의 부서도 필요로 하지 않도록 하기 위해서는 '사회 속의 군주의 저작 공고'로 제출해야만 할 것이다.

이노우에의 고심은 바로 여기에 있었다. 이렇게 해서 교육칙어는 대신의 부서 없이 천황이 국민에게 직접 내리는 칙어로서 발포되었던 것이다.

그러나 정치적 군주와 구별된 '사회 속의 군주'라는 성격을 천황에게 부여한 것은, 이노우에가 '시라스'형 통치론에 기초하여 천황이란 순수하게 공적인 존재라고 했던 것과 모순되지는 않을까? 한 연구자는 이를 모순된 것으로 보고 신기원(神祇院) 설립에 대한 이노우에의 논의를 그 사례로서 제시했다.

당시 신기제례(神祇祭禮)는 종교가 아니므로 내무성 사사국(社寺局)에서 관리할 것이 아니라 신기원을 설립해야 한다는 의견이 내각 안에 있었다. 이에 반해 이노우에는 교육칙어 발포 직전인 10월 10일, 총리대신에

게 신기원 설립을 반대하는 의견서를 제출했다. 그는 "신기제전은 '사회의 일'이지 '국무(國務)의 일'은 아니다. 군주는 '국무의 수장'임과 동시에 '사회의 사표'이기는 하나, 사회에 관한 것('예전자선'〔禮典慈善〕)은 왕실이 처리하는 것이며, 제례도 '왕가의 내사'(內事)에 속해야지 국무에 속해서는 안된다"고 주장했다. 곧 이노우에는 신기제례를 '사회의 사표'인 군주가 '왕가의 내사', 곧 사적인 일로 처리해야 마땅하다고 했던 것이다. 그렇다면 교육칙어도 '사회 속의 군주'가 국민과의 사회적 관계(그런 한에서 사적 관계)에서 제출한 것이 될 수밖에 없다. 신기원에 관한 '왕가의 내사'라는 논리나 교육칙어에 관한 '사회 속의 군주'라는 논리 모두 이노우에의 황=관의 논리, 곧 '시라스'형 통치의 논리(왕가에는 사〔私〕가 없다는 논리)와 대립되는 것이었다.(林珠雪, 「井上毅の天皇觀における傳統と近代」)

이상과 같이 이노우에의 '시라스'형 통치론은 현실과 그 현실에 대응했던 이노우에 자신에 의해서 부정될 수밖에 없었다. 그리하여 천황 통치의 정당성을 증명하기 위한 국체론은 후쿠자와적인 입장을 취하지 않는 한, 일본 고유의 새로운 논리를 발견하지 않으면 안되게 된 것이다.

5. 일본의 독자적인 국가론＝국체론

대외적인 자립 달성

1895년 청일전쟁에서 승리하고 이 때를 전후하여 서구열강과 조약개정에 성공함으로써 일본은 치외법권의 철폐를 실현하여 관세자주권까지는 확립되지 않은 단계였다고는 하나 막말 이래 최대의 국가적인 과제였던 대외적 자립, 다시 말해 주권국가로서의 확립을 보게 되었다. 그러나 공교롭게도 근대 법리와 일본 전통의 접합에 고심했던 이노우에는 청일전쟁이 끝나는 1895년 3월에 사망하고 말았다.

한편 주권국가의 확립은 국체론의 새로운 전면적인 전개를 가능케 했다. 곧 조약이 개정되기까지는 천황통치의 정당성을 논증하는 국체론도 서양의 근대 법리를 무시할 수 없었으나, 일본의 주권이 확립되면서부터 서양의 이론에 신경쓸 것 없이, 일본의 독자적인 논리를 세울 수 있게 되었기 때문이다. 내무성 신사국이 편찬한 『국체론사』(國體論史, 1921년)는, 청일전쟁 후 일본의 독자적인 국체론(국가론)이 성황을 이루고 있는 것에 대하여 "수년 전에 국수론자들이 우리나라 상고시대의 제도가 서양의 대의제와 반드시 모순되지만은 않는 것이라는 논리로 우리나라의 국수를 변호하던 때와는 그 지위가 바뀐 것으로 참으로 놀랄 만한 변화라고 하지 않을 수 없다"고 평가했다. 그러면 그 '놀랄 만한 변화'로 인해 나타난 국체론이란 어떠한 것이었을까?

일본 국민의 총본가

앞에서 말한 민법 논쟁에서 활약했던 보수적인 법학자 호즈미 야쓰카는 청일전쟁 이듬해에 『국민교육애국심』을 저술하고 "천황가의 시조는 국민의 시조이며, 천황은 국민의 종가이다"라고 피력했다. 또한 저명한 소설가이며 일본주의라는 당시 국수주의의 주창자이기도 했던 다카야마 초규(高山樗牛)도 이듬해인 1897년, 당시의 대표적인 잡지였던 『다이요』(太陽)에 「우리 국체와 신판도」를 투고하여 "황실은 종가이며 신민은 말족(末族)임"을 주장했다. 이렇듯 청일전쟁 후부터 황실은 일본 국민의 총본가(종가)이므로 분가·말가인 국민은 총본가의 가장인 천황을 따르는 것이 당연하다는 국체론이 급속히 확산되었다.

러일전쟁 후에는 메이지 초년에 계몽학자로 활약했으며 후에 보수사상가로 전향한 가토 히로유키(加藤弘之)도 "건국 이래로 제실은 오늘날까지 연면하게 이어져 오고 있으며, 뿐만 아니라 우리 일본 민족의 종가임"을 주장했다.(『國體論史』)

교육칙어의 공인 해설서인 『칙어연의』(勅語衍義)의 저자 이노우에 데쓰지로(井上哲次郎)는, 1911년에 「우리 국체와 가족제도」를 발표하여,

일본이 황실을 총본가로 하는 거대한 동족집단이라는 식의 국체론을 체계화했는데, 그 내용은 대략 다음과 같다.

> 우리나라는 '종합가족제도'의 궁극적인 형태를 취하는 나라로 그 가장이 바로 천황이다. 건국 이래 천황과 신민의 관계는 가족적인 성격을 띠고 있다. 가족제도에서 가장이 가족의 중심에 있는 것처럼, 종합가족제도의 형태를 취하는 일본은 그 국가적 성격상 총본가인 황실의 가장인 천황이 중심이다.

이미 말했던 바와 같이 황실과 정부가 분리되고 황실재산까지 설정되면서 입헌체제로 이행함에 따라 천황이 교육칙어를 '사회 속의 군주'라는 입장에서 내릴 수밖에 없게 되었을 때, '시라스'형 통치론은 곤경에 처하게 되었다. 그것을 대신할 국체론은 황실과 국민의 관계를 사회적 관계로 다시 파악하여 새로운 논리를 설정해야만 했다. 그 논리는 일본제국이 대외적인 자립을 달성했을 때, 일본 독자적인 국가론을 전개할 수 있게 되면서 설정되기 시작했다.

그것이 황실과 국민의 관계를 총본가와 분가·말가라는 관계로 보는 '종합가족제도'적인 국체론(이에 질서적인 국체론)으로 나타난 것은, 당시의 일본이 이에 사회였기 때문이다. 이에적인 질서에서는 본가는 분가보다 격이 높으며, 본가의 가장의 지휘를 따르는 것은 자연스럽고 또 당연한 것으로 생각되므로 국민이 총본가의 가장인 천황의 지휘를 따라야 한다는 국체론은 설득력을 가지게 된다. 이렇게 해서 이에 질서에 비유된 천황통치의 정당성론이 유력한 국체론으로 부각되었을 때, 국체론은 현실의 황실과 정부의 양태에 모순됨이 없이 사회질서에도 뿌리를 내리고 있는 것으로 된다. 국체론은 이렇게 해서 완성된 것이다.

일본의 독특한 내셔널리즘

그런데 아마도 여기서 한 가지 의문이 생겨날 것이다. 청일전쟁은 이전까지 일본의 국민 대다수가 대국으로 생각해 왔던 청(중국)에게 승리한 전쟁이었다. 그 전쟁을 위해 설치된 히로시마의 대본영(천황 직속으로 만들어진 최고전쟁지도기관)에 내려간 메이지 천황은 대원수로서 밤낮을 가리지 않고 그 작전본부에 있었다. 때문에 청일전쟁의 승리는 단순히 일본의 국위를 선양한 것뿐만 아니라 천황의 권위 또한 크게 높이는 것이 되었다. 한때 황실을 '정치와 사회 밖'의 존재로 규정하려 했던 후쿠자와까지도 전쟁 중인 1894년 10월 『지지신보』(時事新報)에서 「천황 폐하의 성덕」이라는 제목으로 다음과 같이 말했을 정도다.

> 개전 이래 천황 폐하께서는 대본영이 있는 히로시마에 가서서 친히 군을 돌아보시며 주야로 침식도 편히 하지 못하셨다. 이 사실을 국민 일반이 전해 듣고 감격을 금치 못하고 있다. ……나는 그 사실을 알고 그저 감격하여 눈물이 흘러내려 목이 메일 따름이다.

청일전쟁에서 승리함으로써 천황은 국민적(내셔널) 상징으로서의 지위와 권위를 확고부동한 것으로 만들었다. 그렇다면 청일전쟁 후에 구태여 천황통치의 정당성을 강조할 필요는 없지 않았을까?

그러나 여기서 생각하지 않으면 안되는 것은 일본 내셔널리즘의 특이성이라는 문제이다. 청일전쟁 후의 국체론에서 강조된 점은, 천황통치의 정당성을 논증하는 것보다는 오히려 만세일계의 천황이 통치하는 일본의 국가적 성격, 일본민족의 우월성에 관한 것이었다. 원래 국체론이란 민족적 자부심과 우수성을 강조하는 내셔널리즘적인 요소를 내포하고 있었다. 예를 들면 이노우에의 '시라스'형 통치론에 입각한 국체론에도, '시라스'라는 세계에서 보기 드문 뛰어난 통치의 전통을 가진 일본국이야말로 그 어느 나라와 비교해도 우수하다는 주장이 포함되어 있었다.(小山常實,

『天皇機關說と國民敎育』) 청일전쟁 후가 되면서 이러한 요소는 표면화되었으며, 앞에서 본 이노우에 데쓰지로 같은 경우는 '종합가족제도'란 일본의 특색이며, 이로 인하여 거국일치가 가능하게 될 것이라고 주장했다. 이렇게 해서 청일전쟁 이후 국체론은 '만방무비'(万邦無比)의 국체, 곧 세계 어느 나라에도 비교할 수 없을 정도로 뛰어난 일본의 국가적 성격을 강조하는 것으로 바뀌어 갔다. 곧 일본의 독특한 내셔널리즘으로서 전개되기 시작했던 것이다.

전전의 일본 내셔널리즘은 특이한 양면성을 띠고 있었다. 메이지 유신 이후, 문명개화정책을 취했던 일본에게 서구열강이란 좀처럼 따라잡을 수 없는 고도의 문명국으로 보였으며, 따라서 문명이라고 하는 점에서 일본은 서구에 대해 열등감을 느끼지 않을 수 없었다. 이러한 사정은 청일전쟁 승리 후에도 변하지 않았다. 확실히 청일전쟁의 승리는 아시아의 '야만'에 대한 문명국 일본의 승리라고 선전되었으며, 국민들도 그렇게 의식하고 있었다. 뿐만 아니라 청일전쟁은 아시아에 대한 일본의 우월감을 국민적인 규모로 성립시킨 분수령이기도 했다. 그러나 아시아에 대한 우월성의 근거는 일본이 보다 문명적이라고 하는 점에서 구해졌으므로, 역으로 말한다면 일본보다 훨씬 고도의 문명국이라 생각되었던 서구에 대해서는 그만큼의 열등감을 가지지 않을 수가 없었던 것이다.

그 때문에 특히 제도·문물 면에서의 서구에 대한 열등감을 해소시켜 줄 만한 내셔널 아이덴티티를 일본인들은 필요로 했던 것이다. 이러한 필요에 의해서 등장한 것이 바로 '만방무비'의 국체론이었다. 그리고 그 국체론이 일본민족과 일본국의 우월성의 근거를 천황을 중심으로 강력하게 단결할 수 있는 특별한 민족공동체에서 구했을 때, 천황통치의 정당성론은 동시에 일본 내셔널리즘으로 되어 나타나고, 내셔널리즘의 주장은 또한 천황통치의 정당성에 대한 주장으로 나타나게 되는 것이다.

이처럼 국체론은 근대 일본의 내셔널리즘과 훌륭하게 결합되었다. 이러한 결합은 청일전쟁 후에 나타났던 일시적인 것이 아니라 구조화되면서 계속적으로 파급되어 나갔다. 이러한 사실은 니토베 이나조(新渡戶稻造)가 1929년에 귀족원에서 행한 연설에서, "유감스럽게도 우리나라는 현재, 거의 모든 서양 각국에 비하여 뛰어나다고 말할 수 있는 점이 단 한 가지 있을 뿐 ……그 자랑할 만한 점이 무엇인가 하면 오로지 국체가 있다는 것 뿐"(『帝國議會誌』)이라고 피력했던 것만 보더라도 알 수 있다.

그리고 국체론과 내셔널리즘이 결합된 것은, 특히 제1차 세계대전 후의 일본에서 급속하게 발전했던 데모크라시 풍조에 맞서 천황 통치 또는 그 정당성에 대한 주장을 지키는 데 일정하게 방파제 역할을 수행할 수 있는 잠재적인 조건이 이미 형성되었다는 것을 의미했다.

● 청일전쟁 이후 국체론의 주류였던 이에 질서적인 국체론은 천황통치의 정당성을 천황이 국민의 총본가의 가장이라고 하는 데서 구했다. 때문에 이 국체론은 사회가 이에적인 질서를 토대로 움직이고 있을 때는 그 유효성을 발휘했다. 그리고 이미 말했던 것처럼, 이에적인 사회질서와 그것을 향한 지향은 종래에 생각되어 왔던 것 이상으로 강했다. 그러나 제1차 세계대전 후에 접어들면서 데모크라시가 이러한 이에 질서 속에도 파급되었다는 것 또한 부정할 수 없다. 1922년 7월의 『고베 유신일보』(神戶又新日報)의 논설에서 다음과 같은 주장을 볼 수가 있다.

"가정을 데모크라틱하게 고쳐 나가는 것은 가정의 원만함과 유쾌함을 증진시켜 나가는 데 지극히 필요한 일입니다. ……(현재의 가정에서) 가장은 모든 점에서 권력을 쥐고 있으므로 ……가정은 군주전제주의가 되기 쉬운 경향이 있습니다. 따라서 가정에서 데모크라시를 실행하고 있는 사람이야말로 진정 데모크라시에 충실한 사람이라고 할 수 있겠습니다. …가정의 데모크라시란 아이들의 행복을 중심으로 생각하는, 이른바 아이들 본위의 가정이라 할 수 있을 것입니다. 물론 여기서 아이들이라고 하는 것은 상징적인 말이며, 그 속에는 부인도 포함되어 있는 것입니다. ……(장유유서라든지 상하관계로 차별을 두거나 하는 등은) 어린아이들에게, 어릴 때부터 세상에는 계급이 다른 사람들이 존재한다는 식의 사고를 가지게 하는 것이 되므로, 어린아이들에 대한 교육면에서 보더라도 바람직한 것이 못됩니다. 말하자면 특별한 권력을 가지고 있다고 하는 것은, 가정 내의 데모크라시에 위배된다는 것입니다. ……일단 가정을 데모크라시 정신으로 개조해 버리면, 그것을 사회에 적용해 나가는 것은 아주 쉬운 일이 될 것입니다"

이런 주장이 강해질 때 이에 질서는 위기에 직면하게 된다. 그리고 사회의 이에 질서가 위험하게 되면, 그 위에 존재하는 이에 질서적인 국체론도 그 존립기반이 위태로워질 것이다. 사실, 6장에서 알 수 있듯이 제1차 세계대전 후에는 한층 새로운 국체론을 모색하게 된다. 국체론이 일본의 내셔널리즘과 결합하고, 국체가 일본인의 내셔널 아이덴티티의 존재를 증명하는 것이 될 때, 국체론이 가지는 사회적 기반의 동요를 내셔널리즘으로 방지할 수 있는 가능성이 생겨나게 되는 것이다. 이런 의미에서 내셔널리즘과 결합한 국체론은 데모크라시의 노도에 대한 방파제로서 역할을 할 수 있는 것이다. 그러나 이는 일본 내의 내셔널리즘과 인터내셔널리즘(국제주의)의 역학관계 여하에 달려 있었다. 이런 역학관계의 시대에 따른 변화와 결말은 6·7장에서 다루기로 하겠다.

5 황실제도의 정비

청일전쟁 후의 상황

나시모토노미야 마사코(梨本宮方子)
이왕가의 왕비가 되었다.(왼쪽)
(일본 每日新聞社 제공)

1. 사회문제가 된 황실재산

황실경제의 실태와 운용

천황과 황실의 국가와 사회에 대한 군림은 천황통치의 정당성, 곧 이데올로기의 확립만으로 성취될 수는 없으며, 황실 제도를 정비하는 것 또한 빠뜨릴 수 없는 것이었다. 황실제도의 근간인 황실전범은 이미 제정되어 있었으나, 이는 국회 개설에 맞추어 급작스레 작성된 것이었기 때문에 황실제도는 그 후 여러 면에서 정비와 수정을 필요하게 되었다. 그리고 이러한 정비와 수정 작업은 청일전쟁 후에 본격화되었다. 청일전쟁 후, 황실제도 중에서도 먼저 큰 사회적 쟁점이 된 것은 황실재산 문제였다.

메이지 헌법체제하의 황실경제는 상용부(常用部), 어자부(御資部), 어료부(御料部), 학교, 박물관, 목장 등으로 나뉘어 있었다. 상용부는 일반회계에 해당하는 것으로, 국고에서 매년 지급되는 황실비와 유가증권을 다루는 어자부로부터의 이입금으로 운용되고 있었다. 메이지 헌법에 "황실 경비는 현재의 정액에 의해 매년 국고에서 이를 지출하며, 장래에 증액을 필요로 하는 경우를 제외하고는 제국의회의 협찬을 필요로 하지 않는다"(제66조)라는 규정이 있어, 증액할 때 이외에는 국회가 황실비의 용도에 개입하는 것이 인정되지 않았다. 국고로부터 지급되는 황실비는 1889년에 300만 엔으로 정해졌다가 1911년에는 450만 엔으로 증액되었다.(이후 패전까지 변함없다.)

그런데 황실경제의 총세출액은 1887년에 약 200만 엔이었던 것이 매년 증대하여 1897년에는 약 400만 엔, 1902년에는 약 600만 엔, 1907년에는 약 1,100만 엔, 그리고 1913년에는 약 1,400만 엔에 이르게 되었다. 곧, 1902년의 총세출은 황실비(300만 엔)의 2배이며 1907년 이후는 3배 이상으로 되었다.(1902년의 경우 국가의 일반회계 세출은 약 3억 엔이므로 그 2%에 해당하는 거액이었다.) 그리고 이를 보충하는 것이 어자부의 수입과 그로부터의 이입금 및 어료부의 수입이었다.

급증하는 유가증권

어자부는 예금, 공채와 사채·주식 등의 유가증권에 대한 운용을 꾀함으로써 그 자산액이 1890년에는 1,300만 엔에 달했으며, 5년 후에는 2,100만 엔 이상이 되어 있었다. 그리고 청일전쟁에서 일본이 얻어낸 청국 배상금 약 3억 엔 중 약 2,100만 엔이 정리공채의 편입이라는 형태로 황실경제에 편입되어 어자부의 자산액은 일약 배로 증가, 1907년에는 1억 엔을 돌파했다. 이중의 대다수는 주식과 사채이며, 1890년에는 약 860만 엔으로 어자부 자산 전체의 66%, 1895년에는 약 1,450만 엔으로 전체의 69%를 차지했다. 1899년의 전국 102개 회사 5천 주 이상의 대주주 98명이 소유하는 주식 총수의 약 11%, 약 23만 주를 황실이 소유했는데, 이는 일본 최대의 부르주아인 미쓰비시 재벌의 이와사키 가문이 보유하는 약 19만 주를 넘는 것이었다. 이러한 소유주식은 주로 은행·선박·철도 등에 집중하여 황실은 일본은행·요코하마정금은행·일본우선의 가장 큰 주주이기도 했다.(中村政則, 「階級構成」, 大石嘉一郎 編, 『日本の産業革命』)

어자부는 이러한 예금의 이자, 주식 공사채의 배당·매각차익에서 얻은 수입 외에 어료부의 토지매각 대금을 관리하고 있었으며, 그 수입에서 제경비 등을 제외한 나머지를 주로 상용부에 이입금으로 지출하고 있었다. 그 금액은 매년 변동하긴 했으나 1900년에는 약 220만 엔, 1910년에는 330만 엔, 1913년에는 630만 엔에 달했다. 어자부의 이입금만으로도 1900년의 220만 엔은 미쓰비시 재벌의 이와사키 일족의 수입 121만 엔(1898년)을 크게 웃도는 것이었다.(이상은 黑田久太, 『天皇家の財産』; 大澤覺 編, 『明治期 皇室財政統計』; 後藤靖 外編 , 『帝室統計書』를 참고 했다.)

황실의 부동산인 어료에 대해서는 이미 언급했다. 참고로 어료부의 순수입에 대해 말해 두자면 1902년에는 약 38만 엔이었던 것이 1907년부터는 약 100만 엔에 육박하기 시작하여, 1911년 이후에는 150만 엔대를 돌파했다.

불하와 관련된 의혹

황실경제에는 광공업 경영도 포함되어 있었다. 그 중 주된 것은 사도·이쿠노의 두 광산과 오사카 제련소였다. 그런데 이들을 포함한 광산 경영은 적자가 계속되어 1889년 이래의 누적적자가 약 70만 엔에 달했다. 이 때문에 1896년 미쓰비시 합자회사에 두 광산과 오사카 제련소를 함께 173만 엔에 불하하게 되었다.

그러나 여기에 여러 가지로 의혹이 생겨났다. 잡지 『고쿠민노토모』는 "최근 황실을 난처하게 한 사도광산 불하사건에 대해 혹자는 그 광산 수입으로 인한 이익이 있음에도 불구하고 예산을 조작하여 마치 이익이 감소한 것처럼 꾸며 불하하려 한다는 말이 있다"고 하여, "천하가 이와 같은 의문을 품기에 이르렀다"고 논평했다. 또한 니토베는 '여론이 분기'하여 메이지 14년 정변의 발단이 되었던 "홋카이도 개척사 관유물 불하 당시의 상황을 재연하는 듯하다"고까지 평했다.(「御料地考」) 후쿠자와도 『지지신보』에서 "이번 어료의 광산 및 제련소 불하사건에 관하여 항간에 여러 모로 물의를 빚는 것 같다"고 지적했다. 이는 결국 미쓰비시에 불하되지만 이 사건 이외에도 청일전쟁 전후부터 황실재산, 특히 어료임야에 관한 각종 비판이 등장했다.

어료림 분쟁의 발생

1890년의 국회개설에 앞서 방대한 황실어료 특히 어료임야가 설정된 결과, 여지껏 그곳에서 소나 말의 사료나 퇴비를 위해 풀을 베거나 연료를 위해 나뭇가지를 베어 왔던 농민들과 마찰이 생기게 되었다. 잡지 『고쿠민노토모』는 1894년 「어료림 처분」이라는 제목으로 대략 다음과 같이 비판했다.

어료림으로 규정한 결과, 인민이 단 한 뿌리의 나무와 풀을 훔쳤다 하더라도 체포되는 일이 숱한데, 이는 오늘날의 통폐라 아니할 수 없다.

'경제기자'는 이렇게 말한다. "어료인 삼림원야가 계속하여 죄인을 낳음으로써, 무지한 세민(細民)으로 하여금 자신의 그릇됨을 잊고서 오히려 제실을 원망하게 된다면 이는 심히 우려할 만한 일이 아닐 수 없다." 따라서 필요한 것은 국가에 귀속시키고 그 외는 정촌(町村)이나 민간에게 불하하여 어료임야를 처분해야만 할 것이라고. 이는 옳은 말이다. "특히 홋카이도의 어료림이 얼마나 인민에게 고통을 주고 있는가를 아는 자는 이 말을 지나칠 수 없으리라 믿는다."

러일전쟁이 끝날 무렵 1905년 3월호에서 경파계의 잡지 『니혼진』(日本人)은 마쓰이 히로요시(松井廣吉)의 「제실어료지 처분」이라는 논평을 실었다. 마쓰이는 여기서 대략 다음과 같이 말했다.

나는 어료지를 불하할 것을 주장한다. 어료지에는 지조는 물론 지방세, 정촌세도 부가되지 않는다. 그 때문에 정촌의 토지 대부분을 어료지가 차지하고 있는 곳에서는 세수입이 적어 재정곤란에 허덕이게 된다. 또한 어료지의 나무 한 뿌리, 풀 한 포기만 베더라도 어료국 출장소에 고발당해 죄인이 되는 자가 속출하고 있다. 이러한 일은 "인자해야 할 제실이 힘써 피해야 할 일"이다.

이와 같이 비판했다 하더라도 그들이 황실 자체를 비판한 것은 결코 아니다. 오히려 황실의 존엄을 지키기 위하여 인민과의 마찰이 심화되는 사태를 피해야 한다고 주장한 것이다.

후쿠자와의 논조 전환

후쿠자와도 마찬가지였다. 후쿠자와는 사도·이쿠노 두 광산의 불하사건에 즈음하여 헌법발포 이전에 보였던 그의 황실재산 긍정론을 수정하여, 앞의 논자와 같은 견해를 피력했다. 곧 "우리나라에서 황실이 사유재산을 소유할 필요가 있다는 것은 내가 이해하기 힘든 것으로, 도리어 이로 인해 '제실의 위엄과 덕'을 훼손시키게 되지나 않을지 걱정된다. 오히려 황실재산을 모두 처분하고 황실에게 필요한 것은 '일반 신민의 봉공심에 일임'시킬 것을 바란다"고 말했다. 후쿠자와가 죽은(1901) 뒤 그의 유고 「제실의 재산」에서는 황실의 경비는 모두 국고로 충당되어야 한다고 주장한 뒤, "만에 하나라도 우리 제실이 사유재산을 필요로 하는 경우가 있다고 한다면, 그때는 이미 일본이라는 나라가 없어지는 날로 각오해야 할 것이다. ……4천만 신민은 모두 제실의 백성이며 일본 전국의 부(富)는 바로 제실의 재산일 뿐"이라고까지 확언했다.

여기에서 볼 때, 후쿠자와의 황실론은 종래의 『제실론』(1882)과는 확연히 다르다. 이는 국가·정부와 황실을 구별하여 황실은 사적인 재산으로 자선과 은상을 베풀어야 한다는 종전의 논리에서 크게 전환한 것이다.

2. 민간의 황실제도 비판

영세황족제 비판

후쿠모토 니치난(福本日南)은 잡지 『니혼진』의 발행모체인 경파단체 정교사(政教社)의 동인이며, 저널리스트로서 활약했다. 이러한 후쿠모토가 1897년, 『니혼진』에 「황족과 화족제」라는 논평을 발표했다.

메이지 유신 이래 일본 국민이 국가와 함께 세계 속에서 우리나라를 지키기 위해 오늘날처럼 충군애국 정신을 발휘한 적은 없었다. 그러나 이와 함께 자유의 정신을 고양시킨 예도 일찍이 없었다. 게다가 이 두 정신의 진전도를 비교하면 자유 정신쪽이 급속히 발전하고 있음을 알 수 있다. 이것이 사민평등 요구에서 입헌제 수립을 위한 요구로 나타났으며, 오늘날에는 국회와 국민에 대한 책임내각 확립을 요구하는 데까지 발전한 것이다. 이는 문명의 진보와 세계의 커다란 기운이 가능케 한 것으로 이는 막을 수 없는 것이다. 과연 이러한 때에 황족·화족제도는 현상태로 있어도 되는 것인가?

후쿠모토는 이렇게 말하며, 고대 율령제에서는 5세(世) 이하의 황족을 신적으로 강하(降下)시키는 것이 원칙인 데 비해 황실전범에서는 영세황족제를 취하고 있음을 지적하고, 이것이 황실이나 제국을 위해 타당한지 의문을 제기했다.

> 만일 황족이 대대로 그 수를 늘려 수천 수만이나 되는 황족을 황실이 부양하지 않을 수 없게 된다면, 황실비는 증대할 것이며 국고에서 그 비용을 지출하는 데도 한계가 생길 것이다. 그렇게 되면 황실은 재산을 불리는 데 노력하지 않을 수 없게 된다. 황실이 재산증식에 힘을 기울이게 된다면 "민과 이(利)를 다투게 되는 것은 불가피해진다". 이렇게 되면 인민이 황실을 받드는 관념에도 다소 영향을 미치게 될 것이며, 황실의 존엄을 해치게 될지도 모른다. 이는 '열성선왕'(列聖先王)이 꿈에서조차 생각지 않았던 것이리라.

후쿠모토는 이러한 위험을 피하고 황실의 존엄을 영원히 지키기 위해서라도 3세(世) 이하의 황족을 화족 대열에 넣는 신적 강하를 실행하여야 한다는 결론을 내렸다.(뒤에서 언급할 이토의 10개조 의견서 중의 '황족대우에 대한 사항'에서도 이와 유사한 주장을 볼 수 있다.)

청일전쟁 후의 황실제도에 대한 민간의 비판적인 의견은 결코 많은 편은 아니었는데, 모두 국가와 황실을 위하는 측면에서 간언했던 것이다.

황실전범 공포에 대한 요망
메이지 시대에는 후쿠자와뿐만이 아니라 "일신이 독립해야 일국이 독립한다"는 생각을 가진 이가 적지 않았다. 그리고 청일전쟁에서 승리하자 사회발전과 국가발전을 결합시켜 주의주장을 내세우는 자도 자연히 늘어나게 되었다. 그들에게는 사회생활은 동시에 국가생활인 것으로 생각되었으며, 때문에 국가(또는 국가의 정치)는 곧 자기 자신의 문제였던 것이다. 국가를 자기 자신의 문제로 인식하는 정도가 강해지고 인식의 범위가 넓어지게 되면 자연히 국정에 참가하고자 하는 요구도 강화·확산되게 된다. 이것은 데모크라시의 조건을 형성하는 것이며, 실제 러일전쟁 후에 이른바 다이쇼 데모크라시 운동이 일어나게 된다.

그러나 국가에 대한 관심의 정도가 심화되고 확산되면 동시에 국가의 정점에 위치하는 천황과 황실에 대한 국민적 관심도도 심화·확산하게 될 것이며, 곧 국가를 매개로 황실과 국민의 관계에 대하여 의식적으로 관심을 가지게 될 것이다.

황실전범의 공포를 바라는 요구는 이미 전범 성립 당시부터 있었으나 국가에 대한 국민적 관심이 높아지는 청일전쟁 후가 되자 또다시 그 요구가 증폭되었다.

잡지 『니혼진』은 1897년 사이토(犀東)라는 필명으로 「황실전범의 불비」(不備)라는 논평을 실었는데, 거기서 『황실전범의해』가 "황실전범은 황실 스스로 황실의 모든 것을 제정한다. 따라서 군신이 서로 구애받는 권리와 의무를 다룬 것이 아니다"라고 한 부분을 비판하면서 대략 다음과 같이 말했다.

나는 황실전범을 '협애하고 미약한' 왕실의 가법으로 간주하는 것은 일본의 국체를 해치는 것이라 생각한다. 만약 가법이라고 한다면 헌법이나 다른 법률 아래에 위치하지 않을 수 없으며, 이는 국체에 위배되는 것이기 때문이다. 황실전범은 통치권의 한 작용으로서 존재하는 헌법과 어깨를 나란히 하는 국가 최고의 강기대법(綱紀大法)이다. 따라서 '군신이 서로 구애받는 권리와 의무를 다룬 바 없다'고는 할 수 없다.

여기서는 분명히 황실전범이 국민과도 관계된 것이며, 따라서 국가(최고)법으로서 공포해야만 함을 주장했다. 그리고 이는 머지않아 국가 당국자에 의해서도 주장된다.

3. 정부의 황실개혁 의견

이토 히로부미의 의견서

1898년 2월에 제3차 이토 내각이 조각된 직후, 이토는 메이지 천황에게 황실개혁 등에 관한 의견서를 제출했다. 그것은 다음의 10개조로 구성된 것이었다.

> 1) 황실과 황족의 관혼상제에 관한 사항
>
> 2) 황족 대우에 관한 사항
>
> 3) 제실경제에 관한 사항
>
> 4) 신사와 사원에 관한 사항
>
> 5) 인민의 청원 등 중대한 사항
>
> 6) 황족 그리고 훈공이 있는 신하와 관료에 대한 포상과 국장에 관한 사항
>
> 7) 작위의 수여와 승진에 관한 사항
>
> 8) 외교에 관한 사항
>
> 9) 황태자(東宮)에 관한 사항
>
> 10) 제실경제회의의 개정에 관한 사항

이토는 '제실경제에 관한 사항'에서 우선 청일전쟁 후의 물가등귀로 인해 국고에서 황실비 증액이 필요하게 되면 국회의 심의를 거치지 않을 수 없게 되고, 이로써 국회는 황실비의 용도를 둘러싸고 논의하게 될 것임을

지적했다. 따라서 이토는 이처럼 국회, 곧 국민이 황실에 대해 간섭할 위험성이 있으므로 가능한 한 황실의 경제를 정리하여 증액을 피하지 않으면 안된다고 했다. 또한 이토는 황실재산에 대해서도 "최근 민간회사로부터 주식을 황실이 소유해 주었으면 하는 청원이 많다. 이러한 것들은 가능하면 사절하여 '가급적이면 이익을 함께 함을 피하는 것이 마땅하다'고 생각한다"고 말했다.

이는 공평해야 할 황실이 일부 민간기업과 결탁하고 있다는 오해를 피하라는 것이었다. 이 점은 청일전쟁 후의 후쿠자와와 같은 생각이다. 후쿠자와 역시 줄곧 황실이 소유하고 있는 주식을 매각하라고 했는데, 그 이유는 "제실이 주권을 소유하게 되면 일시동인(一視同仁)[1]의 은덕을 다소 구속하지 않을 수 없게 된다"고 하는 데 있었다.(「帝室の財産」)

공평·중립적 입장의 강조

황실이 국민에 대하여 공평중립적인 입장을 지켜야 한다는 생각은, 앞의 10개조 의견서에 깔린 기본적인 입장이었다. '황실과 황족의 관혼상제에 관한 사항'에서는 "최근 민간에는 자신의 이득을 위해 마음대로 황실대대의 선조를 받들거나 신사를 세우려는 계획이 있는데, 여기에 황실이 찬성하거나 반대하는 것은 잘못이며, 전혀 관여하지 않는 것이 바람직하다"고 하고, '신사와 사원에 관한 사항'에서는, "신사와 사원의 격식과 승려들의 지위·명칭에 대하여 황실이 너무 깊게 관여하면 종파간 분쟁의 불씨를 낳게 될 것이다. 황실은 종교의 범위를 벗어나 가능한 한 여기에 관여하지 않도록 하는 것이 중요하다"고 했다.

이러한 종교상의 중립성뿐만 아니라, "교육과 예술의 장려와 천재(天災)에 대한 구호에 대해서도, 제한된 재원으로 가능한 한 공평하게 하지 않으면 도리어 원성을 불러일으킬 소지가 있으므로 주의해야 할 것이다"라고 주장했으며('인민의 청원 등으로 중대한 사항'), '황족 대우에 관한 사항'에서는 보다 확실하게 대략 다음과 같이 말했다.

황족은 천황과 밀접한 관계에 있다는 점에서 화족과 비교될 수 없다. 따라서 민간의 '일반적인 사업'에 관계하면 안된다는 것은 말할 필요도 없다. 그런데 요즈음 황족을 총재나 명예회원으로 가입시켜 그 단체의 명성을 높이려는 자들이 상당히 많다. 이대로 방치해 두면 민간단체뿐만 아니라 정치적 당파와의 관계도 발생할 우려가 있다. 그러므로 이를 방지하기 위해, 비록 공익과 관계된 단체에 관여하더라도 모두 천황의 허가 없이는 할 수 없도록 하고 싶다.

실제 청일전쟁 후에는 천황과 황실의 권위가 고양된 것을 배경으로 그것을 사적인 부분에서 이용하려는 자들이 속출했다. 『고쿠민노토모』는 이 사태를 "황족과 궁내성을 남용하여 자가의 상행위 번창을 위한 도구로 삼으려 함은 심히 유감스러운 일이 아닐 수 없다"며 비판했다. 황실 권위의 증대는 (한편으로) 그것을 이용하여 사적 이득을 얻으려는 자들을 속출시켰으므로, 그것이 되레 황실의 공평중립성을 위협함으로써 황실의 권위를 동요시킬 가능성이 있었던 것이다.

이러한 이토의 의견서는 메이지 천황에 의해 받아들여져 그 일부는 곧바로 실행되었다. 『메이지 천황기』에는 의견서가 제출된 이듬해인 1899년 4월에 다음과 같이 「내규」가 정해졌음을 보여주고 있다.

1) 정치·종교·영리 사업에 황족이 명예회원 등으로 가입함을 금한다.
2) 학술·예술·자선·위생 등의 사업 및 동종의 외국단체에 의한 사업에 황족이 새로이 참가할 경우에는 모두 천황의 허가를 받아야 하며, 또한 이미 이러한 종류의 단체에 명예회원으로 되어 있는 황족은 다시 궁내대신에게 그 시비를 상의한다.

와타나베 치아키의 의견서
이토가 의견서를 제출한 것과 거의 같은 시기인 4월, 궁내성 내장료(內

藏寮)²⁾의 장(구라노카미, 內藏頭)인 와타나베 치아키(渡邊千秋)도 의견서를 제출했다. 그 내용은 다음과 같은 것이었다.

1) 황실회의에 관한 사항 : 황실에는 궁중고문관과 황실경제고문 등, 여러 종류의 임직원들이 뒤섞여서 복잡하게 되어 있으며, 게다가 학식경험도 없는 명예직과 같은 것도 많으므로, 이것들을 전부 폐지하고 학식경험자로 새로운 황실고문관을 두어, 정당정파와 무관하고 내각과 궁내대신의 경질과도 관계없는 황실의 근본방침을 정해야만 할 것이다.

2) 황족에 관한 사항 : 황족은 원칙상 천황이 총감독하는 것으로 되어 있으나, 실제로는 황족궁가마다 별당(別當)·가령(家令)이 있어 그 방침이 제각기 다른게 현실이다. 이 때문에 황족의 체면에 차이가 생기거나, 가계 관리상으로 문제가 생겨나곤 한다. 따라서 별당·가령과 같은 것을 모두 폐지하고, 궁중에 별도의 부서를 설치하여 중신을 총재로 해서 만반에 걸친 '보도광정'(輔導匡正)을 행하여야만 할 것이다.

3) 황실회계경제에 관한 사항 : 황실경제의 업무는 어자부·어료부·상용부가 제각기 맡고 있는 관계로, 각부에서 상반되는 시책을 수행하고 있다. 여기에다 어료부가 경제적으로 별 도움도 안되는 토지를, 어자부의 자금을 사용하여 매년 수십만 엔 씩이나 들여 매입하는 등으로 인해, 어자부는 580만 엔의 부채를 안고 있다. 이것을 조속히 청산하는 동시에 경상지출은 황실비 300만 엔으로 지출해 나가야만 할 것이다.

(4) 황실의 토지물건에 관한 사항 : 황실 소유의 토지물건은 세습재산인 세전어료를 제외하면 사법(私法)상 사유재산이다. 그런데 여기에는 세금이 부과되지 않고 있다. 입헌제의 원리에 따를 경우, 황실재산이라 하더라도 사유재산인 경우는 국민 일반의 경우와 같이 세금을 내든지, 아니면 그에 상응하는 금액을 하사하는 것도 생각할 수 있다. 그렇게 되면 황실경제 운영에도 커다란 영향을 미치게 되는데, 이 때문에라도 황실과 황족의 소유지 제한 등을 사전에 정해 두어야만 할 것이다.

5) 궁내행정조직에 관한 사항 : 궁내성의 낭비를 줄이기 위해 부·국의 통폐합과 인원정비를 꾀하고 제실박물관 등도 처분해야 할 것이다.

6) 화족에 관한 사항 : 화족은 '황실의 번병'이라고는 하나, 그 중에는 사회적인 체면을 더럽히거나 재산을 차압당하는 자들이 있다. 화족은 궁내성 관할이므로, 국민이 이것을 보고 궁중은 '일종의 어슬픈 종족'까지 보듬고 있다고 생각함으로써 화족 폐지론을 일으킬 소지가 있다. 때문에 불량 화족은 도태시키고 승작·수작자는 국가공로자로 하되 이때 황실로부터의 하사금은 없애야 할 것이다.(이상 『秘書類纂』 雜纂.)

와타나베의 눈에는 "현재의 상황을 보건대 종래의 이루 말할 수 없는 구태의연함에 대한 적절한 규제가 아직도 이루어지지 못하고 있다. 이처럼 상당한 혼란을 야기함에도 여기에 대한 수습책도 없으며, ……당장에 탈이 없다는 이유로 일시적인 안정을 택하여 세월만 흘려 보낸다면 반드시 위기에 봉착하게 되는 불행을 부르게 될 뿐만 아니라, 국민이 제실경제에 대하여 간섭할 계기를 제공하게 될 것"으로까지 비추어졌던 것이다. 황실의 현상과 제도의 불비에 대한 위기감은 이토와 와타나베, 곧 정부와 궁중의 중심 인물들에게 공통된 것이었다.

4. '황실의 국가화'
제실제도 조사국의 개혁방침

제실제도조사국 설치

이토의 10개조 의견서가 제출된 이듬해인 1899년, 궁중에 제실제도 조사국이 설치되었다. 총재에는 이토, 부총재에는 히지카타 히사모토(土方久元)가 임명되었다. 그리고 1903년까지 「5세(世) 이하의 황족남자를 신적에 포함시키는 제도」, 「황실혼가(婚嫁)령」·「황실탄생령」·「황족회의령」·「황실복상(服喪)령」 등이 기초되었다.(1900년 5월 황태자〔뒷날 다이쇼 천황〕의 결혼을 계기로 「황실혼가령」은 1900년, 「황실탄생령」은 1902년에 제정됨.)

그 동안 이토는, 1900년에 입헌정우회의 총재가 되기 위해 조사국 총재를 사임했으나, 1903년에 추밀원 의장으로 취임(따라서 정우회 총재를 사임)하면서 다시 조사국 총재가 되었다. 그리고 이때부터 제실제도 조사국은 본격적인 황실제도 개정작업에 들어가게 된다.

원래 1889년에 제정된 황실전범이란 황실제도의 기본적인 골격만을 나타낸 것일 뿐, 황족에 대한 규정 등 구체적이고 세부적인 사항은 포함하고 있지 않았다. 따라서 몇몇 황족령안이 작성되어 전범 제정 후 궁내성에 설치된 임시 제실제도 취조국에서 검토가 이루어졌으나, 이 취조국도 1890년에 폐지됨으로써 황족령은 제정되지 않았다. 게다가 황실전범은 황실의 '가법'으로 자리매김되어 있었으므로 헌법이나 기타 법률과의 관계도 명확하지 않았다. 따라서 황족이 일반 법률에 의해 규제를 받는 존재인지 아닌지에 대한 문제도 불확실한 상태였다. 이처럼 법률상으로 정비되지 않은데다 황실을 둘러싸고 앞에서 본 바와 같은 일련의 사태가 발생했으므로, 그 법적 정비가 아무래도 필요하게 되었다.

이토 미요지의 방침

1903년, 이토가 조사국 총재로 복귀하고 그 아래에 이토 미요지(伊東巳代治)가 부총재로 취임하자, 미요지는 정력적으로 작업을 추진하기 시작했다. 미요지는 8월에 이토 총재에게 「조사착수방침」을 제시하며 대략 다음과 같이 전했다.(『伯爵伊東巳代治』, 『秘書類纂』 雜纂)

황실의 일을 천황의 사적인 일이라 하며, 황실전범을 황실 스스로가 제정한 가법이라고 하는 것은 일본의 역사적인 전통에 어긋나는 데 그치는 것이 아니다. 현재 국무대신이 가지는 황실에 대한 의무는 물론이거니와 나아가 지금부터 제정하려는 황실법규에서는 총리대신에게 명령을 내리는 사항도 적지 않다. 따라서 황실이 국가의 요소라는 고유의 관계를 분명하게 밝혀 영원한 기본원리를 확정해야만 할 것이다.

이는 황실전범 제정 당시의 이토 히로부미가 지향했던 방침과 정반대 되는 것이었다. 궁중고문관이었던 미요지는 이토가 조사국 총재에 복귀할 때 강력하게 반대했다고 하는데, 그것은 서로가 가지고 있는 근본방침의 차이에서 생겨났던 것이었는지도 모른다. 이 때문에 9월에도 미요지는 이토에게 다음과 같이 주장했다.

요컨대 오늘날의 급무는 황실 내부의 일이 국가와는 전혀 관계가 없다는 식의 주의를 뒤바꾸는 것이다. 그리고 우리나라의 공권의 역사적 연혁에 의해 자연스럽게 정해져 있는 관계로 되돌아가 황실의 예규(例規) 역시 국가에 대해 유효한 이유를 명확히 밝히는 것이다.

그리고 다음 사항을 거듭 강조했다. 첫째, 황실의 예규에는 행정관청에 명령하는 사항이 있는데, 관청은 국가명령 이외에는 따르지 않는 이상 황실을 국가의 한 요소로 삼지 않으면 곤란해진다는 점. 둘째, 궁내대신은 내각과는 분리되어 있지만 궁내성이 다른 행정관청에 명령하는 일도 있으므로, 궁내청도 국가관청이며 그곳에서 일하는 자도 국가관료임을 명확히 해야 할 것이라는 점. 이는 내대신(부)도 마찬가지라는 점. 셋째, 궁내성이 국민에게 명령하는 일도 있는데, 국민에게 명령을 내릴 수 있는 것은 국가뿐이므로 이 점에서 보더라도 궁내성을 국가관청으로 하지 않으면 안된다는 점 등이었다.

미요지의 기본방침은 한마디로 '황실의 국가화'였다. 하지만 그러려면 황실에 관한 예규가 국가법으로서 자리매김되어 그 효력이 명확해지지 않으면 안된다. 종래의 황실예규는 황실전범을 비롯하여 모두 그 법적 성격이 분명하지 않았으나, 미요지는 그것들과 앞으로 제정될 황실예규를 국가법으로 만들기 위해서는 법률이나 국가명령과 똑같은 형식을 빌려 공포해야 하며, 나아가 다른 법률명령과는 구별되게 한단계 격이 높은 황실령으로서 내리지 않으면 안된다는 생각을 하고 있었다.

그러나 종래의 공포예식인 공문식(1886년 제정)에는 그러한 규정이 없었으므로 미요지는 공문식의 개정을 꾀했으며, 1907년 1월에 공식령이 제정되었다. 물론 공식령의 제정은 단지 황실예규를 국가법으로 만들기 위한 것만은 아니었다. 그러나 이 공식령에 의해 황실령이라는 새로운 법령이 정해졌으며, 이로써 황실예규는 명확하게 국가법규로서 그 형식과 효력을 획득하게 되었던 것이다.

황실령 공포

부총재 미요지의 지휘하에 제실제도 조사국은 정력적으로 작업을 진행하여 1907년 2월에 폐지되기까지 황실령안 35건, 법률안 3건, 칙령안 3건, 시행규칙 등의 궁내성령안 등 14건을 기초하고 심의하여 천황에게 상정했다. 그 가운데 메이지 천황 재세 중에 공포되었던 것은 황실령 26건, 법률 2건, 칙령 1건, 궁내성령 7건 등에 달했다. 여기서 황실령의 주된 것은 다음과 같다. 「황족회의령」(1907), 「황실제사령」(1908), 「등극령」(1909), 「섭정령」(1909), 「입저령」(立儲令, 1909), 「황실친족령」(1910), 「황실신위(身位)령」(1910), 「황실재산령」(1910), 「황실회계령」(1912) 등인데, 이들 황실령의 정비로 황족은 원칙상 법령이나 칙령의 적용을 받지 않고, 황실령이라는 특별규정이 적용되게 됨이 명확해졌다. 그리고 황족에게 일반 법률이나 칙령이 적용되는 경우는 황실령 등에 규정이 없는 경우에 한한다는 것이 명시되었다.

황족에 관한 규정을 황실령에 맡긴다는 것은, 곧 황족의 민사·형사사건에 관한 재판에 대해서도 황실령으로 규정해 두지 않으면 안된다는 것이 된다. 그러나 재판에 관한 규정을 만들려면 비록 황족이라 하더라도

"때로 범죄를 짓지 않으리라고는 보장할 수 없다"(伊東巳代治, 『帝室制度再査議』)는 것을 상정하고서 착수하지 않으면 안된다. 그러나 이러한 것을 논의하고, 제도의 조문에 기재하는 것은 황실의 존엄과 무관하다고만은 할 수 없다.

따라서 황족의 재판에 관한 황실령 제정은 좀처럼 진척을 보이지 못했으며, 다이쇼기에 들어서도 의견이 대립하여 1918년 9월, 궁내성이 그 안을 추밀원으로부터 철회함으로써 중단되고 말았다. 그러나 황족에 관한 특별한 재판 법규가 없다면 황족은 형법 등의 일반 법규로 다스려지게 될 것인데, 오히려 이쪽이 황실의 존엄을 해칠 가능성이 훨씬 크다. 게다가 엄밀하게 말하자면 일반 법규에 맡긴다는 취지의 황실령 또한 필요하게 된다. 이리하여 「황실재판령」은 다이쇼 말기인 1926년 12월에 이르러서야 비로소 황실령으로서 공포되었다.

황실전범 증보의 공포

이토 히로부미는 최초로 제실제도 조사국 총재로 취임했던 1899년 9월에 조사국 직원들을 불러모아 훈시했는데, 이때 제도를 개정할 때 특히 중요한 것은 황족의 범위를 한정하는 것임을 강조했다. 그 주된 이유는 "이미 황족은 아홉 가문에 달하고 있으며, 영세 황족제를 취하고 있는 한 황족 인원이 증가하는 것은 필연적일 것이다. 그리고 이들로 하여금 황족으로서 위엄을 지키게 하기 위해서 황실은 경제적으로 상당한 지출을 하지 않으면 안된다. 그러나 황실의 재원이라는 것도 원래 한계가 있게 마련이다. 따라서 고대의 제도와 같이 황족도 신적으로 강하시킬 필요가 있을 것이다"라는 것이었다.

이러한 이유에서 먼저 황실전범에 대한 증보가 필요했으며, 제실제도 조사국은 1904년에 성씨를 하사받아 신적으로 강하할 수 있도록 하는 안을 작성했다. 그리고 1907년 이를 내각이 결정한 후 천황이 배석한 추밀원회의에서 가결하여 황족회의를 열지 않고 회람하는 식으로 결재한 다음, 2월 11일에 공포했던 것이다. 여기에서는 친왕과 구별되어 있는 왕에 대해 "천황의 명령 또는 본인의 희망에 따라 가명을 하사받아 화족으로 될 수 있음"과, "천황의 허가를 얻어 화족의 가독 상속인이 될 수 있다. 가독 상속을 위한 양자가 될 수 있다"고 규정하고 있으며, 또한 "신적에 든 자는 다시 황족으로 될 수 없다"는 것도 규정해 두었다. 그리고 이 다음부터 새로운 궁가를 창출하지는 않았으며, 제2차 세계대전이 끝날 때까지 11명의 남자 황족이 신적으로 강하했다.

여기서 주목하고 싶은 것은 이 증보가 공포되기 한 달 전에 성립했던 공식령에 의거하여 궁내대신과 총리대신 이하 모든 대신의 부서에 의해 국가법으로 공포되었다는 것이다. 이렇게 해서 미요지의 기본방침이었던 '황실의 국가화'는 황실전범증보와 황실령이 공식령으로 공포됨으로써 법형식상으로는 관철되었다.

5. 한국 이왕가에 대한 대우

혼인자격을 둘러싼 갈등

한국 병합의 강행

메이지 유신 이래 일본은 한국(조선)을 자기 지배 아래 두기 위하여 여러 모로 책략을 꾸미면서 군사적으로 개입했다. 메이지 초기에 최초의 정부 분열이었던 1873년의 정변은 바로 '정한'론을 둘러싼 대립에서 야기된 것이었으며, 1875년의 강화도사건, 1882년의 임오군란, 1884년의 갑신정변 등으로 이어졌다. 그리고 반일·반봉건농민항쟁이었던 갑오농민전쟁에 군사적으로 개입함으로써 개시되었던 1894년의 청일전쟁, 러시아의 조선 진출에 대항하여 조선을 일본의 지배 아래 두기 위해 일으켰던 1904년의 러일전쟁 등, 이 모두가 조선에 대한 침략이었으며 메이지기의 대아시아 외교는 한국(조선)에 대한 지배를 축으로 행해진 것이었다.

그리고 포츠머스 조약으로 일본의 조선에 대한 지배권을 승인받은 뒤, 외교권을 찬탈하고 보호국화하면서 한국 통감부(초대 통감은 이토 히로부미)를 설치했다. 한국 황제 고종은 1907년에 네덜란드의 헤이그에서 열린 만국평화회의에 특사(일본측에서는 이를 '밀사'라 함—옮긴이)를 파견하여 이와 같은 일본의 행위가 불법적임을 호소했다.(헤이그 밀사사건) 이러한 행위에 대하여 일본은 고종을 퇴위시키고 군대를 해산시켰다. 이에 한국의 병사들은 농민과 함께 반일의병투쟁을 전개했으나 일본군은 이를 탄압했다. 그리고 1909년, 한국의 애국청년 안중근은 하얼빈 역에서 이토 히로부미를 사살했고, 이듬해에 일본은 한국 병합을 강행했던 것이다.

혼인을 둘러싼 갈등

1910년에 맺어진 '한국 병합에 관한 조약'에서는 제1조에 한국 황제가 일본 황제(천황)에게 한국 통치권의 모든 것을 '완전·영구'히 양여한다는 것으로 되어 있으며, 제3조에서는 천황이 한국 황제 일가(이왕가)에게 적당한 존칭과 지위 그리고 세비(歲費) 등을 보장하는 것으로 되어 있다. 그리고 같은 날 내려진 칙령에 의해 한국을 조선이라 칭하기로 했으며, 또한 천황의 조서에 따라 전 한국의 황제 순종을 '왕'으로 하고, 그 친족에 해당하는 2명을 '공'(公)으로 칭하기로 했다. 이렇게 해서 왕족·공족이라는 새로운 신분이 성립했는데, 이들은 조서에 따라 '황족의 예로써 대할 것'이라 했다. 말하자면 황족에 상당하는 대우를 한다는 것이었는데, 여기에서 문제가 발생했다. 그것은 다름 아닌 1916년, 이왕세자(영왕—옮긴이)와 황족 나시모토노미야 마사코(梨本宮方子) 여왕과의 혼인문제인데, 이는 한국의 원활한 통치를 보완하기 위한 하나의 방책으로 추진된 것이었다.

그런데 황실전범에서는 "황족의 결혼은 동족 또는 칙지에 따라 특별히 인정된 화족에 한한다"(제39조)고 규정하고 있어, 당연히 황족인 마사코 여왕은 황족이나 화족이 아닌 사람과는 결혼할 수 없게 되어 있었다. 따라서 이 혼인을 위해서는 황실전범의 개정이 필요했다. 바로 이 혼인문제가 발생한 직후에 이토 미요지가 제출했던 「제실제도 재사의」(帝室制度再査議)에는 대략 다음과 같이 말하고 있다.

왕족과 공족은 단지 황족과 동일한 예우를 받는 것에 지나지 않으므로 황족이 아님은 분명하다. 따라서 국법상의 견지에서 본다면 왕족과 공족은 일반 신민과 같은 지위에 있는 것이 된다. 그러나 그렇다고 한다면 특별히 황족의 예로써 이를 대우한다는 정신은 아무런 의미가 없는 것이며, 이는 제도상의 미비점이라 하지 않을 수 없다.

이처럼 한국의 왕족과 공족을 법적으로 어떻게 취급할 것인가 하는 문제를 둘러싸고 추밀원에서도 분규가 발생했으며, 이 문제는 쌀소동(1918)으로 인하여 퇴진한 데라우치 마사타케(寺內正毅) 내각을 이어받은 하라 다카시(原敬) 내각으로 다시 넘겨지게 되었다. 1918년 10월 8일, 하라 수상은 그를 방문했던 하타노(波多野) 궁내대신과 다음과 같은 내용의 이야기를 나누었다.(『原敬日記』에서 재구성)

궁내대신   나시모토 노미야 여왕과 이왕세자의 혼인에 대해서는 궁내성과 추밀원의 의견이 일치하지 않아 곤란에 처해 있는데 어떻게 좋은 방법이 없는가?

하라 수상   추밀원이 황실전범 개정안을 부결한다면 이 혼인은 중지되며, 가결한다면 결행하겠다는 의미인가?

궁내대신   이미 천황의 의사를 이왕가에 전한 상태며, 이왕가에서도 받아들인다는 회답이 있었으므로 지금에 와서 변경하는 것은 불가능하다.

하라 수상   일이 그렇게 되어 있다면 당연히 추진해야 할 것이다. 그리고 앞으로 법해석에 대한 문제가 발생하게 된다면, 일단은 이 혼인문제와 관계없이 황실전범을 개정하는 것이 어떻겠는가?

그러나 이러한 하라 수상의 타협안은 결국 실패했으며, 궁내성은 황실전범 개정안 기초에 착수했다. 그런데 제실제도 심의회(1916년 11월에 설치)의 총재인 이토 미요지는 왕족과 공족은 황족에 상당하는 대우라는 점에서 황실령으로 처리될 수 있으므로 황실전범을 개정해서는 안된다는 주장을 견지했으며, 사표를 제출하는 소동까지 벌어졌다.(그러나 사표는 반려되었다.)

그러나 결국 1918년 11월 "황족 여자는 왕족 또는 공족에게 시집갈 수 있다"는 황실전범증보가 공포되었다. 그리고 나시모토노미야 마사코 여왕이 이왕세자와 결혼한 것은 1920년 4월이었다.(이상은 高久嶺之介, 「近代皇族の權威集團化過程」, 「大正期皇室法令をめぐる紛爭」, 「1907年公式令の制定意圖について」 등을 참고했다.)

6 새로운 황실상

다이쇼 데모크라시 시대

파리의 엘리제궁 앞의 섭정궁(쇼와 천황)
황태자가 해외로 여행을 한 것은 처음 있는 일이었다.
(일본 每日新聞社 제공)

1. 유동하는 국가관

민중 발언의 시작

1905년 러일전쟁의 종료를 위한 강화조약(포츠머스 조약) 체결이 진행 중이던 9월, 수도인 도쿄에서는 배상금을 기대할 수 없다는 등의 강화내용에 불만을 품은 민중들이 히비야(日比谷) 공원에 모여 집회를 금지하는 경찰과 충돌하면서 미증유의 도시폭동으로 발전했다. 이른바 히비야 야키우치(燒打) 사건이었다. 이 사건이 상징하듯이 러일전쟁 이후 종래까지 침묵을 지켜 왔던 민중은 국가와 정부에 대해 여러 모로 발언하며 행동하기 시작했다. 그 원인은 다음 두 가지였다.

하나는 러일전쟁이 강국을 상대로 한 '총력전'이었다는 점이다. 당시 동원된 병사만 하더라도 약 100만 명으로, 이는 대략 열 가구당 한 명꼴로 병사가 동원되었다는 것을 의미한다. 전쟁비용도 약 17억 엔. 러일전쟁 발발 직전인 1903년의 일반회계 약 2억 5천만 엔의 7배 가량에 상당하는 실로 엄청난 것이었다. 물론 이 중의 대부분은 외채로 충당되었으나, 일본 국민들도 방대한 양의 공채매입을 감수해야만 했다. 물론 외채도 전후 국민의 세금으로 상환해야 함은 말할 필요도 없는 것이었다. 또한 전시세였던 비상특별세마저 전쟁이 끝난 뒤에도 계속 유지되었다. 이처럼 러일전쟁은 과거의 청일전쟁과는 비교도 안될 정도의 물적·인적인 국민동원이 전제되었으며, 여기에 막대한 희생과 부담을 강요당했던 일본 국민들이 자신의 생활과 국가의 운명이 보다 직접적으로 연계되어 있음을 자각하기 시작한 것은 당연한 현상이었다고 할 수 있겠다.

또 하나는 러일전쟁의 승리로 인하여 당면의 대외적인 국가목표가 없어지게 되었다는 점이다. 삼국간섭 이래, 정부는 극동에서 러시아의 위협에 대항하기 위해 '와신상담'(臥薪嘗膽)이라는 기치 아래 국가목표 달성을 우선하며 국민생활에 희생을 강요해 왔다. 그러나 전쟁의 승리로 그 목표가 달성되어 버리자 민중은 여태껏 자중해 왔던 생활에 대한 요구를 국가와 사회에 일제히 분출시켰던 것이다.

이처럼 히비야 야키우치 사건 이후 폭동을 수반한 도시민중의 대중행동이 전개되기 시작했으며, 이러한 상황은 국가관(또한 천황관·황실관)에도 커다란 영향을 미치게 되었다. 이와 함께 강국화의 상징으로서 카리스마적인 존재였던 메이지 천황이 1912년 7월에 사망한 것도 천황관·국가관의 유동화에 박차를 가하게 하는 요인이 되었다.

권리 주장의 근거

러일전쟁 이후 대규모 쟁의와 함께 노동운동이 활발하게 전개됨에 따라 1912년에는 우애회(友愛會)라는 숙련노동자 조직이 창립되어, 노동자의 생활과 권리를 조직적으로 요구하는 운동이 전개되기 시작했다. 과연 이들은 국가와 사회를 향한 스스로의 권리를 주장할 정당성의 근거를 어디에서 찾았던 것일까?

우애회의 회원이었던 가와카미 고요(川上弘洋)는 「노동문제와 국가」라는 제목의 투서에서, "이 국가의 기초를 형성하는 다수의 노동자를 자본가는 노예시할 뿐 배려는 하지 않으므로 ……이는 국가에 대한 가장 심한 불경제(不經濟, 경제적으로 불합리함을 말함—옮긴이)이며 따라서 일종의 죄악이라 하지 않을 수 없다. ……국력신장에서 중요한 이 노동문제를 근본적으로 개선하여 올바르게 해결하지 않으면, 결국 국가의 체면을 유지할 수 없을 정도의 국치를 경험하게 될 것"이라 했다.(『勞動及産業』) 곧 국가에 대한 유용성을 권리 주장의 근거로 삼고 있는 것을 알 수 있는데, 노동자는 국가에 지대한 공헌을 하고 있으므로 그것이 가능하다는 것이었다. 이미 1899년 초창기에도 당시의 노동단체였던 노동조합기성회는 "국가공업의 기초는 노동자이다. ……따라서 노동은 신성하다"(『勞動世界』)고 주장했다.

이러한 국가적 유용성, 곧 국가에 대한 공헌이야말로 권리(요구)의 근거라는 생각은 단순히 노동자의 권리에 관해서만이 아니었다. 예를 들면 비교적 빠른 시기의 보통선거권 요구 운동[1] 속에서도 볼 수 있는데, 비록 직접국세를 내지 않더라도 혈세(血稅), 곧 국가에 대한 징병의무를 수행하고 있다는 데서 보통선거를 요구하는 근거를 종종 찾았다.

권리(요구)의 근거를 국가공헌이라는 점에서 찾았던 이유는 국가적 가치야말로 최고의 가치라고 생각했기 때문이며, 유신 이래 국가적 자립을 달성하는 것이 일본의 국민적인 과제로 생각돼 왔기 때문이다. 그러나 러일전쟁 후 분명해진 동향은 국가를 지상가치로 여기면서도 국가관이 변했다는 점이다. 현실의 국가와 이상적인 국가, 곧 국가관의 이중성인 것이다.

이상적인 국가는 국체적 국가

1919년, 우애회의 회원 한 명은 당시의 국가체제가 "자본주의의 횡포, 관료의 압박, 정당의 무능"에 바탕을 두고 있다고 비판하며, 이를 개혁하기 위해서 "사회당에 장점이 있다면 이를 배우고, 부인 참정권, ……비군국주의 등 무엇이든 우리들에게 선을 가르치는 것은 모두 받아들여야 한다"(友愛會關西勞動同盟會, 『勞動者新聞』)는 내용의 글을 게재했다. 이 주장에 의하면 그들의 권리 주장의 근거로서 의거해야 할 국가란 현존하는 현실의 국가일 수 없었다.

그러면 그들에게 가치를 부여하고 있는 국가란 어떠한 것일까? 사회당에게도 장점이 있다면 그것을 과감하게 배워야 한다고 주장한 노동자는 "국체는 어떠한 일이 있어도 변하지 않는다. ……일본에서 향후 중의원이 생산자 회의로 바뀌고 귀족원이 없어지게 되는 일이 있더라도 국체는 결코 바뀔 수 없다"고 단언하고 있으며, 또 다른 노동자는 "노동자도 같은 일본인이다. 야마토(大和) 민족의 피를 이어받아 야마토 다마시(日本魂)를 지니고 있는 이상, 국체를 손상시키는 일은 결코 있을 수 없다"고 주장했다.(友愛會鐵工部神戶連合會, 『新神戶』, 1918)

한마디로 그들이 지상가치를 지니는 것으로 생각했던 것은 현실의 국가 그 자체가 아니라 이상적인 국가였으며, 그것은 다름 아닌 바로 국체적 국가였던 것이다. 국체적 국가란 과거와 현재는 물론 앞으로도 계속적으로 존재되어야만 할 이념적인 천황제 국가였다. 때문에 "일본의 국체를 전제로 생각할 때 (자본가는) 노동자와 서로 싸워서는 안된다"(『勞動及産業』)고 주장하는 등 국체 혹은 국체적 국가 속에서 자신의 존재 근거를 구했던 것이다.

이념적인 천황제 국가를 본래 사민이 평등한 이상적인 것으로 생각했으므로 이 국체적 국가의 가치에 의거하여 현실의 국가체제를 비판하고 자신의 존재이유와 권리를 주장했던 것이다. 바꾸어 말하자면 이들은 자신들이 생각하고 있는 근원적인 일본국가인 국체적 국가에 의해서 현실의 국가, 곧 정체적(政體的) 국가를 상대화했던 것이다.

다이쇼 정변2)으로 귀결된 제1차 호헌운동에서 '벌족타파'와 '헌정옹호'를 부르짖으며 데모크라시를 주장한 것과, '황실의 존엄'을 지키라고 주장했던 것은 바로 위와 같은 맥락에서 이해되어야 한다. 당사자들의 입장에서 볼 때 양자간에는 아무 모순도 없었던 것이다. 데모크라시란 「5개조 서문」3)에서 명시한 '모든 일을 공론에 따라서 결정할 것'을 실현하는 것, 곧 본원적인 천황제 국가로 회귀하여 사민평등을 실현하는 것이었다. 제1차 호헌운동이든 다이쇼 초기의 노동운동이든 그들의 주관적인 입장에서 보면, 권리를 실현하는 것은 곧 본래의 천황제국가의 이념을 실현하는 것이었다. 말하자면 그들에게 있어서 데모크라시의 주장이란 본래의 천황제 국가(국체)와 모순되기는커녕 오히려 국체를 강화시키기 위한 것이었다.

요시노 사쿠조와 미노베 다쓰키치

다이쇼 데모크라시의 중심 인물이었던 요시노 사쿠조(吉野作造)가 민본주의4)를 활발히 주장했던 것은 널리 알려져 있다. 물론 민본주의란 요시노가 처음으로 만들어 낸 말은 아니다. 요시노도 다른 이들처럼 데모크라시를 일본어로 번역할 때 천황주권의 원칙을 배려했기 때문에 민주주의라고 하지 않고 민본주의라 했던 것이다. 요시노는 1917년 다음과 같이 주장했다.

> 군민동치(君民同治)를 이상으로 하는 민본주의 정치란 바로 이 군주와 인민의 인격적인 관계를 더욱 함양하는 것이리라. ……인민과 황실 사이에 장벽을 만들며 귀족정치로 상하의 거리를 두는 것은 오히려 국체관념을 해칠 뿐, 결코 이를 양성하는 것이 되지 못할 것이다. 이 점에서 민본주의 정치는 ……오히려 국체관념을 공고히 하는 것이다.(「民本主義と國體問題」, 『大學評論』)

메이지 말-다이쇼 초기에 군주와 국민의 공동체인 국가가 통치권의 주체이며, 천황은 그 최고기관이라고 하는 천황기관설을 주장함으로써 데모크라시와 정당정치에 헌법학상의 기초를 부여한 미노베 다쓰키치도 1918년에 다음과 같이 피력했다.

> 정치상의 의의에서 민주주의는 ……추호도 우리 국체에 저촉되지 않으며, 오히려 점차 국체의 존귀를 발휘할 것이다.(「近代政治の民主的傾向」, 『太陽』)

이상과 같이 요시노나 미노베, 그리고 호헌운동가와 노동자들도 데모크라시와 국체—곧 천황이 통치하는 국가형태—는 추호도 모순되지 않음을 주장했다. 이들이 타파하지 않으면 안될 것으로 생각한 것은 군벌·관료벌(官僚閥)에 의한 '벌족정치'와 특권신분인 화족에 의한 '귀족정치'였을 뿐, 천황제 그 자체는 아니었던 것이다. 때문에 민주운동·민중운동·노동운동의 전개로 인하여 위기를 맞이한 것도 메이지 과두제였지 천황제가 아니었다.

이들 운동으로 인하여 종래에 지배자나 일부 지식인들의 독점물이었던 국가관과 국가적인 가치 판단을 민중도 공유할 수 있게 되었으며, 이로써 민중은 자기들 본래의 입장에 서서 국가에 새로운 의미를 부여하게 되었던 것이다.

2. 사회적 가치의 자립

국가적 가치의 상대화

그러나 제1차 세계대전 후부터 국가에 대한 인식의 변화에만 그치지 않는 새로운 사상적 동향이 생겨났다. 그것은 바로 국가적 가치의 내용에 대한 의문과 함께 국가적 가치 그 자체를 상대화하려는 시각이었다.

러일전쟁의 승리로 일본은 세계의 군사 강대국 대열에 편입되게 되었고 이로써 국민적인 과제는 분명히 달성되었다. 그러나 러일전쟁 후에도 여전히 세계는 약육강식이라는 고전적인 제국주의 시대였으므로 강국화 지향은 쉽게 부정하기 어려운 가치를 지니는 것이었으며, 국가적 가치는 여전히 최고의 가치를 지니는 것으로 생각되었다. 대외적으로 강국화란 여전히 지상과제였으며, 따라서 국가적 가치도 지상가치였던 것이다. 이러한 시대에서 권리요구의 근거를 자신이 지니는 국가적인 유용성에서 찾고자 하는 것은 지극히 자연스러운 것이었다. "국가가 있음으로써 사회도 있다"는 생각과, 사회의 발전은 국가가 부강해짐으로써 보장된다고 하는 관념이 보편적일 때, 현재의 국가를 비판하는 방법은 이념적인 국가를 대치하는 것 이외에 다른 수단이 없었던 것이다.

그런데 제1차 세계대전의 종전은 이러한 상황을 크게 바꾸어 놓았다. 여지껏 당연한 전제로 생각되었던 약육강식의 국가간 대립이라는 세계질서를 변화시켜 국제평화·국제협조·데모크라시라는 새로운 세계질서를 등장시켰던 것이다. 이렇게 되자 '세계의 대세'를 근거로 삼은 새로운 논의가 전개되기 시작했다.

요시노가 1919년에 "우선 첫째, 세계의 대세에 순응해 나가기를 게을리 해서는 안됨은 명백한 이치"라고 말한 것처럼(『中央公論』), 일본의 민주주의자들은, 데모크라시가 '세계의 대세'이므로 피할 수 없는 것이라 주장했다. 일본은 메이지 유신 이래 여러 문명국가들이 주도하는 '세계의 대세'를 따라잡는 것이 무엇보다도 중요한 목표였으므로 '(문명제국에 의한) 세계의 대세'라는 말은 일본인의 가치판단을 크게 좌우하는 키워드였다. 따라서 민주주의자들은 빈번하게 '세계의 대세'를 강조했던 것이다.

제1차 세계대전 후 종래 국가측에만 유리하게 작용하고 있었던 '세계의 대세'는 이제 역전되어 민주주의자와 민중측에 유리해졌다. 민중은 이미 권리 주장의 근거를 국가적 유용성에서 찾지 않아도 되는 조건을 갖추게 되었던 것이다. 우애회의 한 노동자는 이러한 상황 속에서 다음과 같이 말했다.

지금은 세계개조의 시기로 민본주의는 찬란한 보물과도 같습니다. 이는 적어도 문명국으로서의 국민이 체득하지 않으면 안되는 사조일 것으로 믿습니다. 우리들은 단순한 온정주의보다 공장의 민주화를 요구합니다. 이는 세계 문명국들이 모두 채용하고 있는 정책이기 때문입니다.(『勞動及産業』, 1919)

이제 현실의 국가체제를 상대화하여 비판하기 위해 이념적인, 곧 국체적인 국가를 끄집어낼 필요가 없게 되었다. 국가를 상대화하여 비판하기 위한 근거를 사회 그 자체 내에서 구하는 것이 가능해졌기 때문이다. 요시노는 1920년 이후 국가와 사회를 개념적으로 명확히 구별하면서 다음과 같이 말했다.

민족이 역사적으로 만든 공동생활체는 사회라고 해야지 곧바로 국가라고 해서는 안된다. ……곧 학문상으로 사회와 구별되는 국가란, 바로

우리들의 공동생활이 국권이라 일컬어지는 권력 조직, 곧 강제 조직에 의
해서 통괄되고 있는 부분을 말하는 데 지나지 않는다.(「言論の自由と國家
の干涉」)

여기서 요시노는 종래 '국체적 국가'라 해왔던 것을 '사회'로 보고, 그
'사회'를 권력적으로 지배하는 것이 '국가'라 해석하고 있다.
　제1차 세계대전 후의 데모크라시는 여지껏 국가에 포섭·종속되어 왔
던 사회를 국가로부터 자립시키고 사회적 가치를 국가적 가치에 대치시
켰다. 그리고 사회적 가치의 자립은 바로 '세계의 대세'에 의해 담보되고
있었다. 이처럼 데모크라시는 인터내셔널리즘(국제주의)의 영향을 받으
면서, 그것과 뗄 수 없는 형태로 제1차 세계대전 후의 일본에 급속하게 파
급되기 시작했던 것이다.

히라누마 기이치로의 회상

검찰관료의 거물로 국본사(國本社)라는 국가주의 단체를 주재했던 히
라누마 기이치로(平沼騏一郎)는 훗날 이러한 제1차 세계대전 후의 상황
을 회고하면서 다음과 같이 말했다.

　(일본이) 참으로 위기에 처했던 것은 유신 당시였다. 그 밖에 우리들이
기억하고 있는 위기는 제1차 세계대전이다. 당시 지식계급에는 데모크라
시에다 인터내셔널리즘이 팽배했다. 국가주의 따위는 낡았다, 국제주의
로 바꿔야 한다, 황실이 존재하더라도 데모크라시가 아니면 안된다는 등,
꽤 명망이 있는 자들까지도 주장했다. 그러나 이를 정면으로 반대한 사람
은 나였으며, 따라서 사람들은 나를 머리가 굳은 놈이라 했다. 황실을 허
수아비로 만들자는 데 대하여 내가 황실의 신성을 거론하자 사이온지 긴
모치(西園寺公望)는 나를 미신가이며 완고하고 사리에 어두운 사람이라
고 했다.(『平沼騏一郎回顧錄』)

이는 당시 국가주의와 국가적 가치가 저햐됨으로써 황실과 국체의 가치가 저하되었음을 보여주는 증언이다.

3. 군주제의 세계적 위기와 황실 개혁

하라 다카시의 위기감

1917년 3월, 러시아에서 혁명이 일어나 황제가 퇴위함으로써 러시아의 군주제, 이른바 짜리즘은 붕괴했다. 하라 다카시는 3월에 이와 같은 보도를 접하고선 "러시아혁명을 보고서 초연론자(국민과 의회를 바탕으로 하지 않고서 정치를 운영하려는 번벌·군벌·관료벌)도 이제 그 꿈에서 깨어나야 할 것이다"라고 기록했다.(『原敬日記』) 그 이듬해 9월부터 수상이 된 하라는, 1920년 10월에 원로 사이온지에게 "독일식으로 황실을 받드는 것을 근왕이라 생각하는 것은 큰 잘못이며, 이는 오히려 터무니없는 반동을 불러일으킬 위험마저 있다"고 전했으며 여기에 사이온지도 동감을 표했다고 한다.

제1차 세계대전에서 패한 독일은 1918년 황제가 퇴위함으로써 공화제로 바뀌었으며 오스트리아도 마찬가지였다. 러시아의 로마노프 왕조, 독일의 호엔촐레른 왕조, 오스트리아의 합스부르크 왕조 등, 영국과 일본을 제외한 강대국의 왕조가 잇달아 무너짐으로써 군주제의 세계적 위기라는 상황이 전개되고 있었던 것이다.[5]

황실재산의 처분

하라는 이러한 이유로 "황실이 정치와는 직접 관계 없이 자선과 은상 등을 주관한다면 안전할 것이라 생각하여 그러한 방침을 취하려 하고 있다"고 말했다. 그리고 그 '취하려 하고 있는' 방침이란 "주식 등의 수입은 공공사업이나 자선사업에 사용하도록 할 것"이라는 것이었다.

1918년 여름에 쌀소동이 일어나자, 황실은 300만 엔의 하사금을 내려 구호사업에 일익을 담당하고자 했다. 더욱이 1920년에는 도쿄 시내의 불량도로를 개수하는 데 쓸 비용으로 300만 엔을 하사하는 등, 3년 동안에 하사한 금액이 무려 2,200만 엔에 달했다. 그러나 이러한 거액의 구조금은 국민들에게서 '감사하다'는 반응뿐만 아니라, 역으로 비판을 불러일으킬 소지도 있었다. 곧 "황실재정이 풍부하다는 인상을 강하게 줌으로써 심한 오해의 불씨를 낳게 된다"는 점이었다.(牧野伸顯文書 所收,「演說扣」) 하라는 1918년 9월, 궁내대신에게 "항간에는 황실의 세입이 아주 많은 것처럼 거론되고" 있기 때문에 "대단히 송구스럽지만 (궁내성 예산의) 증액 청구는 그러한 오해를 더욱 심화시킬 가능성이 있으므로 재고하는 것이 좋을 듯"하다고 했다. 그리고 황실수입이 많다고 하는 항간의 논평에 대해서는 굳이 "이와 논쟁하여 저지할 생각은 추호도 없다"고 하여 황실 재정문제가 정치적 쟁점으로 부각되는 것을 애써 피하려 했다.

하라의 오랜 정적이자 벌족의 두목이었던 야마가타도 황실이 유산자계급(부르주아지·지주)의 대표처럼 보이는 것을 경계했다. 야마가타는 이 듬해인 1919년, 궁내대신에게 황실재산 중에서 주식은 즉각 매각하고 어료 중의 전답도 매각해야 한다고 주장했다.

어료지에 대한 처분은 이미 시작되고 있었으나, 1918년 12월 「불요존어료지처분령」(不要存御料地處分令, 황실령 제16호)이 공포·시행됨으로써 본격화되었다. 이를 근거로 1920년 10월까지 약 2만 정보가 처분되었으며, 차지인이 있는 토지는 원칙상 차지인에게 불하되었다. 1921년에는 세전어료 32만 정보 중에 약 12만 정보를 해제하기로 결정하고, 그 중 700여 정보의 농지도 "차지인에 대한 관계상 번거롭고 귀찮은 일들을 야기할 가능성"이 있다고 하여 처분하게 되었다.(『樞密院會議議事錄』) 이렇게 해서 처분·매각된 어료지는 1919년부터 1937년에 걸쳐 약 21만 정보에 달하게 되었다.(黒田久太,『天皇家の財産』)

또한 1920년에는 여지껏 면세였던 어료의 지조부가세(지방세)를 어료지 소재지역의 자치체에 하사한다는 방침을 정하고, 또 세전어료지에 대해서도 공익사업에 한하여 자치체의 지상권 설정을 인정했다. 이 지상권에 대한 인정은 도쿄의 요쓰야(四谷) 구장으로부터 중학교 부지 사용 요구가 있었던 데 대응하여 취해진 조치였다.

황태자의 해외여행6)

이와 병행하여 새로운 황실상에 대한 모색도 시작되었다. 그것은 황태자의 해외여행에서 비롯되었는데, 사실 황태자가 해외로 나간다는 것은 그야말로 전대미문의 사건이었다.

1919년 11월 6일, 하라가 야마가타와 만났을 때의 일이다. 야마가타는 다이쇼 천황의 병세를 이야기하면서, 해군 관함식 때 천황이 출석하지 못했을 뿐만 아니라 황태자(나중의 쇼와 천황)의 대독도 없어, 해군 군령부장이 대독한 것은 참으로 유감스러운 일이라고 했다. 이에 하라도 진정으로 우려할 만한 일이며, 황태자가 조금 더 정치나 대인관계에 익숙해졌으면 좋겠다고 하자, 야마가타는 이미 주위에서 "결혼 전에 서구여행을 해둘 필요가 있다"고들 이야기하고 있는데, 나도 반드시 결행해야 한다고 생각한다고 했다. 하라도 이에 동감의 뜻을 표했다. 게다가 마쓰카타·사이온지 등 다른 원로들 역시도 모두 이러한 걱정을 하고 있었음을 하라의 일기에서 확인할 수 있다.

다이쇼 천황의 병세가 악화되어 황태자가 대행하지 않으면 안될 상황이 되자, 당시의 최고 지도자들은 황태자가 모든 것에 익숙해질 필요가 있음을 느끼고 있었다. 그 때문에 서구를 여행하면서 보고 배워 올 필요가 있다고 생각했던 것이다. 이때 황태자의 나이는 19세였다.

그러나 서구여행의 목적이 단순히 보고 느끼기 위한 것뿐만은 아니었다. 하라는 이듬해 "해외여행은 단순히 전하의 견학상 필요할 뿐만 아니라, 오늘날 전하가 해외의 사정을 시찰한다고 하는 것은 국민의 정서상으로도 중요한 것이다", "조만간 섭정이 되실 것을 생각하면, 그때를 위해서도 가장 필요한 것"이라고 일기에 기록하고 있다. 이는 "전후 개혁의 와중에 있는 유럽, 특히 유럽의 제실과 국민이 어떠한 관계에 있는가"(『讀賣新聞』)를 견문하여 체득하는 것이 데모크라시에 대응해야 할 대전 후의 황실에서 필요불가결한 일이라고 생각되었기 때문일 것이다.

황태자의 해외여행에는, 유럽의 정세가 아직 불안정하다는 이유로 황후가 반대했다. 그러나 원로들이 모두 나서서 설득한 결과 "정치상 필요하다면, 정치상의 일은 간섭하지 않을 생각이다"며 황후가 의견을 굽힘으로써 1921년 3월, 황태자는 유럽을 향하여 출발했다.(참고로 천황이 해외로 나간 것은 1971년 9월 쇼와 천황의 유럽 7개국 순방이 처음이다.)

황실 개방정책의 성공

황태자의 유럽여행에 대해서는 수행원들이 세심한 주의를 기울였는데, 황태자에 대한 평판은 유럽에서도 그리 나쁜 편은 아니었다. 그리고 신문은 여행의 일거수 일투족을 대대적으로 보도했다. 하라도 "이번 여행은 참으로 성공적이며, 장차 황실과 국가를 위해서도 더할 나위 없이 잘된 일이라 생각한다"며 기뻐했다.

예를 들면 1921년 6월의 『고쿠민 신문』(國民新聞)은 「우리 황실과 국민은 더 한층 평민적으로」라는 제목으로 다음과 같이 보도했다.

황태자 전하가 이번 유럽 방문 중 각지에서 보인 평민적인 태도는 그곳은 물론 우리 국민들도 다같이 높이 평가하는 바이며, 조만간 귀국하면 반드시 우리 황실과 국민 사이에도 어떤 개혁이 있을 것으로 모두들 기대하고 있는데, 이러한 희망은 현지에서 소식이 전해질 때마다 차츰 농후해져 귀국과 함께 궁내성의 대개혁이 점차 확실시되고 있다.

9월 2일, 귀국하는 황태자를 태운 군함은 예정보다 하루 일찍 하코야마(館山) 만에 도착했다. 귀국 환영행사는 9월 3일로 예정되어 있었으므로 '인민의 실망'을 고려한 정부의 의향도 있어 황태자는 배 안에서 하룻밤을 지내고 다음날 3일에 상륙했다. 그리고 전용열차에 탑승하자 황태자는 스스로 열차의 창문을 열어 환영 나온 사람들에게 답함으로써 "수많은 학생들이 그 평민적인 태도에 감동하여 눈물을 흘렸다"고 했다.(『大阪朝日新聞』)

황태자가 귀국한 후 어떠한 황실개방정책이 실행되었는가에 관해서는 아직도 연구할 필요가 있지만, 궁내성이 어느 정도 비밀주의를 지양하게 된 것만은 확실했다. 황실보도에 관해서도 "종래의 전통적인 형식에 얽매이지 말고 우리 실생활에 가까운 새로운 양식"(『太陽』)으로 보도할 수 있도록 허락했다. 또한 (『原敬日記』에 의하면) 귀국 직후에 황태자가 황족 두 명을 초대하면서 굳이 양복차림으로 오도록 한 적이 있는데, 하라는 여기에 찬성을 표하고 있다. 그리고 하라는 이 황태자의 해외여행과 황실개방정책에 대하여 일기에 다음과 같이 기록하고 있다.

영국의 황실과 국민 사이가 어떠하다며 이를 부러워하는 자들이 있는데, 나는 이것이 논리상의 문제가 아니라 모두 감정에서 생겨나는 것이라 생각한다. 우리 황실과 국민의 관계는 영국과 비교할 수 없을 뿐더러, 이치상으로만 원만하기를 기대하는 것은 잘못이다. 감정에 의거하지 않으면 안된다. 그러한 점에서 볼 때, 이번 해외여행의 성공은 상하 융화를 위해 그 효과가 상당히 크다고 할 수 있겠다.

이러한 성공과 함께 11월 25일, 황태자는 섭정의 자리에 올랐다. 그리고 국민들에게 '우리의 섭정궁'으로서 친숙하게 받아들여졌던 것이다.

황실이 어느 정도 개방되고 황태자를 중심으로 극히 미미하기는 하나 시민생활에 접근해 나가기 시작한 것은, 제1차 세계대전 후에 맹위를 떨치기 시작한 데모크라시에 대해 황실이 보인 대응의 하나였다. 그러나 그 징후만을 보였을 뿐, 이윽고 그것과는 정반대의 방향으로 나간다.

4. 황실과 국체에 대한 해석의 변화

새로운 법사상의 전개

제1차 세계대전이 아직 끝나지 않은 1916년, 미노베 다쓰키치는 「황실의 사무와 국가의 사무」라는 논설을 『국가학회잡지』(國家學會雜誌)에 발표했다.

> 황실전범은 헌법과 병행하며 서로 침해할 수 없는 효력을 가진다. ……황실전범을 개정하기 위해서는 황족회의의 자문, 곧 황실기관의 회의를 거쳐야 하므로 국회의 심의를 거쳐 정해진 헌법의 개정으로도 이를 변경할 수 없음은 명문이 없더라도 명백한 것이다.

이때 미노베는 헌법 개정으로 황실전범을 개정할 수 없는 것은 명백하다고 했다. 그러나 1932년의 『헌법촬요』(憲法撮要)에서는 명백하게 황실전범을 헌법의 하위법으로 규정하고 있다.

> 황실전범은 헌법이라는 근거하에서 국법으로서 효력을 지니는 것이다. 그러므로 황실전범을 가지고 헌법을 변경할 수 없는 데 반하여, 헌법 개정에 의해 황실전범을 변경할 수는 있다. ……그러한 명문이 없다고 하더라도 헌법은 국가의 최고의사로서 황실전범도 그 아래에 존재한다. 그 주어진 권한에 의해 정해진 것으로서 이는 당연한 원칙으로 인정되어야 할 것이다.

헌법 개정에 의한 황실전범 개정은 가능하다는 것이다. 미노베는 국가를 군주와 국민의 공동체로 규정했으므로, 이러한 공동체의 최고의사보다 하위에 황실전범을 자리매김한 것이었다. 미노베는 '법률학자의 임무는 무엇이 사회적 정의이며, 무엇이 사회적 이익에 적합한가를 판단하는

데 있어야 한다. 모든 법은 사회의 정의를 유지하고 사회의 이익을 보호하기 위해서 존재하는 것"이라 했으므로, 그때그때의 '사회적 정의'에 따라 법의 해석도 일정한 한계 내에서 가변적이었던 것이다. 이처럼 '사회적 정의'와 '사회적 이익' 아래 헌법과 황실전범 모두가 자리매김된다는 법사상이 전개될 수 있는 사회적 상황이 조성되었고, 이에 대응하여 국체론도 또한 그 모습을 바꾸지 않을 수 없게 되었다.

민주주의와 국체의 조화

오랫동안 경찰계에 복무하며 내무성 경보국장(국내 치안을 담당하는 고급관료)을 끝으로 귀족원 의원이 된 나가타 히데지로(永田秀次郎)는 1921년에 저서 『알기 쉬운 황실론』(平易なる皇室論)에서 새로운 국체론, 곧 황실의 존재 이유론을 전개했다.

우선 제1차 세계대전 후 군주제가 세계적으로 위기에 처했다고 언급한 뒤에 "맹렬하게 불길이 번져 오는 이 시점에서, 이에 실수 없이 대처할 준비가 없어서는 안될 것이다"라고 하면서, 데모크라시와 볼셰비즘 사상의 유입에 대응할 수 있는 "방법과 설명으로 우리 국체를 옹호할 사상을 가지지 않으면 안될 것이다"라고 했다. 그리고 나가타는 "후쿠자와 옹(翁)의 제왕론이나 존왕론을 보고서, 고인도 이렇게 말했구나 하고 새삼 느꼈다"라고 하여 후쿠자와의 논의를 재평가하면서 다음과 같이 말했다.

최근 세계의 풍조라는 것은, 무엇이든 인간의 사회생활·경제생활·문화생활에 이익이 되지 않으면 인정하지 않는 경향이 있어서, 단순한 법이론이나 도덕론으로는 만족시킬 수 없게 되어 있다. 따라서 후쿠자와의 경우에도 이미 그의 저서 존왕론에서 "혹시 앞으로 경세상(經世上) 황실의 효용이 무엇이냐는 질문이 있을 것을 예상하여 후세를 위해 한마디 해둔다"고 못박고 나서 우리 황실과 국민생활의 관련을 말하고 있다. 나 또한 우리 황실과 국민생활에 대한 소견을 말해 두고자 한다.

나가타의 의도는 황실의 존재이유, 곧 국체론을 사회적 정의와 사회적 이익을 가지고서 설명하려는 것이었다. 그는 황실의 사회적 존재이유를 다음과 같이 들고 있다. 첫째로, '인심을 안정시키는 완화력'. 그러기 위해 "황실은 언제나 정치권 밖에 서서 불편부당·일시동인(一視同仁)"하지 않으면 안된다. 둘째로, 사회복지사업에 대한 공헌. 셋째로, '국가 존립의 표상', 말하자면 국가적 상징이라는 것 등이었다. 게다가 황실을 받드는 이유를 '과거의 인덕에 보은'하기 위해서가 아니라, 현실의 인심을 안정시키기 위해 필요하다는 데서 구했다.

제1차 세계대전 후의 세계정세 속에서 나가타는 군주제가 공화제보다 나은 것이라고 단언할 수는 없었다. 그는 "군주제의 이상적인 상태는 민의를 존중하고 이를 창달하는 것으로서 결코 공화제의 이상적인 상태와 다르지 않다"라고 하면서, 간신히 군주제를 옹호했던 것이다.

노사협조를 목적으로 창립된 협조회(協調會)[7]의 이사로 국체론의 전문가이기도 했던 나가이 도루(永井亨)는 1924년에 「국체관념과 정치사상」(『社會政策時報』)을 발표하여 "우리의 국체관념은 예로부터 민주적인 사상을 기조로 하고 있었다"고 주장했다.

또한 제실 편수관 와타나베 이쿠지로(渡邊幾治郎)도 1925년에 『황실과 사회문제』를 저술하여 특히 '젊은 노동자와 노동운동에 종사하는 자'에게 호소했다. 이 해는 보통선거법이 공포된 해였으므로, 보통선거와 국체의 일치를 주장하여 "이는 새로이 일어난 정신이 아니라 53년 전 유신 대혁명의 정신을 지금 실행한 데 지나지 않는다"며, "정치를 천황 한 사람의 전단(專斷)에 맡기지 않고 여러 사람에게 자문하여 과실이 없도록 하는 것은 건국 이래의 이상"이라고 했던 것이다.

와타나베는 나아가 나가타처럼 황실이 있어야 사회문제도 해결된다고 하여 사회주의와 황실의 공존성을 주장했다. 와타나베는 우선 "사회주의의 목적은 빈부의 격차를 없애고 사회의 빈곤과 죄악을 일소하며, 국제분쟁의 화근을 제거하여 영구 평화를 확립함으로써 다수 민중의 진보와 행복을 이루자는 것으로, 도덕적이며 종교적인 정신이기도 하다"며 사회주의를 긍정했다. 그리고 일본의 군주제는 러시아나 독일의 그것과 다르므로 황실이 민주적인 사상을 저해하고 사회문제 해결에 대한 방해요소가 될 이유가 없다고 했다. 사회주의자에 대해서는 "우리의 국체 및 황실과 민주사상 및 사회사상의 관계를 깊이 연구"해야 한다고 호소했으며, 황실에 대해서도 "시세에 순응하여 새로운 황실의 방침을 확립"할 것을 요청했다.

교육칙어의 공인 해설서인 『칙어연의』(勅語衍義)의 저자이며 러일전쟁 후에는 이에 질서적인 국체론을 집성한 이노우에 데쓰로까지도, 대전 후에는 "일본은 군주국으로서 민본주의를 채택하고 있으며, 군주주의와 민주주의의 조화를 이루고 있다는 점에 우리 국체의 안전성이 있다"고 주장하기에 이르렀던 것이다.(『國體論史』)

제1차 세계대전 후에 새로이 출현한 국체론은, 다이쇼 데모크라시로 인한 사회의 복권, 또는 국가에 대한 사회의 우위라는 사조에 대응하면서 민주주의와 국체의 조화를 강조하는 것이었다. 국가와 사회의 원리적인 일치를 이에 질서 속에서 도출하고, 그 이에 질서의 정점에 위치하는 존재로서 황실을 자리매김하는 예전의 권위주의적인 국체론으로는 이제 더 이상 유효하지 않다는 판단이 내려졌음을 확실하게 알 수 있다. 게다가 민주주의와 국체의 조화라고 하는 이 관점은 민간의 국체론에 한해서만 나타난 것이 아니었다. 다름 아닌 치안유지법[8]을 심의하는 과정에서 정부위원이 설명했던 논리도 바로 이러한 것이었다.

5. 치안유지법 논의에 나타난 국체

치안유지법의 채결

제1차 세계대전 후에는 노동운동과 농민운동이 활발하게 전개되었을 뿐만 아니라 여성해방운동과 부락해방운동인 수평사운동 등 다양한 사회운동이 시작되었다. 더욱이 러시아 사회주의 혁명의 영향까지도 있어 사회주의 사상과 그 운동이 확산되었으며 1922년에는 비합법적으로 공산당까지 결성되었다. 정부는 이러한 운동을 탄압하기 위해 1922년에 과격사회운동단속법안을 의회에 제출했는데, 귀족원에서는 다소의 수정과 함께 가결되었으나, 중의원에서는 심의단계에서 회기가 끝나고 말았다.

1925년 1월, 베이징에서 일·소 기본조약이 조인됨으로써 러시아혁명 이후 단절되었던 일본과 소련간의 국교회복이 실현되었다. 정부는 일·소 국교회복과 함께 공산주의 사상과 선전이 유입될 것을 경계하여 사회주의에 대한 치안법제를 확립하기 위해, 보통선거법안이 상정되어 있는 의회에 급작스레 치안유지법안을 제출했으며, 노동단체 등의 반대를 무릅쓰고 3월에 보통선거법안과 함께 수정·가결시켰다. 치안유지법의 제1조는 다음과 같다.

> 국체를 변혁하거나 사유재산제도를 부정할 목적으로 결사를 조직하거나, 이에 동조하여 가입하는 자는 10년 이하의 징역 또는 금고에 처한다.

치안유지법은 헌법제정 후의 법률에서 처음으로 '국체'라는 용어가 등장한 것으로도 잘 알려져 있다. 그러나 국체는 원래 다양한 해석이 가능하므로 국체의 변혁이란 어떠한 행위인가도 극히 다의적인 것이었다. 때문에 쇼와기, 특히 만주사변 이후가 되면 국체의 확대해석으로 각종 운동이 단속되는데, 법안 심의과정에서 나타난 국체에 관한 정부의 견해는 그 후의 상황과 비교했을 때 상당히 한정적인 해석이었다.

심의에서 나타난 국체관

1925년, 제50의회 중의원 치안유지법안 제4회 위원회에서, 정부위원 야마오카 만노스케(山岡萬之助, 사법성 형사국장)는 국체란 헌법 제1조에서 "만세일계의 천황이 통치한다"고 한 것이라고 답변했으며, 제5회 위원회에서도 "(국체의 변혁이란) 만세일계의 천황이 통치한다는 관계를 파괴하는 것"이라고 답변했다.(『第五十回帝國議會治安維持法案議事速記錄並委員會議錄』 이하 같음.) 말하자면 통치권의 소재가 천황이라는 것이 국체인 것이었다. 이에 기요세 이치로(淸瀨一郎) 의원이 다음과 같이 질문했다.

우리나라의 정치를 보면 천황에게 각종 대권이 부속되어 있습니다. 선전·강화·군대 통수 ……이것은 국체의 범위에 들어가는 것입니까?

야마오카 위원은 다음과 같이 답변했다.

이 대권이라고 하는 것이 어느 정도까지 존재해야 하는가에 대한 문제는 자연 별도의 이야기가 됩니다. ……통치권의 경우 이를 다른 기관에 맡기더라도 그 기본만 총괄한다면 통치라 할 수 있다고 생각합니다. ……대권이 아니어서 다른 기관을 거쳐 통치하더라도 이는 통치권을 행사하는 하나의 형식에 지나지 않는다고 생각합니다.

그는 제6회 위원회에서도 다음과 같이 단언했다.

천황이 직접 다스리는 것을 그렇지 않은 부분으로 바꾸더라도, 그것이 헌법의 변경에 따른 것일 경우에는 조금도 지장이 없으며 국체에는 추호도 변경이 생기지 않습니다.

또한 뒤에 법안에서 삭제되는 '정체의 변혁' 조항의 정체에 대한 해석에 관해서 야마오카 위원은 다음과 같이 말했다.

입헌정체는 법치의 나라입니다. 법률로 나라를 다스린다는 것이므로 입법부라고 하는 것은 절대로 필요한 것입니다. ……그러나 입법부란 어떠한 것인가에 관해 말씀드리자면 우리 헌법의 연혁에 비추어 볼 때 대의정체라는 것이 그 근간입니다.

이렇게 해서, 헌법개정 수속을 취하는 한, 귀족원의 개폐 등도 처벌의 대상인 '정체의 변혁'에 속하지 않는다고 답변했던 것이다.

물론 천황대권의 이동이나 귀족원의 개폐는 헌법개정을 필요로 하며, 헌법개정은 천황의 발의라는 형식을 필요로 하는 것이었으므로 이러한 답변들은 단지 해석상의 가능성을 나타낸 것에 지나지 않았다. 그렇지만 국민대표의회인 중의원만을 입헌정체의 필요조건으로 하고 친재사항을 위임사항으로 넘겨 사실상 "군림은 하되 통치하지 않는" 체제가 출현하더라도 그것이 합법적일 경우에는 '국체의 변혁'이 아니라고 주장했다는 점에는 주목할 필요가 있다.

곧, 야마오카 정부위원은 국가나 군주제 자체를 폐지하려는 무정부주의자나 공산주의자·공화주의자를 처단하는 것이 이 법의 근본적인 입법목적이라고 한 것이다. 때문에 이것은 역으로 이들 주의자 이외의 각종 정치적 데모크라시는 합법적이며 국체와 모순되지 않는 것임을 증명했다고도 할 수 있겠다.

따라서 무정부주의·공산주의·공화주의를 둘러싼 정쟁 이외의 정쟁으로부터 국체·황실은 보호받게 되었으며, 이는 후쿠자와가 이전에 말했던 것처럼 '제실은 정치 밖의 존재'라는 것을 암묵적으로 전제한 것이었다. 이러한 의미에서 국체의 입헌적인 해석을 통하여 정부도 사실상 국체가 데모크라시와 공존할 수 있는 것으로 인정했다고 할 수 있다. 이는 민간의 새로운 국체론과도 일맥상통하며, 새로운 황실정책·황실개방과도 기조를 같이하는 것이다. 이제 국체론도 새로이 싹트는 황실상에 부합되기 시작했던 것이다.

7 국체 지상주의와 천황의 신격화

메이지 헌법체제의 위기

미노베 다쓰키치(美濃部達吉, 1873~1948)
천황기관설 사건(일본 每日新聞社 제공)

1. 정쟁의 초점이 된 황실문제

'궁중 모 중대사건'

시간을 조금 되돌려보기로 하자. 황태자의 유럽방문이 거론되기 시작한 1919년 6월, 궁내성은 황태자와 구니노미야 나가코 여왕과의 약혼을 발표했다. 그러나 이듬해에 나가코 여왕의 생모가 시마즈 다다요시(島津忠義)[1]의 딸이고, 그 시마즈가에 색맹의 혈통이 있음이 판명되었으며, 의학자들도 유전의 가능성이 있다고 했기 때문에 사태가 심각해지기 시작했다. 이른바 '궁중 모 중대사건'(宮中某重大事件)이었다.

원로 야마가타는 약혼에 반대의 뜻을 표명했으며 사이온지도 구니노미야가에 황태자비 사퇴를 종용했으나 구니노미야가는 이를 거절했다. 한편 황태자를 모시고 있던 스기우라 주고(杉浦重剛) 등은 일단 내정된 것을 취소하는 것은 도의상 있을 수 없는 일이라며 반대했다. 이 문제는 스기우라가 당시 우익진영의 거두인 도야마 미쓰루(頭山滿) 등에게 이러한 사실을 흘리고, 도야마 등이 약혼 취소에 반대함으로써 정치문제로 비화되기 시작했다. 황실에 관련된 문제이므로 사실을 있는 그대로 표현하는 것이 곤란하다는 이유로 '궁중 모 중대사건'이라 불렸는데, 이 사건의 배경에는 나카무라 유지로(中村雄次郎) 궁내대신 등 궁중의 요직을 장악하고 있던 야마가타(추밀원 의장) 등의 초슈벌과, 마쓰카타(내대신) 등의 사쓰마벌 사이에 세력다툼이 있었던 것으로 알려지고 있다. 결국 1921년 2월, 약혼에 변경이 없음을 발표함으로써 사건은 수습되었다. 그리고 나카무라는 책임을 지고 사직했으며, 야마가타도 모든 관직과 칭호를 사퇴한다는 뜻을 천황에게 전했다.(그러나 천황이 칙서로 만류하여 사표를 철회했다.)

이 사건은 항간에 많은 파문을 불러일으켰으나 내각 총사퇴라는 결정적인 정쟁으로 전개되지는 않았다. 왜냐하면 당시 야마가타를 대표로 하는 관료세력과 하라의 정우회 내각은, 보통선거 등을 두고 야당과 데모크라시 추진세력에 대항한다는 점에서 서로 입장이 일치하고 있었으며, 정우회는 1920년의 총선거에서 소선거구제 덕택에 절대 다수의 의석을 점하고 있었기 때문이다. 곧 의회의 절대다수가 여당인 상태에서 정부와 관료벌이 공동보조를 취하고 있는 한, 정계를 양분하는 대대적인 정쟁으로는 가지 않는다는 것이다.

1923년에는 황태자 저격이라는 중대사건, 곧 도라노몬(虎ノ門) 사건이 일어났다. 이 해 12월, 섭정 중이던 황태자가 개원식에 참가하기 위하여 의회로 향하던 도중, 도쿄의 도라노몬에서 무정부주의자인 난바 다이스케(難波大助)에게 저격당한 것이다. 그러나 당시의 야마모토 곤베에(山本權兵衛) 내각은 즉시 총사퇴했으므로, 이 사건도 대규모의 정치적 쟁점으로 되지는 못했다.

이렇듯 황실을 둘러싼 사건들이 결코 정쟁을 불러일으키는 일이 없었던 까닭은 바로 의회 내의 대립이 없었기 때문이다. 황실문제와 국체문제를 정면으로 거론했던 치안유지법안 심의에서도 커다란 정쟁이 일어나지 않았던 것은 이른바 호헌3파로 불리던 헌정회·정우회·혁신구락부가 일치단결하여 내각을 구성하고, 보통선거법안 통과를 위하여 치안유지법안을 인정하는 공동행동을 취했기 때문이다. 의회가 정치기관 중에서 강력한 지위를 차지하게 되고 정당내각이 만들어질 수 있게 되면서부터 의회 내에서의 정쟁이 정쟁의 중심이 되는 것은 말할 나위도 없으나, 이 호헌3파 내각의 초기에 다수를 점하는 3파의 협조로 내각 사임까지 이르는 정쟁은 피했던 것이다. 그러므로 황실·국체를 둘러싼 문제도 대규모의 정치적 쟁점은 될 수 없었다. 그러나 호헌3파의 협조가 깨지면서 사태는 변하기 시작했다.

정쟁의 발단이 된 박열 사건

보통선거법과 치안유지법은 3월에 의회를 통과했다. 그리고 육군 중장 다나카 기이치(田中義一)가 4월에 정우회 총재가 된 무렵부터 3파간의

협조가 깨어지기 시작했다. 8월에 헌정회 단독 내각이 성립하자 정우회
는 내각 타도 방향으로 움직이기 시작했으며, 이듬해 1926년 1월에는 와
카쓰키 레이지로(若槻禮次郎) 헌정회 내각이 성립하여 제51회 의회를 맞
이하게 되면서 정우회·정우본당·헌정회는 서로 정권을 둘러싸고 다투게
되어 정국은 극도로 불안정해졌다. 반대당에 의한 스캔들 폭로전이 전개
되어, 마쓰시마 유곽(松島遊廓)사건2)과 육군기밀비 유용문제3) 등이 연이
어 정쟁의 도구가 되었다. 이러한 와중에 박열(朴烈)사건이 정치문제화되
었다.

박열 사건이란 무정부주의자 박열이 가네코 후미코(金子文子)와 함께
1923년 가을로 예정되어 있었던 황태자의 결혼식에서 천황·황태자에게
폭탄을 던지려고 계획했다는 사건이다.4) 1926년 3월에 사형판결을 받았
으나 와카쓰키 내각은 '정상정책상'(情狀政策上) 천황에게 감형을 요청하
여 박열 등은 무기징역으로 되었다. 이 감형요청 문제는 박열과 후미코가
동석한 사진을 공개한 괴사진 사건 등과 함께 정우회가 와카쓰키 내각을
공격하는 데 안성맞춤인 자료로 이용되었다.

당시 정우회에 가까웠던 원로 사이온지도 "(박열 사건은) 내버려 둘 수
없는 국가의 중대 문제는 아닌 이상" "총사퇴 등으로 나갈 필요까지는 없
다고 생각한다"고 말했지만(『松本剛吉政治日誌』), 정우회는 이것을 내각 타
도를 위한 수단으로 삼았다. 9월 의원총회 석상에서 다나카 총재는 "이번
문제는 말할 필요도 없이 정책의 시비를 초월한 국체관념의 근본에 대한
것이다"라고 발언했다.(『政友』)

정우회는 정우본당과 귀족원연구회, 우익단체인 흑룡회 등과 중대문제
문책동맹을 결성하여 정부를 공격했다. 10월에 거행된 정우회 호쿠신(北
信) 대회에서도 "위정의 중요한 가르침은 언급조차 못한 채 국체 파괴라
는 순장(殉葬)용 인형을 만드는 일(좋지 않은 선례를 남김)이라고밖에 할
수 없으며, 정부가 일부러 문제를 경시하려는 것은 황실과 국체에 관한
근본 관념에서 우리와 서로 어긋나는 바가 있다"고 선언했다.

사건은 결국 다이쇼 천황의 사망에 따라 정쟁을 중지한다는 방침에 따라 수습되는 방향으로 나가게 되었다. 그러나 정치적 영향력을 지닌 대정당이 전력을 다하여 황실·국체문제를 정쟁의 도구로 삼아 내각 타도를 꾀하려 했던 것은, 종래 비정치화되어 가고 있던 황실·국체문제가 정치적 문제로 부상하는 데 중대한 계기를 만들었다.

제 무덤을 판 정당세력

박열 사건에서 수세적인 입장에 처한 헌정회는, 정우회야말로 감형이라는 "황실의 크나큰 인자함에서 비롯된 대권의 발동"에 대해 사소한 트집을 잡아 비난하는 "불충·불신(不臣)의 극치"라며 반론했다.(『憲政公論』) 그리고 헌정회는 1927년, 정우본당과 합동하여 민정당으로 당명을 바꾼 뒤, 같은해에 성립한 다나카 기이치의 정우회 내각에 대하여 황실·국체문제를 가지고 공격했다.

1928년 2월, 보통선거에 의한 최초의 총선거가 치러졌다. 여당인 정우회와 최대 야당인 민정당의 표차는 근소했다. 5월에, 문상 미즈노 렌타로(水野錬太郎)는 정우회 내의 인사 경쟁으로 사표를 제출했으나, 그 다음날 천황의 독려(유조[優詔])가 있었다고 하며 유임하는 사건이 일어났다. 민정당은 긴급 총무회를 열어 "정권을 유지하기 위하여 대권에 누를 끼치는 것"이라고 하며 다나카 내각을 비난했다.(『民政』) 그리고 이러한 천황의 독려문제실행위원회를 만들어 국체와 헌정의 옹호를 위한 일대 국민운동을 일으키기로 결정했다. 민정당의 원외단(院外團)도 여기에 호응하여 "우리들은 황실 중심 기조와 국체 옹호를 위하여 단연코 다나카 내각 타도를 약속한다"고 결의했다.

이러한 움직임이 계속되는 속에서 1928년 8월, 파리에서 「전쟁 포기에 관한 조약」(이른바 부전[不戰]조약)이 조인되었다. 이 조약의 취지 그 자체에 대해서는 민정당도 찬성이었으나, 그 제1조 "국가의 정책수단으로서의 전쟁을 포기하는 것을 각자의 인민의 이름으로 엄숙히 선언한다"는 조항을 민정당은 문제로 삼았다. 9월에 민정당은 긴급 총무회를 열고 거기서 총무 나카무라 게이지로(中村啓次郎)는 "조문 중에 '인민의 이름으로' 선언되는 국가의 의사표현은 우리 국체와는 양립할 수 없는 민주국의 의사표시라 하지 않을 수 없다. ……이처럼 국체의 기초를 위태롭게 하고 천황의 대권을 어지럽히려는 다나카 내각의 책임을 규탄하고 우리 국체와 헌법을 옹호하지 않으면 안된다"고 피력했다.(『東京朝日新聞』)『도쿄아사히 신문』은 민정당 총재인 하마구치 오사치(浜口雄幸)의 재정긴축정책을 지적하면서 "하마구치도 이 신규사업(부전조약 조문문제를 가지고 내각을 타도하려는 운동)이라면 별도의 예산을 필요로 하지 않으므로 찬성한다는 입장이다. 그러고 보니 민정당은 정부 공격의 사전 연습을 시작한 셈이다"라고 비꼬았다.

정권다툼이 격렬해지는 와중에, 반대당에게 반국체라는 꼬리표를 달아 공격하는 것이, 천황제하에서는 상대를 동요시키고 한편으로는 대의명분을 내세우는 데 가장 손쉬운 수단이었던 것이다. 그런데 다이쇼 정변 이래, "황실에 누를 끼치지 않을 것"이라는 슬로건 아래 벌족(閥族)으로부터 정권을 억지로 얻어낸 정당세력은 정당내각이라고 하는 '헌정의 상도'를 실현하자마자 '황실에 누를 끼치는' 정쟁에 휘말려 제 무덤을 파기 시작했던 것이다.

1928년은 이른바 '3대 국난'이 선전되기 시작한 해였다. 1927년에 금융공황으로 불황이 심각해진 '경제 국난', 1928년 3월에 공산당원 대량 검거(3·15사건)로 상징되는 '사상 국난', 정당간의 상호 비방과 스캔들사건 및 외교 위기에 의한 '정치 국난'이 그것이다. 이러한 사태에 대하여 우익단체는 소리를 높여, 부전조약문제에 대해서는 국가주의 단체인 정교사(政教社)를 중심으로 부전조약 어비준주청 반대동맹(不戰條約御比準奏請反對同盟)을 결성하여 운동을 전개해 나갔다.(결국 부전조약은 이듬해인 1929년 6월에 '인민의 이름으로'라는 부분은 일본에는 적용되지 않는다고 하는 단서를 붙여 비준되었다.)

이후 공산당원들에 대한 대검거사건인 4·16사건(1929), 다나카 정우회 내각의 뒤를 이은 하마구치 민정당 내각 때 런던해군군축조약을 둘러싸고 일어난 '통수권 간범 문제'(1930)[5] 이누카이 쓰요시(犬養毅) 정우회 내각 때 발생한 사쿠라다몬(櫻田門) 사건(1932)[6] 등 황실·국체를 둘러싼 정치적인 문제가 잇달아 발생한데다가 1930년에는 쇼와 공황[7]이 시작되어 일본경제는 전대미문의 곤경에 빠져 들게 되었다. 그리고 1931년 9월에는 만주사변이 발발했다.

우익혁신운동의 대두

이러한 위기적인 상황에서 좌익운동도 격화되었으나, 그 이상으로 격렬하게 전개된 것은 우익혁신운동이었다. 국가주의단체의 창설 상황을 보면 1926년에 23개 정도였던 것이 1931년에는 87개, 그리고 1932년에는 196개로 급증했다. 우익혁신운동은 그때까지의 전통적인 우익운동과는 달리 자본주의체제 타파까지도 표방하는 체제혁신운동으로 전개되었다는 데 그 특징이 있다. 예를 들면 대일본청년동맹의 개정강령에 "우리들은 일군만민의 본의에 기초한 일본의 국체를 절대적으로 받들고 믿으며, 착취 없는 도의적 일본의 건설을 기약한다"고 하고 있다.(『社會運動の狀況』)

기존 정당이 정권다툼을 위한 수단으로 황실·국체문제를 쟁점화하고, 거기에 반발하는 우익혁신운동도 체제 타파의 상징으로서 황실·국체를 내세워 천황친정을 슬로건으로 삼았으므로, 천황·황실·국체의 정치적 가치는 점점 커지게 되었다. 이리하여 천황과 국체는 데모크라시를 대신할 국민통합의 상징으로서 그 가치가 상승되기 시작했다.

자립하는 관료

기존 정당의 부패에 대한 규탄이 점차 거세어지는 가운데 관료측도 자립화 지향을 강화했다. 선거 단속 등으로 인하여 정당(내각)의 규제를 가장 받기 쉬웠던 내무성의 경찰관료 중에는 이미 1928년에 정당내각으로부터 경찰권을 독립시켜야 한다고 주장하는 자들이 나타나기 시작했다. 경찰관료인 마쓰이 시게루(松井茂)는 경찰권 독립이 정당한 근거를 '천황의 경찰'이라는 데서 찾았다. 마쓰이는 다음과 같이 말했다.

> 우리나라는 천지와 더불어 영원한 국체를 가지며, 위로는 경찰행정의 대의를 다스리시는 천황이 있다. ……다른 나라의 경찰은 정당처럼 행세한 시대도 있었을 것이다. 그러나 우리나라의 경찰은 국체상으로 보더라도 결코 그러한 폐해에 빠져서는 안된다. ……엄정히 우리 국체를 기초로 하는 경찰의 완성을 꾀하여야 할 것이다.(「警察と國家觀念」, 『日本警察新聞』)

관료들은 형식적이기는 하나 국민의 선거로 뽑힌 정당을 상대화하고, 그로부터 자립화를 꾀하기 위해서는 '천황 폐하의 관료'임을 자각하는 길 외에는 없었다. 이러한 관료의 자립화 지향은 1932년 1월 내무성의 고급 관료를 중심으로 국유회(國維會)가 결성됨으로써 정점에 달했다.

국유회는 기관지 『고쿠이』(國維)를 발간하면서 '우리들의 뜻'을 발표하여, "입국의 대의로 돌아가 황도의 참된 뜻을 정교(政敎)의 기본으로 삼고 ……제정일치, 정교불이(政敎不二), 군민일가(君民一家) ……이상국가의 실현을 추구한다"고 선언했다. 이렇게 해서 관료들은 자신들이 정당으로부터 자립하기 위해서라도 데모크라시와 의회주의가 아닌 국민통합원리를 국체지상주의에서 구할 수밖에 없었던 것이다.

2. 내셔널리즘의 복권

'수입품'적 데모크라시

근대 일본의 민주주의 사상은 자유민권운동 이래 나름대로 독자적인 발전을 계속하여, 제1차 세계대전 후에는 급속하게 데모크라시가 확산되었다. 그러나 데모크라시를 '데모 구라시'('구라시'는 생활·삶이라는 뜻이므로 매일 시위만 하면서 살아간다는 뜻―옮긴이)라 비꼬는 표현까지 있었듯이 일종의 풍속 또는 유행과 같은 현상으로 이해되었던 측면도 있었다. 또한, 이미 말했듯이 대전 후에 급속하게 데모크라시가 확산되었던 것은, 그 자체가 저항하기 힘든 '세계의 대세'라는 관념이 지배적이었다는 것과 관련되어 있다. 문명개화 이래 문명국들의 동향, 곧 '세계의 대세'에 민감한 것이 일본인의 체질이었던 까닭에 이처럼 급속하게 사회적으로 확산되었다는 측면도 부정할 수는 없을 것이다.

도쿄 대학의 신인회(新人會)와 나란히 사회운동에 선구적인 역할을 한 와세다 대학의 건설자동맹의 지도자 중 한 사람인 이나무라 류이치(稻村隆一)는 다음과 같이 당시를 회상했다.

국제관계로 인하여 (급속하게 세상의 분위기가) 바뀐 셈입니다. 이는 러시아혁명과 제1차 세계대전에서의 독일 군국주의 붕괴라는 객관적 조건으로 볼 때, 결국 다이쇼 데모크라시라고 하는 것은 국제관계가 일본에 압력을 가하고 거기에 국내의 분자가 호응하여 다이쇼 데모크라시 시대가 도래하게 되었던 것입니다. 이것이 바로 신인회와 건설자동맹이 생겨나게 된 객관적인 원인입니다.(『稻村隆一氏談話速記錄』)

다이쇼 데모크라시 운동의 지도자조차 데모크라시가 말하자면 '수입품'적인 성격이 강함을 말하고 있다.

"외국으로부터 들어온 유행품"이라는 성격을 불식할 수 없었던 것은, 데모크라시가 한편으로 인터내셔널리즘(국제주의)이라는 성격을 강하게 띠게 되었다는 것을 나타냄과 동시에, 다른 한편으로는 메이지 이래의 좁은 의미의 내셔널리즘과 국가주의를 일본인의 내면에서부터 철저히 체질 개선하여 국제주의와 민주주의를 충분히 체질화할 수 있는 조건이 결여되어 있었음을 대변해 주는 것이다.

요시노 사쿠조의 견해

요시노 사쿠조는 제1차 세계대전이 끝날 무렵, 미국 대통령 윌슨의 14개조 제안에 대하여 "윌슨의 말을 따르는 것이 대체로 세계 공동의 이익일 것이며, 또한 세계의 일원인 일본의 이익이기도 하다"고 주장했다.(『吉野作造博士民主主義論集』) 요시노는 일본의 진정한 국민적 이익(진정한 내셔널리즘)은, 진정한 국제주의(인터내셔널리즘)와 결코 모순되는 것이 아님을 강조했던 것이다. 그러나 이러한 생각이 반드시 다수의견으로 되지는 않았다. 특히 대전 후에 급속하게 증가한 사회주의자들은 인터내셔널리즘을 내셔널리즘과 대치시켜 놓았다. 1923년의 관동노동조합연합회의 「강령」은 다음과 같이 선언했다.

사회적·산업적인 사회상태는 실로 전세계적이며, 그리고 노동자 계급은 생산자로서, 결코 국가권력보다 아래인 것으로 구별되어서는 안된다. 따라서 조국도 없는 우리들 노동자는 세계 어느 나라에서 일하더라도 노동자로서의 위치에는 아무런 변화도 없다. 우리들 노동자는 그 생활을 위해서는 항상 떠돌아 다니면서 국경을 갖지 않는다.

이러한 의식으로는 요시노와 같이 일본 중심주의적이며 국가주의와 결합된 내셔널리즘의 체질을 개혁하여 국제주의와 공존할 수 있는 국민적인 내셔널리즘을 창출해 나가려는 노력은 생겨나지 않는다. 따라서 일본 내셔널리즘 그 자체는 여전히 낡은 체질을 지니고 있었다. 단 제1차 세계대전 후는 국제협조·국제평화가 '세계의 대세'였으므로 일본 내셔널리즘은 무대의 주역이 되지 못하고 불우함을 탄식할 뿐이었다.

'세계의 대세' 의 변화

국제협조주의는 1929년부터 시작된 세계공황으로 인하여 종말을 고했다. 제1차 세계대전 후 세계경제의 지도자격이 된 미국은 자국에서 시작된 이 공황에 대처하기 위해 당시 바이마르 체제를 안정으로 이끌었던 독일에 대한 거액의 자본 투입을 중지시켰다. 그 결과 독일의 경제위기는 심각해졌으며 결국 나치의 대두를 초래했다. 미국과 영국 등 이른바 '가진 나라'에 의한 자국 중심의 블록 경제화는 독일, 이탈리아, 일본 등의 '못 가진 국가'가 국제협조를 버리고 해외침략으로 치닫게 하는 결과를 초래했던 것이다. 이리하여 '세계의 대세'는 협조에서 대립으로 변하고 말았다.

앞에서 말했듯이 일본에서는 세계공황이 일어나기 전부터 이미 '3대 국난'이 선전되고 있었다. 그리고 중국의 국민당군에 의한 북벌(北伐)로 일본의 '특수 권익'이 위협받기 시작하고 있다는 위기감이 고조되었다. 거기에 쇼와 공황에 의한 경제위기와 사회불안이 가중되었을 때, 이 '내우외환'을 단번에 해결하기 위해, 군부를 중심으로 중국에 대한 침략의 확대와 국가를 개조하려는 움직임이 두드러지게 나타나기 시작했고, 1931년 9월에 관동군은 류타오후(柳條湖) 사건[8]을 일으켜 군사침략을 본격적으로 개시했다.

만주사변이 일어나자 대다수의 일본 국민은 열광적으로 군사행동을 지지했다. 이렇게 해서 일본 중심주의적인 내셔널리즘은 완전히 부활하게 되었다. '세계의 대세'가 변화하고 내셔널리즘이 부활했을 때, 인터내셔널리즘(국제주의)은 배제된다. 그리고 데모크라시가 제1차 세계대전 후에 인터내셔널리즘과 밀접하게 연결되어 확산되었던 까닭에 인터내셔널리즘의 배제는 '수입 사상'이라 생각되었던 데모크라시에 대한 배제로 이어졌다.

3. 통수권의 독립 문제

군부의 자립화과정

만주사변 이후 일본의 침략적인 내셔널리즘을 주도하는 한편 기존의 국내 정치체제 타파를 위한 최대의 세력으로 등장한 것은 말할 필요도 없이 군부였다. 군부란 독자적 정치세력이 된 고급군인과 그 부속기관을 지칭하는데, 이런 군부의 자립화는 러일전쟁 후부터 두드러지기 시작했다.

군대의 작전과 용병을 장악하는 통수(군령)기관이 정부로부터 독립하여 천황 직속으로 되기까지의 역사적 과정을 조금 거슬러올라가 확인해 보면 다음과 같다. 세이난 전쟁의 경험을 토대로 육군참모본부가 설치된 것은 1878년이었다. 그리고 1882년의 군인칙유에서는 군인은 대원수인 천황이 직접 통솔한다고 선언했다. 게다가 육군은 1889년의 참모본부조례에 의해 법적으로 정비되었으며, 해군의 경우는 1893년 해군군령부조례에 의해 군령기관이 해군대신의 관할 아래서 최종적으로 떨어져 나와 군령부로 독립했다. 그리고 메이지 헌법 제11조 "천황은 육·해군을 통수한다"는 내용이 통수권 독립의 법적인 근거가 되었던 것이다.

러일전쟁 후인 1907년, 공식령이 제정됨으로써 모든 칙령은 내각총리대신의 부서를 필요로 하게 되었으므로 국무대신의 보필권한 밖이었던 통수사항에 관한 명령은 군령으로 독립시키고 공시가 필요한 경우에는 주임(主任)인 육해군대신의 부서를 필요로 하게 되었다. 이처럼 군령이라는 독자적인 명령권을 통수기관이 가지게 됨으로써 통수권의 독립은 법적으로도 정비되었다.

게다가 1889년의 내각관제에 의해 육해군대신은 군기와 군령사항에 대해서는 내각을 거치지 않고 천황에게 상주하여 재가를 받을 수 있는 이아쿠 상주권(帷幄上奏權)[9]이 제도화되어 있었다. 더욱이 1900년에 육해군대신은 현역의 무관이 아니면 안되는 것으로 제도가 개정되자, 군부는 육해군대신을 내각에서 빼내고 후임을 내보내지 않음으로써 내각을 타도

할 수 있는 수단을 마련했다. 이와 같이 통수권의 독립은 군부가 국무에 개입하는 데 절호의 수단이 되기 시작했던 것이다.

메이지 헌법에는 "천황은 육해군의 편제와 상비병액을 정한다"고 규정하고 있다.(제12조) 이토 히로부미의 『헌법의해』가 "이는 원래 책임대신의 보필에 의한다"고 해설하고 있듯이 내각대신의 보필에 관련된 국무사항이었다. 그러나 군령권과 국무사항인 군정권의 범위를 확정한 성문법이 없어서, 군령권을 가지고서 국무에 속하는 군정을 침범하는 일이 자주 생겨났다.

미노베 다쓰키치는 『헌법촬요』(1923년)에서 이러한 침범을 극렬히 비판했다. 국방계획을 만들고 정하는 것은 군정사항으로서 군령기관이 각의를 거치지 않고서 이아쿠 상주해서는 안된다는 점, 이아쿠 상주는 군령사항에만 한할 것, 해외파병은 외교에 관련된 사항이므로 이아쿠 상주로 파병해서는 안된다는 것, 무관 임면은 국무사항으로 이아쿠 상주에 의한 결정은 헌법위반이라는 점, 국무상 천황대권에 속하는 관제대권에 바탕을 두어야 할 기관의 설치가 군령에 의해 이루어지는 것은 헌법위반이라는 점 등이었다.

국정을 좌우하는 군부

정권쟁탈을 둘러싼 기존 정당의 부패와 쇼와 공황하의 경제적·사회적 혼란은 국민의 정당정치에 대한 불신을 강화시켜, 정당정치·의회정치를 비판하는 세력의 대두를 초래했다. 특히 만주사변은 (이러한) 상황의 타결을 바라는 국민들에게 환영을 받았으며 사변의 주역인 군부의 대두를 가져다 주었다. 비록 실패하기는 했으나, 군이 쿠데타를 계획한 10월사건과 만주사변이 연동되어 있었던 데서 알 수 있듯이, 이제 군부는 군사의 틀을 뛰어넘어 전면적인 국가개조에 착수하게 되었다.

만주사변의 이듬해인 1932년, 5·15사건으로 정당내각은 최후의 일격을 받게 되었다. 해군대장 사이토 마코토(齊藤實)를 수반으로 하는 거국

일치내각이 성립되면서부터 정국의 주도권은 점차 군부에 의해 장악되기 시작했다. 이렇게 됨으로써 다이쇼 데모크라시기에 한동안 침묵을 지켜야만 했던 군부는 완전히 복권되었을 뿐만 아니라 국정 전체를 좌우할 수 있게 되었다.

1934년 10월, 육군은 「국방의 본의와 그 강화의 제창」(이른바 「육군 팜플렛」)을 발표했다. "전쟁은 창조의 아버지이며, 문화의 어머니이다"로 시작되는 이 팜플렛은 "'국방'은 국가 생성과 발전의 기본적인 활력의 작용이다. 따라서 국가의 모든 활력을 최대 한도로 발양(發揚)시킬 수 있도록 국가와 사회를 조직하고 운영하는 것이 국방과 국책의 안목이 되어야 한다"고 주장하면서 모든 국책과 사회생활을 전쟁 수행에 종속시키려 했다.

같은 해 1월에 육군의 소장 막료 장교에 의해 작성된 「정치적 비상사변 발발에 대처할 대책 요강」은 "사변이 발발하면 궁극적으로 군부가 혁신의 원동력이 되어 시국수습의 중책을 맡아야 하는 것은 필연적이다. 이때 정부와 국민을 지도 편달"해야 한다는 등, 보다 노골적으로 군에 의한 정치적 주도권을 주장했다. 그리고 "혁신에 대한 방해자는 강제 구속한다", "희망하는 후계 내각의 조각을 꾀하고 이를 통하여 혁신을 단행한다", "기존 정당을 해산한다"고 했을 뿐 아니라 "천황을 중심으로 하는 거국일가주의에 따라 계급대립을 완화하고 ……일본민족을 근간으로 하는 공동사회의 향상과 발전을 도모한다"고 하여 사회개조의 방향까지도 제시했다.

군부는 이러한 야망을 달성하기 위해서 무엇보다 필요한 군의 권위를 높여야 했는데, 그래서 군의 직속 상관인 천황의 권위를 절대화하려 했다. 1935년, 혼조 시게루(本庄繁) 시종 무관장은 쇼와 천황에게 "군에서는 천황이 현인신[10]이라 믿고 있다"고 말했는데(『本庄日記』), 군부는 천황을 신격화함으로써 그 권위를 절대화하여, 궁극적으로는 천황에 직속된 군의 권위까지 절대화하려 했던 것이다.

4. 천황 신격화의 길
천황기관설 사건

천황기관설 사건의 발발

1935년 2월, 귀족원에서 육군 중장 기쿠치 다케오(菊池武夫) 남작이, 귀족원 칙선의원이며 문관고등시험위원이라는 요직에 있었던 미노베 다쓰키치의 천황기관설을 공격했다. 국체를 부인하고 천황이 통치권의 주체임을 부정하는 내용이라는 것이었다. 여기에 대하여 미노베는 다음과 같이 반론했다.

> 우리는 통치권의 권리주체는 단체로서의 국가라고 생각하며, 천황은 나라의 원수로서, 바꾸어 말해 나라의 최고기관으로서 국가의 모든 권리를 총괄하시며 국가의 모든 활동은 입법도 행정도 사법도 모두 천황을 그 최고의 근원으로 삼는다고 생각하고 있습니다……
>
> 국가 통치의 대권을 천황 일신(一身)의 권리라고 이해한다면 통치권이 천황 일신상의 이익을 위하여, 일신상의 목적을 위해 존재하는 힘이라고 할 수밖에 없게 됩니다. 이러한 견해가 과연 우리들의 존귀한 국체에 걸맞은 것이겠습니까?(『第六十七會帝國議會貴族院議事速記錄』)

명연설이어서 귀족원에서는 우레 같은 박수까지 터져 나왔으나 사태는 진정되지 않고 정치적인 문제로 확대되기 시작했다. 우익단체가 미노베를 공격하는 동안 귀족원과 중의원 양원에서는 '국체명징'(國體明徵) 결의안이 가결되기에 이르렀다. 내무성은 미노베의 헌법 관련 저작 세 권(『축조헌법정의』〔逐條憲法精義〕·『헌법촬요』·『일본헌법의 기본주의』)을 발매금지시켰고, 미노베는 결국 귀족원 의원을 사임하지 않으면 안되었다.

7월에 오카다 게이스케(岡田啓介) 수상이 천황기관이라는 문구를 없애는 것은 가능하나 "기관설이라는 주의에 근거하는 정치기구까지 모조

리 변화시킬 때는 헌법개정으로까지 몰고 갈 위험이 있으므로 중대사건을 야기시키는 것이다"라고 말했는데(『本庄日記』), 실제로 메이지 헌법체제는 천황기관설에 의해 운용될 수밖에 없었다. 그 때문에 기관설을 배격한 육군의 본래 목적이 군부에 비판적인 이치키 기토쿠로(一木喜德郎) 추밀원 의장(천황기관설론자였음)이나 내대신 마키노 노부아키(牧野伸顯) 등의 중신을 제외하는 데 있다는 소문이 나돌았다.

정부는 8월에 제1차 국체명징 성명을 발표하고, 10월에는 제2차 성명을 발표했다. 여기서 "천황이 국가의 기관이라고 하는 이른바 천황기관설은 신성한 우리 국체에 위배되며, 그 본뜻을 그르치는 것으로서 엄격히 이를 배격해야 할 것이다"라고 표명했다. 이렇게 해서 천황기관설은 정치적으로 사장당하게 되었던 것이다.

미노베 헌법학과 군부

천황기관설 사건이 일어나자 육해군 군부는 신속한 반응을 보였다. 3월에 열린 각료회의 석상에서 육군대신은 "육군은 천황기관설에는 절대 반대"라고 했으며(『東京朝日新聞』), 해군대신도 해군이 같은 입장임을 밝혔다. 군부의 진정한 의도가 군부의 독주에 비판적이었던 중신들을 배제하는 데 있었다 하더라도 미노베의 헌법학이 군부에게 용납될 수 없던 것이었음은 분명하다. 미노베의 『헌법촬요』는 다음과 같이 말하고 있다.

통수대권의 작용을 국무대신의 책임 밖에 두는 것은, 국무대신이 모든 국무에 관해 책임을 져야 한다는 원칙에 중요한 예외를 두는 것이므로 그 범위를 적당히 한정할 필요가 있다. 만약 부당하게 그 범위를 확장할 때는 법령의 일관성 결여로 이중정부 형태를 띠게 되고, 심할 경우 군대의 힘이 오히려 국정을 좌우해서 군국주의의 폐해가 한이 없을 것이다.

그리고 미노베는 "군령은 군대에 대한 대원수의 명령이지 국민에 대한 국가의 명령은 아니다. 따라서 그 효력은 오로지 군대 내부에 한하며, 일반 국민에게 적용될 수 없다"고 분명히 말했다. 군부가 미노베의 학설을 용납할 수 없었던 것은, 통수권 독립에 대한 확대해석으로 군부가 국무에 개입하는 것을 경고했기 때문만이 아니었다. 메이지 헌법 제3조 "천황은 신성하고 침범할 수 없다"에 대한 해석에 대해서도 마찬가지였다. 미노베는 『헌법강화』(憲法講話, 1918년판)에서 다음과 같이 말했다.

> 영국에서는 왕은 나쁜 일을 할 수 없다고 하는 격언이 있습니다만, 그것은 정말 나쁜 일을 할 수가 없다고 하는 의미가 아니라, 어떠한 경우가 있더라도 법률상 나쁜 일이라고 제재를 가할 수가 없다고 하는 것일 뿐입니다. "천황은 신성하고 침범할 수 없다"고 하는 것과 그 취지에서 차이는 없는 것입니다.

결국 '신성불가침'이란 단지 법률상으로 면책되는 데 지나지 않는다고 했다. 그리고 국무에 관하여 다음과 같이 말했다.

> 군주에게 책임이 없다는 것과 국무대신이 책임을 진다는 것은 서로 연관된 원칙이다. 곧 군주는 국무대신의 보필을 얻지 않고서는 어떤 국무에 대해서도 대권을 행사할 수 없으므로 군주는 책임이 없게 되는 것입니다. 만약 이에 반해 군주가 혼자서 마음대로 정치할 수 있다면 군주의 무책임이라는 것은 실제로 불가능하게 되므로 황실의 존엄을 해치는 결과를 피할 수 없는 것입니다.

천황의 신성불가침은 메이지 헌법 제55조 "국무 각 대신은 천황을 보필하며 그 책임을 진다"는 조항이 있음으로써 비로소 보장된다고 한 것이다. 이런 해석에 따르면, 군부가 주장하는 천황친정의 실질화는 천황에게 책임을 추궁할 소지를 낳게 되고 마는데, 이는 곧 천황의 권위를 절대화하려는 군부의 의도와 정면 충돌하는 성격의 해석이었던 것이다.

천황 신격화를 위한 학설

군부로서는 천황의 신성불가침(제3조)이 제55조에 의해 보장되어 있다고 하는 연동성을 제거하지 않으면 안되었으며, 그러기 위해서는 천황 자체를 본질적으로 책임을 물을 수 없는 존재로 규정하지 않으면 안되었다. '신성'과 '불가침'은 같은 말의 반복이 아니라 "신성하므로 침범할 수 없다"는 논리가 필요했던 것이다. 이러한 논리를 제공한 것이 미노베의 논적인 우에스기 신키치(上杉愼吉)였다. 그는 『제국헌법축조강의』(帝國憲法逐條講義, 1935년판)에서 제3조를 해설하면서 다음과 같이 말했다.

> 천황은 천조혈통의 자손이시자 현인신으로 국가를 통치하고 계신다. 본래 신성하시며 신민과는 태어나면서부터 그 격을 달리하신다. ……따라서 우리 헌법의 제3조가 다른 나라의 헌법에 ……같은 규정이 있는 것과 완전히 그 의의를 달리하고 있다는 것은 말할 필요도 없다.

미노베의 해석과는 정반대의 견해다. 천황은 현인신(現人神 또는 現御神)이므로 신성하며, 신성하기 때문에 본래 책임의 유무 따위는 문제가 되지 않는다고 주장했던 것이다.

천황의 권위를 절대화하고 그 절대적인 권위를 토대로 천황이 직접 통솔하는 군까지도 절대화함으로써 국정을 장악하려고 했던 군부로서는, 우에스기적인 논리가 반드시 필요했던 것이다. 혼조 시종무관장이 천황에게 말한 "군에서는 천황이 현인신이라고 믿고 있다"는 것은 이러한 의미에서였던 것이다.

1936년의 2·26사건은 국체명징 성명을 제출한 오카다 내각마저 와해시켰다. 이듬해 문부성은 『국체의 본의』(國體の本義)를 출판, 20만 부를 학교 등에 전국적으로 배포했는데 거기에는 다음과 같은 내용이 있다.

> 천황은 황조황종(皇祖皇宗)의 뜻에 따라 우리나라를 통치하시는 현인
> 신이시다. ……황조황종이 그 신의 후예이신 천황에 깃드심으로써 천황
> 은 황조황종과 일체가 되시어, 영구히 신민과 국토가 생성·발전하는 근
> 원으로서 한없이 높으신 분임을 나타내는 바이다.

천황기관설 사건과 천황신격화는 군부가 국정을 장악하고자 할 때 어
떤 의미에서 사필귀정이었다고 할 수 있다. 이렇게 해서 이미 정당정치
시대에 재생되기 시작했던 천황과 국체의 정치적인 가치 상승은 군부에
의해 그 극점에 달했다.

5. 쇼와 천황의 대응

비판적인 쇼와 천황

그러면 이와 같은 동향을 천황은 어떻게 생각하고 있었을까? 쇼와 천
황은 천황기관설을 배격하려는 세력에 대해 시종 비판적이었다. 사건이
한창 진행 중이던 1935년 3월, 천황은 혼조 시종무관장에게 다음과 같이
말했다.

> 헌법 제4조에, 천황이 '국가의 원수'라 운운한 것은 결국 기관설이다.
> 그것(기관설)의 개정을 요구한다면 헌법을 개정할 수밖에 없다.(『本庄日
> 記』. 이하 같음.)

4월에도 다음과 같이 말했다.

> (육군)교육총감의 훈시에서 천황은 국가통치의 주체임을 강조하고 있
> 는데, 국가통치의 주체라 하면 결국 국가를 법인으로 보고 그 국가를 구

성하는 한 부분이라고 하는 것으로 귀착한다. 그렇다면 이른바 천황기관설과 용어는 다르나 그 인식의 근본에서는 아무런 차이가 없다.

쇼와 천황은 미노베가 천황의 조칙도 부서한 대신이 책임을 지므로 비판해도 된다는 식으로 말한 것에 대해서는 '온당치 못한' 것으로 생각하고 있었지만, 결코 천황기관설 자체를 반대한 것은 아니었다. 도리어 기관설 배격론자들의 천황 신격화에 대해 다음과 같이 불만을 토로했다.

자신의 지위는 물론 별개의 문제라고는 하나 육체적으로는 무관장(시종무관장 혼조를 가리킴—옮긴이) 등과 아무런 차이가 있을 리 없다. 따라서 기관설을 배척하기 위하여 나를 속박하는 것은 정신적으로도 신체적으로도 폐가 되는 일이다.

쇼와 천황은 자신을 현인신으로 신격화하는 것은 자신의 인격에 대한 부정으로 이어진다고 보았을 것이다.

메이지 천황에 대한 입장

만주사변과 연동된 1931년의 10월사건 직후, 지치부노미야(秩父宮)가 쇼와 천황을 찾아와 '천황친정·헌법정지'라는 극한적 주장을 펴 언쟁을 벌이게 된 적이 있었다. 그 후 천황은 시종장에게 다음과 같이 말했다.

조종의 위덕(威德)을 해치는 것은 나 자신 도저히 동의할 수 없다. 친정이라고 하지만 나는 헌법이 명하는 바에 따라 현재 대강을 틀어 쥐고 대정을 총괄하는 것이다. 이 이상 무엇을 더 할 것인가? 또한 헌법은 메이지 대제께서 창제하신 것이므로 헌법정지 따위는 결단코 있어서는 안된다고 믿는다.

쇼와 천황은 이듬해 5·15사건 후 내각 조각에 대한 7개 항목의 희망조건에서 "헌법은 옹호할 수밖에 없다. 그렇지 않으면 메이지 천황에게 면목이 없다"고 말하고, 또한 1936년의 2·26사건 후에 히로타 고키(廣田弘毅) 수상이 각료 명부를 제출했을 때에도 "먼저 헌법조항에 따라 정치하라"(『西園寺公と政局』)고 명했다. 쇼와 천황은 일관되게 메이지 헌법을 지키려 노력했다.

그러나 이것은 헌법이 국가의 최고 법규이기 때문에서라기보다는, 위에서 본 언동에서도 알 수 있듯이 무엇보다도 메이지 천황이 제정한 것이라는 이유 때문이었다. 쇼와 천황은 '황조황종'의 유훈, 특히 그 중에서도 메이지 천황의 그것을 절대적으로 중요시했다. 그 유훈을 수행하는 것, 따라서 '황조황종'의 위덕을 해치지 않는 것에 노력하고, 그러기 위한 자기 규제를 도모했던 것이다. 그 예로 다음과 같이 말했던 사실을 들 수가 있다.

짐과 같은 경우도 이처럼 커다란 궁전에서 수많은 사람을 거느리며 살기보다는, 좀더 간소한 곳에서 살기를 원한다. 그러나 메이지 대제께서 만드신 이 궁전을 벗어나서 산다는 것은 도저히 있을 수 없는 이야기다. 결국 조종께서 세우신 궁전이 현존한다는 사실과 그 밖의 수많은 관습에 속박될 수밖에 없다.

이는 앞에서 언급한 지치부노미야와의 논쟁 후 시종장에게 헌법정지 따위는 불가능하다고 했을 때 앞부분에서 말한 것이었다. 그렇기 때문에 "조종의 위덕을 해치는 것은 나 자신 도저히 동의할 수 없"었던 것이다.

쇼와 천황의 이러한 입장은 패전에 이르기까지 계속 유지되었다. 전세가 극도로 악화된 1944년 7월에도 그는 기도 고이치(木戸幸一) 내대신에게 다음과 같은 결의를 전했다.

전쟁의 추이에 따라서는 대륙으로 이동해야 한다고 생각하는 자도 일부 있으나, 어디까지나 황대신궁(皇大神宮, 황조를 모시는 이세신궁—옮긴이)이 있는 본토(神州)에서 사수해야만 한다.(『木戶幸一日記』)

쇼와 천황이 천황기관설 사건 때 현인신화되는 것은 곤란하다고 말한 까닭은 그가 '황조황종'이란 내재하는 것이 아니라 외부로부터 자신에게 유훈을 수행할 것을 명하는 것이며, '황조황종'의 유훈이란 단순한 내면적 규범(도덕)으로서뿐만 아니라 외면적 규범(황실의 가훈)으로도 자신을 제어하는 것이라고 생각했기 때문이었던 것 같다. 현인신이 되어 '황조황종', 특히 메이지 대제와 일체가 된다는 것은 쇼와 천황으로서 '황공스러운' 일이 아니었을까?

친재를 행하는 천황

만주사변 이후 군부나 소장 군인이 헌법을 무시하는 행동을 하기 시작하자 쇼와 천황은 메이지 헌법을 지킬 것을 강력하게 명했다. 그리고 메이지 헌법을 지키려 할 때, 쇼와 천황은 그때까지 관행이 돼 있던 사실상의 천황 불친정(不親政)이라는 점에 중대한 변경을 가하지 않을 수 없게 되었다.

2·26사건이 일어난 다음날, 육군이 신속하게 반란 부대를 진압하지 못하고 있는 데 격노한 천황이 "짐이 직접 근위사단을 인솔하여 진정시키겠다"고 말한 것은 유명하다.(『本庄日記』) 천황은 군을 직접 통솔하는 대원수의 지위로 통수권의 독립은 관행화되어 있었으나, 천황이 통수권을 행사하는 경우 육군참모총장·해군군령부장 등의 보필을 받는 것이 당연하다고 생각되어 왔던 것이다.(미노베의 『헌법촬요』에도 "통수대권에 관하여 천황을 보필하는 기관은 육군대신·해군대신·참모총장·해군군령부장과 시종무관장으로 한다"고 되어 있다.) 그러나 천황은 자신이 직접 실력행사도 마다하지 않겠다고 했으며, 이러한 것이 극히 이례적인 일이었음은 훗날 쇼와

천황 자신도 다음과 같이 인정하고 있다.

> 나는 다나카 내각에 대한 쓰라린 경험(장쭤린〔張作霖〕 폭살사건에 관하여 다나카 기이치가 앞뒤가 모순된 말을 하자 이에 노한 천황이 다나카에게 사표를 제출할 것을 요구함으로써 다나카 내각이 실각한 일)이 있으므로 어떤 일을 하려면 반드시 보필하는 자의 진언을 기다렸으며 또한 그 진언에 거역하지 않도록 해왔으나, 이때(2·26사건)와 종전 때 두 번만은 적극적으로 자신의 생각을 실행시켰다.(『昭和天皇獨白錄』)

2·26사건 직후 천황은 이렇게 말했다.

> 짐으로서는 이번 사변을 거울삼아 장래를 위하여 육상에게 근신하라고 주의를 주고자 하는데, 이는 절차상 새 내대신에게 보인 후 내의(內意)를 듣게 되어 있다. 이는 결국 헌법에 의거한 방법이므로 헌법을 무시하기 시작한 일부 장교들은 이 또한 내대신의 의견이라는 식으로 말하니, 결국 짐의 진정한 의사가 철저히 전달될 수 없지 않겠는가?(『本庄日記』)

곧 헌법을 무시하는 군인에 대해서는 종래의 헌법관행에 의거하더라도 통하지 않는다고 판단할 수밖에 없었던 것이다. 어떠한 국가기관이나 정치세력도 군을 억제할 수 없을 때, 유일하게 군을 규제할 수 있는 것은 군을 직접 통솔하는 대원수로서의 천황 이외에는 있을 수 없게 된다. 천황은 결국 메이지 헌법을 지키기 위하여 친재(親裁)하지 않으면 안되었던 것이다.

메이지 헌법체제란 내각·의회·군이 각기 독립하여 천황의 대정을 보필하는 권력분립기구이다. 이들 보필기관이 나름대로 협조하여 정치를 운영할 때는 천황은 실권을 행사할 필요가 없다. 청일전쟁부터 만주사변에 이르기까지는 분립된 국가기관의 타협과 협조에 의해 사실상의 천황

불친정이 가능했다. 그러나 만주사변 이후 군부가 대두하여 국정에 개입하면서 국가의 여러 기관 사이에 대립이 발생하여 화해하기 힘들게 되었을 때 국가의사를 통일할 수 있는 것은 오로지 천황뿐이었다. 다시 말하면 "군에서는 천황이 현인신이라 믿고 있다"고 한 군부 자신이 천황으로 하여금 친재를 할 수밖에 없는 상황을 만듦으로써 "황실에 누를 끼쳐서는 안된다"고 하는 원칙을 어기게 되었던 것이다.

그리고 포츠담 선언[11] 수락을 둘러싸고 군과 정부가 의사통일을 할 수 없었을 때 '성단'이라는 형태로 천황친정이 실질적으로 뚜렷해지게 된다. 그러나 메이지 유신 이래 내세워 왔던 천황친정은 결과적으로 보면 그야말로 이 '성단'으로 종지부를 찍은 셈이었다.

8 전후 황실제도의 출발

신헌법과 신황실전범

당당한 군복차림의 장신 맥아더와 예복차림의
왜소해 보이는 쇼와 천황(1945. 9. 27)

1. 국민주권의 성립

15년전쟁의 종결

1945년 8월 15일, 천황이 '종전'(終戰)을 알리는 조서를 방송함으로써, 15년에 걸친 전쟁이 끝나게 되었다. 포츠담 선언의 수락은 8월 10일에 열린 어전회의[1]에서 '성단'으로 결정된 것인데, 이때 국체유지에 대한 의구심이 생겨 14일에 다시금 어전회의를 열어 '성단'에 의해 수락을 최종 결정했다. 이처럼 포츠담 선언을 수락하면서 최대의 문제가 되었던 것은 국체유지에 대한 가능성 여부였다. 일본정부는 포츠담 선언이 국체를 부인하는 것이 아니라는 양해 아래 수락을 결정한 것이다.

그러므로 「종전 조서」에서도, "짐은 이제 국체를 유지할 수 있으니, 충량한 너희 신민의 지극한 마음을 믿고 의지하며 항상 너희 신민과 함께 할 것이다. ……맹세코 국체의 훌륭함을 선양하여, 세계의 진운에 뒤지지 않게 하도록 기약할 것이다"라고 되어 있다.(阿部照哉 外編,『憲法資料』. 이하 같다.) 포츠담 선언에도 "일본 정부는 민주주의적 경향의 부활과 강화를 방해할 모든 장애를 제거해야 한다"고 하여 점령 후의 간접통치 방침을 시사하고 있는데, 1945년 9월 미국의 초기 대일방침도 "최고사령관은 미국의 목적달성을 만족스럽게 촉진할 한도 내에서 천황을 포함한 일본의 정부기구와 기관을 통하여 그 권한을 행사해야 한다"고 했다. 천황제의 존속과 일본 정부를 이용한 간접통치방침이 이미 미국의 점령정책 방침이 되어 있었던 것이다.(단, 다음해 1월에는 일본 국민이 '황실제도'의 폐지를 희망할 경우, 그것도 인정한다는 방침으로 바뀌었다.)

일본국 헌법 제정의 경위

1945년 10월, 정부가 설치한 헌법문제조사회(위원장은 마쓰모토 조지〔松本烝治〕)는, 새 헌법에서 천황의 위치를 메이지 헌법의 규정과 기본적으로 바꾸지 않는다는 방침을 정하고, 다음해 2월 8일 GHQ(General

Headquarters of the Supreme Commander for the Allied Powers,
연합군 최고사령관 총사령부)에 「정부가 기초한 헌법개정안에 대한 일반적
설명」을 제출했다. 그것을 보면 다음과 같이 쓰여 있다.

> 일본국이 천황에 의해 통치된다는 사실은 일본국의 역사가 시작된 이
> 래 끊임없이 이어져 온 것으로, 이 제도를 유지하려 하는 것은 우리 국민
> 대다수가 가지는 확고부동한 신념이라 믿는다. 따라서 개정안은 ……천
> 황이 통치권을 총괄하여 행사할 수 있는 제도를 보유하는 것으로 한다.

단 천황의 통치권은, 입법의 경우 '제국의회의 협찬'에 의해서만 가능
하며, 군의 통수를 포함한 행정은 '의회에 기초를 두는 내각'의 '국무대신
의 보필에 의해서만' 가능한 것으로 했다. 또 메이지 헌법 제3조 "천황은
신성하고 침범할 수 없다"는 조항의 '신성'을 "'지존'이란 말로 바꿀 것"
이라고 했다.

이에 대해 GHQ는 이른바 맥아더 초안을 작성하여 1946년 2월 13일
일본측에 넘겨 주었다. 그리고 민정국장(Government Section) 휘트니
(C. Whitney) 장군은 다음과 같이 말했다.

> 일전에 여러분께서 제출하신 헌법개정안은 최고사령관이 자유와 민주
> 주의의 문서로서 받아들이기가 전혀 불가능한 것입니다. ……최고사령
> 관은 천황을 전범으로서 조사해야만 한다는 타국의 압력으로부터 ……
> 천황을 지키려는 결의를 굳게 지니고 있습니다. ……그러나 여러분, 최
> 고사령관이라고 해도 만능은 아닙니다. 그렇지만 최고사령관은, 이 새로
> 운 헌법의 여러 규정이 수용될 수만 있다면 실제로 천황은 무사할 것으로
> 생각하고 있습니다.(「ラウレル文書」, 筒井若水 外編, 『日本憲法史』)

그 맥아더 초안에는 「전문」에 "이제 인민의 의사인 주권을 선언하니,

국정의 권능은 인민으로부터 나오고 국정의 권력은 인민의 대표자에 의해 행사된다"고 되어 있으며, 그 제1조는 "황제는 국가의 상징이자 인민 통일의 상징이 되어야 한다. 그는 그 지위를 인민의 주권의사로부터 부여받으며, 이를 다른 어떠한 원천으로부터도 부여받지 않는다"고 되어 있다.

당시 일본 국내에서 주권이 인민에게 있다고 한 것은, 정당으로는 일본 공산당뿐이었으며, 일본자유당이나 일본진보당의 경우 주권은 국가에 있다고 하여, 천황이 통치권자임을 인정하고 있었다. 또 일본사회당은 주권은 "천황을 포함한 국민협동체"인 국가에게 있다며, 천황대권은 대폭 축소되었으나 통치권의 일부는 여전히 천황에게 있다고 했다. 그리고 민간의 헌법구상에서 국민주권을 주장한 것은 헌법연구회의 「헌법초안요강」(憲法草案要網)과 다카노 이와사부로(高野岩三郎)의 사안뿐이었다.(다카노 안은 대통령제를 주장했다.)

일본 정부는 맥아더 초안을 토대로 천황을 상징으로 하는 새로운 헌법 개정안을 작성하기 시작했다. 이때 정부가 가장 신경을 쓴 것은 바로 주권의 소재였으며, 이를 명기하지 않기 위해 갖은 궁리를 다했다. 정부가 의회(제국의회)에 제출한 안은, "국민의 총의(總意)가 가장 높은(至高) 것임을 선언하며"(전문), "천황은 일본국의 상징이자 일본 국민 통합의 상징으로, 이 지위는 일본 국민의 가장 높은 총의에 바탕을 둔다"(제1조)는 것이었다. 그러나 이것은 중의원에서 수정되었다. 곧 "주권이 국민에게 있음을 선언하며"(전문), "이 지위는 주권을 가지는 일본 국민의 총의에 바탕을 둔다"(제1조)고 국민주권을 명기했던 것이다.

이렇게 해서 국민주권과 상징천황을 명기한 일본국 헌법은 1946년 11월 3일에 공포되어 이듬해인 1947년 5월 3일에 시행되었다. 그리고 이에 앞선 1946년 1월 1일, 천황의 신격부정선언(「인간선언」)이 조서로 발표됨으로써, '천황을 현인신'으로 하는 '가공의 관념'이 천황 자신에 의해 부정되었다.

천황주권을 전제로 하는 메이지 헌법이 개정되고 국민주권을 기반으로 하는 일본국 헌법이 성립됨으로써, 천황은 원수이자 통치권의 총괄자라는 지위에서 내각의 조언과 승인에 의해서만 헌법으로 한정된 국사행위에 임할 수 있는 상징천황으로 바뀌었다. 이로써 전전 천황제의 기본요소는 '총결산'된 것처럼 보였다.

국체는 변경되었는가

새로 개정된 헌법은 국체의 변경 여부를 둘러싼 논쟁을 불러일으켰다. 하나는 바로 헌법학자 미야자와 도시요시(宮澤俊義)와 법철학자 오다카 도모오(尾高朝雄)의 논쟁이며, 또 하나는 헌법학자 사사키 소이치(佐佐木惣一)와 윤리학자 와쓰지 데쓰로(和辻哲郞)의 논쟁이었다. 1946년부터 48년에 걸친 논쟁의 개요를 소개해 두면 다음과 같다.(杉原泰雄 編,『國民主權と天皇制』 등에 의함.)

미야자와는 이른바 8월혁명설을 주장하면서 천황주권주의에서 국민주권주의로의 혁명적인 변화를 지적했다. 이에 대해 오다카는 그의 저서 『국민주권과 천황제』(國民主權と天皇制)에서 일본국 헌법 제정으로 국체가 변혁되었다고 단언할 수는 없다면서, 이른바 '노모스 주권론'을 전개했던 것이다.

'노모스'(nomos)란 그리스어로 제정법을 말하는데, 오다카는 제정법을 넘어선 '법의 이념'이라는 뜻으로 사용했다. 오다카는 진정한 주권이란 실제로 존재하는 주권자가 군주든 국민이든 그 주권자를 구속하고 있는 '정의의 관념', 곧 법의 이념인 노모스에 있다고 했다. 그리고 이러한 의미에서 볼 때, 전전과 전후는 본질적으로 변화가 없으며, 전후의 상징천황제는 일본의 전통인 천황이 가지는 '올바른 통치이념'이 현실의 정치권력이라는 전전시기의 협잡물을 제거하여 순화시킨 것이라고 주장하며 국체의 연속성을 시사했다.

오다카의 견해는 주권 개념으로부터 국가의사의 최고 결정권을 배제한다는 매우 특이한 것이었다. 미야자와는 주권이란 국가의사의 최고 결정권이므로 군주주권인가 국민주권인가가 문제시될 때에는, '무엇이'가 아니라 '누가' 주권을 가지는가(어떤 인간이 가지는가)라는 것이 판정되어야만 하며, 설령 노모스의 존재를 인정한다고 하더라도 그 노모스에 구체적인 내용을 설정할 권한을 누가 가지는가가 명확하지 않을 땐 주권문제란 전혀 해결될 수 없다며 반론했다. 학계에서는 이 논쟁에서 '미야자와설이 완승'했다고 평가하고 있다.(杉原 編, 앞의 책)

이 논쟁과 병행하여 사사키·와쓰지 논쟁이 전개됐다. 사사키는 1946년 11월에 「국체는 변경된다」라는 논문에서, 국체란 누가 주권자인가를 놓고서 판단하는 하는 것이므로 메이지 헌법에서 일본국 헌법으로 바뀌면서 주권자가 천황에서 국민으로 바뀌었기 때문에 국체도 변경되었다고 했다.

이에 대해 와쓰지가 반론을 가했다. 국체란 본래 정신(민족정신) 면에서 본 국가의 성격(문화공동체)을 말하는 것으로, 국민통합의 상징이란 국민의 전체성에 대한 표현이며, 국민의 전체의사가 주권을 가진다고 한다면, 천황은 주권적 의사의 유일한 표현자이고, 헌법상 천황을 통치권의 총괄자로 정하는 것과 국민을 통치권의 총괄자로 정하는 것 사이에 실질적인 차이는 없다고 주장했다.[2]

국민의식의 문제

주권론에서 볼 때는 사사키(그리고 미야자와)설이 합리적이다. 그러나 '국체'라는 말은 전전시기에도 반드시 주권의 소재에만 제한된 것이 아니었으므로 문제는 간단하지 않았다. 국체란 무엇인가에 대해 미노베 다쓰키치는 일찍이 "국가 단결의 기초가 되는 민족정신"(「帝國の國體と帝國憲法」, 1913)이라고 표현했으며, 요시노 사쿠조도 "주권이 군주에게 있다고 하는 법률상의 관념에 그치지 않고, 한걸음 더 나아가 군주와 인민 사이의 미묘한 정의(情誼)적인 관계에 있다고 하는 도덕적인 측면에 존재한다"(「民本主義と國體問題」, 1917)고 한 것처럼, 국체는 어떤 의미에서 군주

에 대한 국민의식의 문제이기도 했다.(최근 독일의 연구자 클라우스 안토니는 『천황과 그 국가』[*Der himmlische Herrscher und sein Staat*, 1991]에서, 국체를 "일본의 이상으로서의 Nationalwesen[국민의 본질]"이라 풀이하고 있다.)

이처럼 국체의 변경 여부에 대한 문제는 그렇다 하더라도 천황과 천황제를 둘러싸고 전전과 전후가 연속인가, 단절인가 하는 문제는 일본 국민의 의식 속에서 천황관·황실관이 여떠한 형태로 존재하는가에 대한 문제이기도 하다. 이것은 후술하는 바와 같이, 국회의 황실전범 논의 속에서 살펴볼 수가 있다. 그것을 검토하기에 앞서, 먼저 연합국과 그 사령부(GHQ)가 중요시한 황실재산 처리문제에 대해 언급해 두기로 하겠다.

2. 황실재산의 처리

처리까지의 과정

일본 정부와 GHQ가 헌법개정안을 검토 중이던 1946년 8월 5일, GHQ의 캐디스(C. L. Kades) 대령(민정국 차장)은 법제국 장관 등을 불러 "우리는 황실재산 문제를 주권의 소재 문제와 함께 신헌법의 가장 중요한 부분으로 생각하고 있다"고 말했다.(外務省資料, 「(秘)衆議院憲法小委員會の憲法草案假修正案に關し, ケーディス大佐等と會談の件〔第1回〕」)

이로써 황실재산에 대한 처리문제가 정치일정에 오르게 되었다.

미국은 점령 당초부터 황실재산 문제를 중시했다. 1945년 9월의 「항복 후 미국의 초기 대일방침」에서도, 황실재산은 점령목적 달성을 위한 조치에 따라야만 한다는 것을 밝혔으며, 또한 11월에는 GHQ가 「황실재산에 관한 각서」(이른바 황실재산 동결 지령)를 내려, 그 처리와 관리를 엄격하게 제한하는 동시에 GHQ의 관리 아래 두었다. 그 기본방침은 모든 황실 수입을 국고에 편입시키며, 황실비는 입법부(국회)가 결정하는 세출예산

속에 포함시킨다는 것이었다.(「日本の統治體制の改革」, 1946. 1)

1946년 2월에 제시된 맥아더 초안에는, "세습재산을 제외한 황실의 모든 재산은 국민에게 귀속되어야 함. 황실재산에 의한 모든 수입은 국고에 귀속되어야 함. 그러나 법률이 규정하는 황실의 급여와 비용은 국회의 연차예산으로 지불할 것"(제82조)으로 되어 있다. 여기서 문제는 '세습재산'에 대한 해석이었다. 일본측, 특히 궁내성은 황실재산을 처분하는 것은 인정할 수밖에 없었으나, "처분 후 남은 세전어료와 보통재산만은 천황의 세습재산으로 남기고 싶다는 요망"(「(秘)新憲法草案修正に關する會談の件〔第5次〕)을 가지고 있었으므로, '세습재산'에서 생기는 수익은 국고가 아닌 황실의 수입으로 삼으려 했다.

이에 대해 GHQ의 캐디스 대령은 만일 그렇게 한다면 맥아더는 신헌법 초안을 인정하지 않을 것이라는 이유로 반대했으며, 휘트니 민정국장도 같은 견해를 표명했다. GHQ의 황실재산 처리에 관한 정치적 관점은 다음과 같은 것이었다.

연합국 사이에는 천황제를 완전히 폐지해야 한다는 의견이 강하게 나오고 있다. 그러므로 만약 일본 국민이 천황제를 유지하고 싶다고 한다면, 정치적으로는 천황의 모든 통치 권능을 폐지하고 경제적으로는 황실재산을 국가에 귀속시켜 이른바 '천황재벌'을 해체함으로써 천황제의 존속이 장래의 화근이 될 소지가 절대로 없음을 이 헌법으로 명확히 밝히는 것이 필수조건이다. ……황실재산 문제는 주권의 소재 문제와 함께 이 개정헌법의 2대 핵심으로, 이번과 같은 의견충돌이 있어서는 안될 것이다.(「皇室財産及經費に關する問題」〔이른바 「후지사키(藤崎) 메모」〕)

이런 과정을 거쳐 정부는 1946년 6월에 헌법개정안을 의회에 제출했는데, 거기에는 다음과 같이 기록되어 있다.

세습재산 이외의 황실재산은 모두 국가에 속한다. 황실재산에서 생기는 수익은 모두 국고수입으로 하며, 법률이 정하는 황실의 지출은 예산을 계상하여 국회의 의결을 거쳐야 한다.

이에 대해 중의원에서도 세습재산에 의한 수입은 황실에 귀속되어야 한다는 수정안이 나왔으나, GHQ의 동의를 얻지 못하고 결국 다음과 같이 수정함으로써 가결되었다.

모든 황실재산은 국가에 속한다. 모든 황실비용은 예산을 계상하여 국회의 의결을 거쳐야 한다.

일본국 헌법(제88조)의 조문은 이렇게 해서 정해지게 된 것이다.

황실재산의 내용

그러면 당시 황실재산의 내용은 어떠했을까. GHQ로부터의 지령에 따라 궁내성에서는 황실재산을 보고했으며, GHQ는 1945년 10월에 황실재산을 공표했다. 그 내용은 다음과 같다.(戸田愼太郎, 『天皇制の經濟的基礎分析』)

토　　지	약 3억 6,000만 엔(135만 정보)
임　　야	약 5억 9,000만 엔
건　　물	약 3억 엔
현　　금	약 2,500만 엔
유가증권	약 3억 엔
합　　계	약 16억 엔

이 황실재산에 대한 국유화는 1946년 10월에 성립된 재산세를 이듬해

3월부터 황실재산에 적용하는 형태로 시작되었다. 인플레이션의 영향으로 재산신고시의 평가액은 약 37억 엔이 되었는데, 그 9할에 해당하는 약 33억 엔이 세액으로 부과되었으며 납세는 현물납이라는 형태로 국유재산이 되었다. 그리고 황실의 일상용품, 3종의 신기(神器)[3], 궁중3전(현소[賢所]·황령전[皇靈殿]·신전[神殿]) 등을 제외한 나머지 재산은 직접 국유재산으로 이관되었다.

그러나 1947년 1월에 황실경제법이 공포됨으로써, 황실이 공용으로 쓰는 국유재산은 황실용 재산으로 다른 국유재산과 구별한다는 것이 결정되었다. 이 법은 일본국 헌법 시행(5월 3일)과 동시에 시행되는 것으로 되어 있었으므로, 이에 앞선 4월에 총리대신을 회장으로 하는 황실용 재산 조사위원회가 황실용 재산이 되어야 할 것들을 선별하여 결정했다. 그 내용을 보면 황실용 재산은 황거(皇居), 다카나와 미나미초 고요테이(高輪南町御用邸), 아카사카 리큐 오미야 고쇼(赤坂離宮大宮御所), 교토 고쇼(京都御所), 가쓰라 리큐(桂離宮), 슈가쿠인 리큐(修學院離宮), 세이쇼인(正倉院), 나스(那須)·하야마(葉山)·누마즈(沼津)의 각 고요테이(御用邸), 니하마(新浜)·사이타마(埼玉)의 각 가모바(鴨場), 시모후사 어료목장(下總御料牧場), 능묘 관계 등 823만 평으로 그 평가액은 약 2억 엔이었다.(1964년 말에는 250억 엔으로 되었다.)

이와 같이 황실재산이 국유화됨으로써 황실재정이 국가재정으로부터 자립해 왔던 전전의 존재방식은 부정되었다. 헌법 제8조에는 "황실에게 재산을 양도하거나, 황실이 재산을 받거나 또는 하사하는 것은 국회의 의결에 따라야만 한다"고 규정되어, 제88조와 함께 황실재산과 황실비는 기본적으로 국회의 재정통제권에 맡겨지게 되었던 것이다.(이상, 黑田久太, 『天皇家の財産』; 高橋誠, 「'天皇の財政'とその再編成」, 法學セミナー增刊, 『現代天皇制』 등을 참조.)

3. 신헌법하의 황실전범

제정은 국회에서

1946년 2월 13일에 제시된 맥아더 헌법초안이 "황위는 세습으로 하며 국회가 제정하는 황실전범에 따라야 한다"(제2조)고 규정하고 있었던 사실은 일본정부에 커다란 충격을 주었다. GHQ안을 수용하기로 결정한 뒤에도, 마쓰모토 조지가 휘트니 민정국장을 방문하여 다음과 같은 이야기를 나누었다는 사실로 보아 그 충격이 어느 정도였는지 짐작할 수 있다.

마쓰모토 황실전범이 국회에 의해 제정되어야 한다고 되어 있는 것은 본질적 부분입니까? 현행의 대일본제국 헌법하에서 황실전범은 황실에 의해 만들어지고 있습니다. 황실은 자율권을 가지고 있는 것입니다.

휘트니 황실전범이 국민의 대표자로부터 승인되지 않을 땐 그 효력을 발생할 수 없다는 것으로 하지 않으면, 국민이 가장 존귀하다는 원칙의 존중은 빈 껍데기에 불과해질 것입니다.

그리고 휘트니는 "황실전범을 국회가 제정하지 않는다면 이 헌법이 목적하는 바를 해치게 될 것입니다. 이것은 본질적인 조항입니다"라고 단언했다.(高柳賢三 外編, 『日本國憲法制定の過程 Ⅰ』; 芦部信喜 外編, 『日本立法資料全集 Ⅰ 皇室典範』에 의함. 이하의 기술 또는 인용은 芦部 外編의 같은 책을 참고한 것임.)

정부는 그 뒤에도 황실전범의 개정에 관해서만큼은 천황이 내각의 보필을 받아 국회에 발의하는 것으로 하려 했으나, GHQ는 그것을 받아들이지 않았다.

정부는 결국 GHQ의 방침에 따라 「헌법개정 초안」(4월)을 작성했는데, 그 제2조는 "황위는 세습되며 국회가 의결한 황실전범이 정하는 바에 따라 계승한다"고 했다. 그리고 이 조문은 국회에서 아무런 수정 없이 가결되어 일본국 헌법의 제2조가 되었다.

황실전범안의 특징

이렇게 해서 황실전범은 헌법의 하위법으로 국회의 의결에 의해 정해지게 되었으며, 그 작성작업은 1946년 6월에 발족한 임시법제조사회에서 이루어졌다. 그리고 10월에 법안을 내각총리대신(요시다 시게루[吉田茂])에게 답신했다. GHQ에 대해서는 이미 7월부터 절충에 들어갔으며, 그 승인을 거친 후 11월에 추밀원에 자문을 구했다.

새로운 황실전범안의 특징은 추밀원 심사위원회의 「황실전범안 제국의회제출 건에 대한 심사보고」(11월 22일)를 참조해 보면 다음과 같다.

  1. 새로운 황실전범안의 내용

  황위계승과 섭정에 관한 사항을 중심으로, 이에 밀접한 관계가 있는 사항, 곧 황족, 성년, 경칭, 즉위례, 대상례, 황통보(皇統譜), 능묘, 황족회의에 관한 사항을 규정한다.

  그러므로 현행(메이지) 전범 중에 규정되어 있는 사항 가운데, 황실의 가법(家法)적인 사항, 또는 그 밖의 법령에 맡기는 것이 적당한 사항, 예를 들면, 황족의 감독과 징계, 태부(太傅)와 개원(改元), 황실의 소송 등에 관한 규정은 여기에서 빠져 있다.

  2. 메이지 황실전범과의 차이

  1) 서자의 황위 계승권을 부인하고, 적남계의 적출 남자만으로 한정한 것.

  2) 황족의 범위도 적남계의 적출에 한하며, 친왕·내친왕의 범위를 축소하고, 3세(世) 이하는 왕·여왕으로 하고, 황족 이탈도 신헌법의 취지에 따라서 황족 본인의 의사에 의거하여 황실회의의 논의를 거쳐 정한다.(실례로 1947년 10월, 최초의 황실회의의 논의를 거쳐, 쇼와 천황의 형제에 해당하는 지치부노미야, 다카마쓰노미야[高松宮], 미카사노미야[三笠宮]의 3궁가

이외의 11궁가 51명이 황적에서 이탈해 평민이 되었다.)

3) 섭정은 기혼의 황족여자도 인정한다.

4) 종교적(신도적) 색채를 띠는 의식, 예를 들면 대상제 등이나 3종의 신기 등은 규정하지 아니한다.

5) 천황이 주최하는 황족회의를 변경하여, 내각총리대신을 의장으로 하고, 중·참양의원 의장·부의장, 최고재판소장관 그리고 그 밖의 1명의 재판관, 궁내부(청) 장관, 황족 2명으로 구성되는 황실회의를 설치한다.

구황실전범은 국가원수인 동시에 황실의 가장이었던 천황이 정한 법규였으므로 황위계승을 중심으로 하는 공적 규정과, 황실의 가헌이라는 사적 내용이 함께 들어 있었던 것이다. 그러나 새로운 황실전범은 국가기관, 곧 공적 기관인 국회가 제정하는 공적인 것이므로 황실의 사적인 일에 속하는 가헌적인 부분은 삭제되었던 것이다. 내용을 일신한 황실전범안은 황위계승[4] 황족, 섭정, 성년·경칭·즉위례·대상례·황통보와 능묘, 황실회의 등 모두 5장 37조로 되었다. 이 전범안은 중의원에서는 1946년 12월 5일부터, 귀족원에서는 12월 16일부터 심의되었다.

4. 국회의 황실전범 논의

'전범'이라는 명칭

이제 신헌법하의 황실전범은 국회의 의결을 거친 하나의 법률로 취급받게 되었다. 그런데 문제는 법률의 경우 당연히 '―법', 아니면 '―에 관한 법률'이라는 명칭이 붙어야 함에도 불구하고, 황실에 관한 이 기본법은 전범이라는 종래의 특별한 명칭을 그대로 이어받고 있었다.

중의원에서는 명칭 자체를 문제삼지는 않았으나, 귀족원의 위원회에서 한 위원이 이 점에 대해 의문을 제기했다. 그것은 법률이라 부르지 않는 것이 어쩌면 "일반 법률보다 약간 강한, 한 단계 높은 지위에 있는 것이라는 듯한 느낌"을 불러일으키지나 않는지, 이 명칭에는 전전에 헌법과 전범을 함께 국가의 최고법규로 삼았던 국법 이원설의 잔재가 스며 있다는 주장이었다.(『日本立法資料全集』 이하 같음.) 이에 대한 가나모리 도쿠지로(金森德次郎) 국무대신의 답변에 의하면 황실법규는 "그에 상응하는 존엄성"이 필요하므로, "일반적인 법이라는 표현보다 어딘지 모르게 장중하게 들리는 전범"이라는 말로 표현했다는 것이다. 황실전범의 명칭을 계승한 점에서 상징되듯이, 정부는 새 헌법에 위배되지 않으면서도 되도록이면 메이지 황실전범을 바꾸지 않으려고 노력했다.

실제로 제1차 요시다 시게루 내각의 시대하라 기주로(幣原喜重郎) 국무대신은 이 전범안이 만들어지게 된 과정을 설명하면서 "이 안을 만들기까지에는 그 모든 진척 상황을 철두철미하게 폐하께 아뢰고 재가를 받았다"고 했으며, 가나모리 국무대신은 다음과 같이 밝혔다.

천황에 관한 많은 문제는, 결국 일본 국민 사이에 전통적으로 발전해 온 사상의 흐름에 따라 생각해 가는 것밖에 별 도리가 없습니다. 곧 만세일계의 천황을 모시고 있다는 것 그 자체가 일본 국민의 마음속에 흐르고 있는 하나의 사상의 발로라 여겨집니다. ……현재의 황실전범은 메이지 초기의 상당히 봉건적인 잔재를 불식하고 있으며, 계승의 순위 등에서는 순수화된 점도 많습니다. 이번에 이것을 법률로 바꿀 때에도, 실질적으로는 근본사상에 따라 생각하는 한 큰 변경을 가할 여지는 거의 없는 것입니다.

전전 감각의 질문

그러나 구헌법·구전범하의 의식과 거의 다름이 없었던 것은 비단 정부만이 아니었다. 국회의원 중에도 구헌법적인 의식에서 벗어 나지 못한 이들이 허다했다.

일본진보당의 요시다 야스시(吉田安) 의원은 "신기란 역시 황위 계승과 불가분의 관계에 있다는 점을 인정하는 것이 전통적인 우리나라의 국민감정과 일치하지 않겠는가? ……일본국의 상징이자 경애하는 천황을 모실 경우, 이 신기의 존재 또한 무조건 배척해서만은 안될 것이다"라고 주장했다. 협동민주당의 사카이 도시오(酒井俊雄) 의원도 "3종의 신기가 있는 곳이 바로 정당한 황통이 있는 곳이라 믿어 왔으므로, ……법률상 이것을 다루지 않는다고 하게 된다면 ……이러한 중요한 국가 규칙을 규정하는 곳이 없어지게 된다"고 함으로써, 그렇다면 어떠한 법률로 이를 규정할 것이냐고 정부측을 추궁했다.

또 귀족원에서는 와타나베 마코토(渡邊信) 의원이 대상제란 즉위식과 불가분의 국가적인 행사라고 했다. 헌법이 남녀평등을 규정하고 있음에도 불구하고 전범에는 여성 천황을 인정하지 않는다는 예외규정이 있는 것처럼, "이 신기와 대상제에 관한 사항도 수천 년을 이어온 황위 계승과 불가분의 관계에 있는 것으로, 전범 속에 명문화시키더라도 별 문제가 없을 것이다"라고 주장했다.

이에 대해 가나모리 국무대신은 신기를 이어받는 것은 당연하나, 이 역시 대상제와 함께 종교적인 색채를 띠고 있으므로 정치제도로서의 전범 규정에서는 제외했다고 답변했다.

또 일본자유당 기타우라 게이타로(北浦圭太郎)는 "천황은 신성하고 침범할 수 없다"는 구헌법조문에 해당하는 규정이 신헌법에도 전범에도 없다는 점을 문제시했다. 언젠가 틀림없이 불경죄에 해당하는 행위도 일어날 터인데, 그때 가서 명예훼손과는 다른 엄벌이 필요할 때도 법적 근거를 찾을 수 없게 되는 낭패를 당할 수 있다고 주장했다.

기묘한 의견도 있었다. 한 의원은 새로운 황실전범에 정실의 자식이 아닌 서자는 황족으로 인정하지 않으며 황위계승도 인정하지 않는 것으로 되어 있는데, 이는 신헌법의 정신인 인간평등에 어긋난다고 주장했다. 다른 의원은 서자를 인정하지 않는 것이 "정부가 기독교의 계율을 받아들

였"기 때문인가 하고 질문하기도 했다. 이것은 메이지 황실전범의 서자에 대한 규정이 전전의 가족제도에 입각한 것이라는 점, 또 신헌법의 정신이 양성의 평등에 바탕을 둔 일부일처제라고 하는 점에 대해 이해가 부족함을 나타내는 것이었다.

헌법정신에 바탕을 둔 논의

그러나 전체적으로 볼 때, 특히 중의원의 경우는 신헌법의 정신을 바탕으로 황실제도를 논하려는 분위기가 지배적이었다.

먼저 일반 국민과는 다른 예외 규정이 있는 것이 문제가 되었다. 곧 국민을 상대로 한 일반법과 동일한 원리를 황실에도 적용해야 한다는 주장이 그것이었다.

예를 들면 민법 제968조에 태아의 상속권을 인정하고 있으므로 태아 상태인 황자에게도 황위계승권을 인정하라는 주장, 황족남자의 혼인이 황실회의를 거치지 않으면 안된다고 규정하고 있는 것이 헌법 제24조 "혼인은 양성의 합의에 의하여만 성립"된다는 규정에 위배된다는 비판, 그리고 황족의 황적이탈이 황실회의를 거치지 않으면 안되는 것은 자유의 원리에 위배된다는 비판 등인데, 이들은 모두가 신헌법적인 감각에 바탕을 둔 것이었다. 어느 의원은 황족의 자유와 개인의 존엄을 인정하지 않는다면, "이 황실전범은 메이지 전범을 답습한 것에 지나지 않는다. 제자리 걸음을 하는 것처럼 조금도 변함이 없다. ……장차 헌법 위반이라는 무효확인소송도 제기하려면 제기할 수 있다"고 까지 말했다. 이에 대해 정부는 국가의 상징인 천황이 황위 계승 자격자라는 성격을 가지는 이상, 황족에게 예외적인 규정이 인정될 수 있다는 답변만을 되풀이했다. 단 내각법제국이 작성한 「황실전범안에 관한 상정문답」은, "황후의 결정(立后)과 황족 남자의 혼인은 황실회의를 거쳐야 한다"(제10조)는 조항에 대한 입법 이유를 "황후나 황족의 배우자로서 전혀 부적당한 자와 혼인함을 방지하기 위해서이다"라고 명확하게 언급하고 있다.

다음과 같은 의문도 있었다. 신헌법이 "국회는 국권의 최고기관"이라고 규정한 이상, 황위 계승 순위의 변경이나 섭정의 존폐 등도 황실회의에서 정할 것이 아니라 국회의 승인 또는 의결을 거쳐야만 한다는 것이었다. 또 황실회의의 의장도 국회의장이 맡아야 한다고 주장했는데, 이에 대한 정부의 답변은 석연치 못한 것이었다.

여성 천황에 대한 문제

황실전범 논의 중에서도 신헌법과 관련하여 특히 주목을 받은 것은 여성 황족에게도 황위계승권을 인정해야만 한다는 의견과 천황의 퇴위·양위 규정을 둘러싼 논의였다.

일본사회당의 오이카와 다다시(及川規) 의원은, 황실전범안이 전전과 다름 없이 황위계승권을 남계남자에게만 부여하고 여성황족에게는 인정하지 않는 것은 헌법의 원칙을 어기는 것이라 하며 다음과 같이 비판했다.

> 남존여비 사상은 종래 우리나라에서 오랫동안 굳어져 오면서 국민의 사상을 지배해 온, 지금에 와서도 완전히 타파할 수 없는 뿌리깊은 폐습입니다. ……국민을 수긍시킬 만한 확고한 이유가 없는 한, 여성을 제외시키는 조치는 남존여비의 폐습을 불식시키는 데 방해가 될 것입니다. 아니, 이 사상을 긍정하는 근거가 될 위험마저 있다고 할 수 있습니다. ……황실은 신헌법에서 천황이 상징화됨으로써 국민에 대한 모범적인 지위를 더욱 높였다 하겠습니다. 그러므로 황실은 모든 점에서 국민에게 모범을 보여, 진정으로 국민들이 동경하는 중심이 되어야 한다고 생각합니다. 모처럼 헌법에 수립된 남녀평등, 동권의 원칙을 황실전범이 먼저 어기고 있다는 것은 매우 유감입니다.

또 국민당의 이노우에 다케시(井上赳) 의원은 헌법 제9조에 규정된 전쟁 포기와 관련하여 다음과 같은 의견을 개진했다.

우리는 문화국가의 상징으로서 여성 천황이 출현하는 것이 참으로 어울린다고 생각합니다. 뿐만 아니라 우리나라는 영구히 전쟁을 포기했으며 모든 군비를 철폐할 것을 헌법에서 선언하고 있습니다. 따라서 이런 평화국가의 상징으로서 이번·기회에 여성 천황이 출현할 수 있는 가능성을 법규로 남겨 두는 편이, 이 선언(전쟁포기조항인 제9조—옮긴이)을 성실하게 실천하는 첫걸음으로서 국제적으로도 큰 호감을 얻을 것으로 저는 확신합니다.

전후에 여성의 참정권이 인정되고 나서 최초로 실시된 1946년 4월의 총선거에서 39명의 여성의원이 탄생했는데, 그 중 한 사람인 일본사회당의 니즈마 이토(新妻イト) 의원은 다음과 같이 말했다.

이 황실전범에 의한 황위 계승만이 남계남자가 아니면 안된다고 하는 것은 크게 모순된 것이 아닌가? ……이번 신헌법으로 이제 여자도 겨우 사람 대접을 받게 되었으니, 이 남계남자라고 하는 문구를 삭제해 줄 수는 없겠는가?

이에 대해 가나모리 국무대신은 다음과 같이 답변했다.

우리 국민이 수천 년 동안 인정하고 생각해 오던 그 원리에 따라 생각하는 것 이외에 별 도리가 없습니다. ……그 역사 속에서 우선 확고부동한 것으로 안심할 수 있는 것이란 남계이며, 이것은 일본에서 한치도 의심할 여지 없이 확보되어 있는 것입니다. 그렇다면 남계라는 것은 먼저 옹호할 필요가 있지 않겠습니까? ……여제론에 대하여 말하자면 (역대 천황 중에서) 약 120분의 10이라는, 7~8% 정도에 지나지 않는 예외적인 것으로 그 이해득실을 여간 깊이 생각하지 않으면 안될 것입니다.

이유는 역사상 황통이 남계에 의해 계승되어 온 것과, 여제의 경우는 불과 10%에도 미치지 않는다는 것뿐이었다. 그리고 여성 천황 문제는 앞으로 검토해야 할 과제라며 얼버무림으로써 질문을 일축했다. 앞에서 1882년에 여제 논쟁이 전개되었음을 언급한 바 있는데, 같은 문제가 이처럼 64년 후에도 전개되었으나 결국 여성 천황은 인정되지 못했던 것이다.

퇴위의 부정

새로운 황실전범안도 메이지 황실전범과 같이 천황의 퇴위와 양위를 인정하지 않았다. 이에 대한 GHQ의 태도는 흥미를 끈다. 「황실전범안에 관한 교섭경위」(1946년 12월)에는 다음과 같이 기록되어 있다.

당초 총사령부측은 황위계승의 원인을 천황이 사망한 경우로 제한한 것에 대해, 자연인으로서의 천황의 자유를 지나치게 구속한다며 천황이 퇴위할 수 있는 자유를 인정해야 한다는 의향을 제시했으나, 임시법제조사회의 심의단계에서는 이를 포기했다. 이것은 천황의 퇴위를 인정할 경우 야심적인 천황이 퇴위하여 정치운동에 투신하거나 전 천황으로서의 유리한 입장을 이용하여 내각 총리대신이 되는 일이라도 생기면 곤란하므로 도리어 퇴위를 인정하지 않는 편이 좋겠다는 의견이 총사령부의 담 · 당관들 사이에서 나왔기 때문이다.

이것은 그야말로 서양식 발상이었다. 당시 국제여론은 쇼와 천황에 대해 부정적이었으므로 천황 퇴위까지 거론되고 있었다. 쇼와 천황 자신도 한때는 "전쟁 책임자를 연합국에 인도하는 것은 진정으로 견디기 힘든 고통이므로, 내가 혼자 모든 책임을 지고 퇴위하여 정리할 수는 없겠는가?" 하며 기도 고이치 내대신에게 의논한 것이 전해지고 있다.(『木戶幸一日記』, 1945년 8월 29일) 따라서 새 황실전범에 천황 퇴위 규정을 넣으면, 역으로 그것이 쇼와 천황 퇴위를 재촉할 가능성도 있었다. 이런 의미에서도 퇴위와 양위에 대한 규정은 배제시킬 수밖에 없었을 것이다.

그러나 국회에서는 문제가 되었다. 먼저 중의원 본회의에서 일본사회당을 대표하여 오이카와 의원이 다음과 같이 주장했다.

나는 천황이 절대적인 자유의사에 바탕을 두고서 퇴위를 실행할 수 있는 규정을 두는 것이, 인간 천황의 진정한 모습을 구현하는 길이라는 것을 확신합니다. ……인간 천황이야말로 신헌법이 추구하는 천황제의 바람직한 모습입니다. 그러면 인간이 인간일 수 있는 자격, 곧 인격의 본질은 어디서 구해야 하겠습니까? 칸트의 말을 인용할 것도 없이, 의사의 자유야말로 인격의 본질이며 인간이 인간일 수 있는 근거를 나타내는 것입니다. ……상징이라는 이유로 인간의 본질인 의사의 자유를 부정한다는 것은 극히 부당한 일로서, 의사의 자유를 부정함은 인간의 부정이며 인간의 부정은 바로 인간 천황에 대한 부정이 되는 것입니다.

위원회에서도 일본사회당의 마쓰모토 시치로(松本七郎) 의원이 다음과 같이 주장했다.

아마도 현상황을 배려한다는 측면에서 천황 측근자의 의향이 크게 반영되어 이렇게 된 것으로 봅니다만, 실제의 퇴위라고 하는 것과 퇴위의 법률적 가능성을 인정한다는 것은 전혀 별개의 문제입니다. ……천황의 자발적인 의사에 근거하고 거기에 국회의 의결을 거친다는 절차를 밟아 퇴위하는 것을 인정하는 편이 적당하다고 나는 생각합니다. 신격화된 천황의 관념을 일소하고 인간천황이라는 데에 투철하려면 ……국민의 승인을 받을 수 있는 퇴위의 길을 만들어 두어야 한다고 생각합니다.

여기서는 신헌법적인 감각으로 인격의 자유에 바탕을 둔 인간천황의 의사의 자유가 언급되었는데, 그러나 정작 중요한 천황이라는 공적인 존

재와 그에 대한 주권자 국민의 의사의 자유에 대해서는 충분히 언급되었
다고 할 수 없다.

난바라 시게루의 연설

바로 그러한 문제까지 파고 들어가 논의를 전개한 것이 바로 난바라 시
게루(南原繁)였다. 난바라는 도쿄 제국대학 총장을 거쳐 귀족원 의원이
된 인물로, 천황의 인간선언과 신헌법 공포라는 사실에 입각하여, 귀족원
본회의에서 다음과 같이 연설했다. 다소 긴 인용이기는 하나 난바라의 주
장을 가능한 한 충실하게 고찰해 보고자 한다.

> (연두 조서에서) 천황이 현인신으로서의 신격을 스스로 부정하신 인간
> 선언은 천황의 자연성을 회복하고 인간성을 독립·해방하는 것이었다고
> 해도 좋으리라 생각합니다. ……신헌법에서 천황은 종래처럼 조종을 이
> 어온 이른바 신적 통치권의 총괄자로서가 아니라, 국민의 상징, 국민통합
> 의 상징으로서 그 지위에 오르신 것입니다. 따라서 이제는 신비적·초인
> 간적인 관념으로서가 아니므로, 오히려 국민의 상징에 걸맞게 무엇보다
> 도 한 인간으로서 정신과 신체의 건전함 또는 정상이라는 것이 보다 중요
> 한 의미를 가지게 되었다고 생각합니다. ……자유로운 한 인간으로서 천
> 황이 거부하기 어려운 요구로부터, 더 이상 천황으로서의 책임을 평생 감
> 내하지 않으시고 자유를 찾으실 경우, 여전히 그 방도가 전혀 막혀 있다
> 는 것은, 다른 한편으로 생각하면 신헌법에 의해 인간 천황으로서 지니고
> 계신 기본적 인권에 대한 존중을 결여하고 있는 것은 아닌가 생각합니다.

난바라의 연설은 패전이라는 사태와의 관련성까지도 언급한다.

> 작년 8월 15일 "비록 짐의 한몸은 어찌되더라도"라고 한 그 말씀(御
> 言葉)은 아직도 우리 귓가에 새롭습니다. ……퇴위는 말할 것도 없고, 한

몸을 언제든지 희생하시겠다는 결심이라고 저는 생각합니다. 지금 전국 민은 물질적·정신적으로 비참한 수렁에서 헤매고 있습니다. ……그들은 군대와 당시의 지도자들에 잘못 이끌렸다고는 하지만, 그 누구 할 것 없이 폐하의 이름을 부르며 폐하를 위해 싸웠고 또 고통을 감수해 왔습니다. ……그런 가운데 폐하의 고뇌와 책임감이 얼마나 깊을지는 저희들이 생각하는 것조차도 황송할 지경입니다. 이러한 정세하에서 마치 아무 일도 없었던 것처럼 국민의 전통적 감정이 퇴위를 원하지 않는다고 하는 것은, 대의명분이야 어찌 됐든 국민심리의 현실에 대하여 의도적으로 눈을 돌리려는 것이 아닐까요? ……그럼에도 불구하고 국민의 전통적 감정이란 허울로 만약 국민감정을 강제하는 일이 있다면, 또 만일 국민들 사이에 원성을 남겨 놓는다면 어떻게 천황의 대의를 발양하고 국민의 도의를 진흥할 수가 있겠습니까?

이렇게 말하고서 난바라는 "조국의 장래 운명은 모두 도의적 정신을 어떻게 작흥시키느냐에 달려 있다고 생각합니다. 이런 의미에서 조국을 재건하기 위한 정신의 초석이 국민의 상징인 천황의 행동거지 하나에 달려 있다고 해도 과언이 아닌 것입니다"라고 단언했다. 이 울면서 호소하는 듯한 명연설에 귀족원에서도 박수가 터져 나올 정도였다.

그러나 이에 대한 가나모리 국무대신의 답변은 일관된 것이었다.

천황의 재위에 대해서 국민은 그 만세일계인 계통의 한 시기를 담당하신다는 점에 절대적인 신념을 가지고 있는 바입니다. 그러므로 천황 한 분의 생각에 따라 황위를 움직이신다는 것은 이러한 국민적 신념과 연관시켜 볼 때 조화될 수 없는 점이 있습니다. ……인간 천황으로서의 입장을 생각해 보면 양위의 가능성을 인정하는 것도 한편으로는 이유가 있다고 여겨집니다만, 이러한 국민의 신념이 귀착하는 곳을 기본으로 생각할 때 ……천황에게 사(私)가 없으며, 모든 것이 공적인 일이라는 데 중점을 두었으므로 양위에 대한 규정, 곧 퇴위에 대한 규정은 이번 전범에서 이 점을 예기치 못했던 것입니다.

여기에서 천황은 한 인간으로서라기보다는 만세일계의 황통을 담당하는 존재라는 것이 가장 큰 이유이며, 그것은 3천년 불변의 국민적 신념이라고 언급되고 있다. 1887년 메이지 황실전범을 만드는 과정에서 이노우에 고와시는 자연인으로서 자유의사에 의한 양위를 승인할 것을 주장했지만, 60년 후에도 그 퇴위·양위 규정은 인정되지 않았던 것이다.

원안대로 가결

결국, 이 새로운 황실전범안은 중의원에서도 귀족원에서도 기립 다수에 의해 원안대로 가결되었다. 그리고 다음해인 1947년 1월 공포되어, 일본국 헌법 시행(5월 3일)과 동시에 시행되었는데, 난바라가 말하는 '국민심리의 현실'과, 가나모리가 말하는 '국민적 신념'이란 어느 쪽이 더 정확하게 당시의 국민의식을 반영한 것이었을까?

여하튼 이것은 살아 있는(現身) 천황과 천황제(에서의 천황위)에 관한 복잡한 국민의식의 문제였으며, 이는 오늘날의 국민의식에 대한 문제이기도 할 것이다.

부록: 신·구 황실전범 대조표

    왼쪽에 구황실전범을, 그리고 오른쪽에 현재의 황실전범을 실었다. 단, 신·구황실전범을 편하게 대조해 볼 수 있도록 현재의 전범은 그 순서를 따르지 않고 구전범에 대응하게 편집을 했다. 단 장별로 대조했기 때문에 개개의 조항의 경우 다소 대응하지 않는 부분도 있다.

황실전범 【1889년(메이지 22) 2월 11일】	황실전범 【1947년(쇼와 22) 1월 16일 · 법률 3호】
하늘의 도움을 받은 우리 일본제국의 황위 〔寶祚〕는 만세일계로 역대 계승되어 짐에 이르렀다. 생각건대 선조〔祖宗〕가 처음으로 나라를 세울 때부터 대헌(大憲)이 한번 정해지자 그 밝음은 해와 별과 같았다. 이제 유훈을 올바로 밝히고 황가의 성문화된 법전을 만들어 그 근본을 영원토록 공고히 해야 할 것이다. 이에 추밀고문의 자문을 거쳐 황실전범을 재정(裁定)하여 짐의 후계자와 후손들로 하여금 준수하게 한다.	

황실전범

제1장　황위 계승	제1장　황위 계승
제1조　대일본국의 황위는 조종(祖宗)의 황통(皇統)으로서 남계(男系)의 남자가 계승한다.	제1조　황위는 황통에 속하는 남계의 남자가 계승한다.
제2조　황위는 황장자(皇長子)에게 물려준다.	제2조　①황위는 다음 순서에 따라 황족에게 물려준다.
제3조　황장자가 없을 때는 황장손(皇長孫)에게 물려준다.	1. 황장자
황장자와 그 자손이 모두 없을 때는 황차자(皇次子)와 그 자손에게 물려준다. 이하 모두 이에 준한다.	2. 황장손
제4조　황자손의 황위 계승은 적출(嫡出)을 우선시한다. 황서자손(皇庶子孫)의 황위	3. 그 밖의 황장자의 자손
	4. 황차자와 그 자손
	5. 그 밖의 황자손
	6. 황형제와 그 자손
	7. 황백숙부와 그 자손

계승은 황적자손(皇嫡子孫)이 모두 없을 때에 한한다.

제5조 황자손이 모두 없을 때는 황형제(皇兄弟)와 그 자손에게 물려준다.

제6조 황형제와 그 자손 모두 없을 때는 황백·숙부(皇伯·叔父)와 그 자손에게 물려준다.

제7조 황백·숙부와 그 자손이 모두 없을 때는 위에서 든 이외의 가장 근친인 황족에게 물려준다.

제8조 황형제 이상은 동등할 경우 서자보다 적자를, 연하보다 연장자를 우선한다.

제9조 황사(皇嗣)가 정신이나 신체상으로 불치의 중환이 있거나 중대한 사고가 있을 때는 황족회의와 추밀고문에 자문하여 앞 조항들에 따라 계승의 순서를 바꿀 수 있다.

제2장 천조즉위(踐祚卽位)

제10조 천황이 사망했을 때는 황사는 즉시 천조하여 조종의 신기(神器)를 이어받는다.

제11조 즉위식과 대상제(大嘗祭)는 교토(京都)에서 거행한다.

제12조 천조 후 원호(元號)를 세우고 1세(世) 동안 이를 다시 바꾸지 않는 것은 1868년(메이지 원년)의 정제(定制)에 따른다.

제3장 성년·입후(立后)·입태자(立太子)

제13조 천황과 황태자·황태손은 만 18세를 성년으로 한다.

제14조 앞 조 이외의 황족은 만 20세를 성년으로 한다.

제15조 황사(儲嗣)인 황자(皇子)를 황태자로 삼는다. 황태자가 없을 때는 황사인 황손을 황태손으로 삼는다.

제16조 황후·황태자·황태손을 정할 때는 조서(詔書)로써 이를 공포한다.

제4장 경칭

제17조 천황·태황태후(太皇太后)·황태후·황후의 경칭은 폐하(陛下)로 한다.

②앞 항의 각 호에 해당하는 황족이 없을 경우 황위는 그 밖에 최근친의 계통인 황족에게 물려준다.

③앞 두 항의 경우는 장계(長系)를 우선하며 동등할 경우 연장자를 우선시한다.

제3조 황사에게 정신이나 신체상 불치의 중환이 있거나 중대한 사고가 있을 때에는 황실회의의 협의를 거쳐 앞 조에서 정한 순서에 따라 황위계승의 순서를 바꿀 수 있다.

제4조 천황이 사망했을 때는 황사가 곧 바로 즉위한다.

제4장 성년·경칭·즉위례·대상례·황통보와 능묘

제22조 천황·황태자·황태손의 성년은 18세로 한다.

제23조 ①천황·황후·태황태후·황태후의 경칭은 폐하로 한다.

②앞 항의 황족 이외의 황족의 경칭은 전하로 한다.

제24조 황위의 계승이 있었을 경우는 즉위의 예를 거행한다.

제25조 천황이 사망했을 때는 대상례를 거행한다.

제26조 천황과 황족의 신분에 관한 사항은 황통보에 등록한다.

제27조 천황·황후·태황태후·황태후가 묻

제18조　황태자·황태자비·황태손·황태손비·친왕(親王)·친왕비·내친왕(內親王)·왕·왕비·여왕의 경칭은 전하(殿下)로 한다.

　　　　제5장　섭정(攝政)

제19조　①천황이 아직 성년에 달하지 않았을 때는 섭정을 둔다.
②천황이 장기간에 걸친 유고(有故)로 인하여 대정(大政)을 직접 수행할 수 없을 때는 황족회의와 추밀고문의 협의를 거쳐 섭정을 둔다.
제20조　섭정은 성년에 달한 황태자나 황태손이 맡는다.
제21조　황태자·황태손이 없거나 아직 성년에 달하지 않았을 때는 다음 순서에 따라 섭정을 맡는다.
제1　친왕과 왕
제2　황후
제3　황태후
제4　태황태후
제5　내친왕과 여왕
제22조　황족 남자의 섭정은 황위계승의 순서에 따른다. 황족 여자의 경우도 이에 준한다.
제23조　황족 여자의 섭정은 배우자가 없는 자에 한한다.
제24조　최근친인 황족이 아직 성년에 달하지 않았거나 기타 사고로 인하여 다른 황족이 섭정을 맡을 경우에는, 나중에 비록 최근친인 황족이 성년에 달했거나 그 사고가 이미 해결되었다 하더라도 황태자와 황태손에 대해서 말고는 그 소임을 물려줄 수 없다.
제25조　섭정 또는 섭정을 맡을 자가 정신 또는 신체에 중환이 있거나 중대한 사고가 있을 때는 황족회의와 추밀고문의 협의를 거쳐 그 순서를 바꿀 수 있다.

　　　　제6장　태부(太傅)

제26조　천황이 아직 성년에 달하지 않았을 때는 태부를 두어 보육을 맡도록 한다.
제27조　선제(先帝)가 유명(遺命)으로 태부를 임명하지 않았을 때는, 섭정이 황족회

히는 곳을 능, 그 밖의 황족이 묻히는 곳을 묘로 하며 적(籍)에 등록한다.

　　　　제3장　섭정

제16조　①천황이 성년에 달하지 않았을 때는 섭정을 둔다.
②천황이 정신 또는 신체의 중환이나 중대한 사고로 인하여 국사에 관한 행위를 직접 수행할 수 없을 때는 황실회의의 협의로 섭정을 둔다.
제17조　①섭정은 다음 순서에 따라 성년에 달한 황족이 취임한다.
1. 황태자 또는 황태손
2. 친왕과 왕
3. 황후
4. 황태후
5. 태황태후
6. 내친왕과 여왕
②앞 항 제2호의 경우는 황위계승의 순서에 따르며, 같은 항 제6호의 경우에는 황위계승의 순서에 준한다.
제18조　섭정 또는 섭정이 될 순위에 해당하는 자에게 정신이나 신체의 중환이 있거나 중대한 사고가 있을 경우, 황실회의의 협의로 앞 조에서 정한 순서에 따라서 섭정 또는 섭정의 순서를 바꿀 수 있다.
제19조　섭정이 될 순위에 해당하는 자가 성년에 달하지 않았거나 앞 조에서 든 유고가 있어서 다른 황족이 섭정이 된 경우는, (나중에) 우선 순위에 해당했던 황족이 성년에 달했거나 또는 고장이 해결되었다 하더라도 황태자 또는 황태손에 대한 경우를 제외하고는 섭정의 소임을 물려줄 수 없다.
제20조　제16조 제2항의 고장이 해결되었을 경우는 황실회의를 거쳐 섭정을 폐한다.
제21조　섭정은 그 재임 중에 소추당하지 않는다. 단, 이로 인하여 소추의 권리를 저해받지는 않는다.

의와 추밀고문에게 자문하여 선임한다.

제28조 태부는 섭정과 그 자손이 맡을 수 없다.

제29조 섭정은 황족회의와 추밀고문의 자문을 거치지 않고서는 태부를 퇴직시킬 수 없다.

제7장 황족

제30조 황족이란 태황태후·황태후·황후·황태자·황태자비·황태손·황태손비·친왕·친왕비·내친왕·왕·왕비·여왕을 말한다.

제31조 황자에서 황현손(皇玄孫)까지는 남자를 친왕, 여자를 내친왕이라 하고, 5세(丗) 이하는 남자를 왕, 여자를 여왕이라 한다.

제32조 천황의 지계(支系)에서 들어와 대통(大統)을 이을 때는, 황형제자매의 왕·여왕인 자에게 특별히 친왕·내친왕의 호(號)를 천황의 명으로 하사한다.

제33조 황족의 탄생·명명(命名)·혼인·훙거(薨去, 황족이나 三位 이상 인물의 사망)는 궁내대신(宮內大臣)이 공고한다.

제34조 황통보(皇統譜)와 앞 조에 관한 기록은 도서료(圖書寮)에서 소중히 보관[尚藏]한다.

제35조 황족은 천황이 감독한다.

제36조 섭정 재임시는 앞 조의 사항을 섭정이 대행[攝行]한다.

제37조 황족 남녀 중 어릴 때 부친을 잃은 자는, 궁내의 관료에게 명하여 보육을 담당하게 한다. 적당한 시기에 천황은 부모가 선정한 후견인을 인가하거나 후견인을 직접 선정한다.

제38조 황족의 후견인은 성년 이상의 황족에 한한다.

제39조 황족의 혼인은 동족 또는 칙지(勅旨)에 의하여 특별히 인허받은 화족(華族)에 한한다.

제40조 황족의 혼인은 칙허(勅許)에 따른다.

제41조 황족의 혼인을 허가하는 칙서는 궁내대신이 부서(副署)한다.

제42조 황족은 양자를 받아들일 수 없다.

제43조 황족이 해외로 여행하려 할 때는 칙허를 청해야 한다.

제2장 황족

제5조 황후·태황태후·황태후·친왕·친왕비·내친왕·왕·왕비 그리고 여왕을 황족으로 한다.

제6조 적출인 황자 및 적남계 적출인 황손은 남자를 친왕, 여자를 내친왕으로 하며, 3세(丗) 이하의 적남계 적출인 자손은 남자를 왕, 여자를 여왕으로 한다.

제7조 왕이 황위를 계승했을 경우 그 형제자매되는 왕과 여왕은 특별히 이를 친왕·내친왕으로 한다.

제8조 황사인 황자를 황태자라 한다. 황태자가 없을 때는 황사인 황손을 황태손이라 한다.

제9조 천황 및 황족은 양자를 받아들일 수 없다.

제10조 입후와 황족 남자의 혼인은 황실회의의 협의를 거쳐야 한다.

제11조 ①연령 15세 이상인 내친왕, 왕 및 여왕은 본인의 의사에 따라 황실회의의 협의를 거쳐 황족의 신분을 버릴 수 있다.
②친왕(황태자와 황태손을 제외함), 내친왕, 왕 및 여왕은 앞 항의 경우 이외에 부득이한 특별한 사유가 있을 때에는 황실회의를 거쳐서 황족의 신분을 버릴 수 있다.

제12조 황족 여자는 천황과 황족 이외의 자와 혼인했을 경우 황족의 신분을 이탈한다.

제13조 황족의 신분을 이탈한 친왕 또는 왕의 비, 그리고 그 직계비속과 그 비는, 다른 황족과 혼인한 여자 그리고 그 직계비속을 제외하고는, 동시에 황족의 신분을 이탈한다. 단, 직계비속과 그 비에 대해서는 황실회의의 협의에 의해 황족의 신분을 이탈하지 않도록 할 수 있다.

제14조 ①황족 이외의 여자로 친왕비 또는 왕비가 된 자가 그 남편을 여의었을 때에는 본인의 의사에 따라 황족의 신분을 버

제44조 황족여자로서 신적(臣籍)으로 시집 간 자는 황족에 속하지 않는다. 단 천황의 특별한 배려[特旨]에 의해서 내친왕·여왕의 칭호를 가질 수 있다.

제8장 세전어료(世傳御料)

제45조 토지물건(土地物件) 중 세전어료로 지정되어 있는 것은 분할·양여할 수 없다.

제46조 세전어료에 편입된 토지물건은 추밀고문에 자문하여 칙서로 이를 정하고 궁내·대신이 이를 공고한다.

제9장 황실경비

제47조 황실의 제반 경비는 특별히 상액(常額)을 정하여 국고에서 지출케 한다.

제48조 황실 경비의 예산·결산·검사와 그 밖의 규칙은 황실회계법이 정하는 바에 따른다.

제10장 황실 소송과 징계

제49조 황족 간의 민사소송은 칙지(勅旨)에 의하여 궁내성에서 재판원을 명하여 재판하게 하고 칙재(勅裁)를 거쳐 이를 집행한다.

제50조 인민의 황족에 대한 민사소송은 도쿄 공소원(控訴院)에서 재판한다. 단, 황족은 대리인을 소송에 임하게 하며 직접 재판정에 나올 필요는 없다.

제51조 황족은 칙허를 얻지 않으면 구인하거나 재판소로 소환할 수 없다.

제52조 황족 중 그 품위를 욕되게 하는 소행을 하거나 황실에 대하여 충순(忠順)하지 않을 때는 칙지로써 징계한다. 그 정도가 심한 자는 황족 특권의 일부 또는 전부를 정지 또는 박탈한다.

제53조 황족이 재산을 방탕하게 쓸 때는 칙지로써 금치산(禁治産)을 선고하고 재산 관리자를 임명한다.

제54조 앞의 두 조는 황족회의에 자문을 구한 뒤 이를 칙재한다.

릴 수 있다.

②앞 항의 자가 남편을 여의었을 경우나 앞 항의 사유 외에 부득이한 특별한 사유가 있을 때에는 황실회의를 거쳐 황족의 신분을 버릴 수 있다.

③제1항의 자는 이혼했을 경우 황족의 신분을 이탈한다.

④제1항 및 앞 항의 규정은 앞 조의 다른 황족과 혼인한 여자에게 준용한다.

제15조 황족 이외의 자와 그 자손은 여자가 황후가 될 경우와 황족 남자와 혼인할 경우를 제외하고는 황족이 될 수 없다.

제11장 황족회의

제55조 황족회의는 성년 이상의 황족남자로 조직하며, 내대신·추밀원의장·궁내대신·사법대신·대심원장이 참석케 한다.

제56조 천황은 황족회의에 친림(親臨)하거나, 황족의 일원에게 명하여 의장이 되도록 한다.

제5장 황실회의

제28조 ①황실회의는 의원 10명으로 조직한다.

②의원은 황족 2명, 중의원 및 참의원의 의장·부의장, 내각총리대신, 궁내청의 장 및 최고재판소의 장인 재판관 및 그 밖의 재판관 1명으로 여기에 충당한다.

③의원이 된 황족과 최고재판소의 장인 재판관 이외의 재판관은 각각 성년에 달한 황족이나 최고재판소의 장인 재판관 이외의 재판관이 호선(互選)한다.

제29조 내각총리대신인 의원은 황실회의의 의장이 된다.

제30조 ①황실회의에 예비의원 10명을 둔다.

②황족 및 최고재판소의 재판관인 의원의 예비의원에 대해서는 제28조 제3항의 규정을 준용한다.

③중의원 및 참의원의 의장 및 부의장인 의원의 예비의원은 각각 중의원 및 참의원 의원이 호선한다.

④앞 두 항의 예비의원 인원수는 각각 그 의원의 인원수와 동수로 하며 그 직무를 수행하는 순서는 호선시에 정한다.

⑤내각총리대신인 의원의 예비의원은 내각법의 규정에 따라 임시로 내각총리대신의 직무를 수행하는 자로 지정된 국무대신을 충원한다.

⑥궁내청의 장인 의원의 예비의원은 내각총리대신이 지정하는 궁내청의 관리를 충원한다.

⑦의원 중에 사고나 또는 결원이 생겼을 때에는 예비의원이 직무를 수행한다.

제31조 제28조 및 앞 조의 중의원 의장·부의장 또는 의원은, 중의원이 해산되었을 경우, 그 후임자가 정해질 때까지 각각 해산시의 중의원 의장·부의장 또는 의원이었던 자로 한다.

제32조 황족 및 최고재판소의 장인 재판관 이외의 재판관인 의원 및 예비의원의 임기는 4년으로 한다.

제33조 ①황실회의는 의장이 소집한다.

②황실회의는 제3조, 제16조 제2항, 제18조 및 제20조의 경우에는 4명 이상의 의원의 요구가 있을 때 이를 소집해야 한다.

제34조 황실회의는 6명 이상의 의원이 출석
　해야만 의사(議事)를 열고 의결할 수 있
　다.
제35조 　①황실회의의 의사는 제3조, 제16
　조 제2항, 제18조 및 제20조의 경우에는
　출석 의원의 3분의 2이상으로 이를 결정
　하며, 그 밖의 경우에는 과반수로 결정한
　다.
　②앞 항 뒷부분의 경우 가부 동수일 때에
　는 의장의 결정에 따른다.
제36조 의원은 자신의 이해와 특별한 관계
　가 있는 의사에는 참여할 수 없다.
제37조 황실회의는 이 법률과 기타 법률에
　근거하는 권한만을 행사한다.

부칙

①이 법률은 일본국헌법이 시행되는 날부터
시행한다.
②현재의 황족은 이 법률에 따른 황족으로
하며 제6조의 규정의 적용에 대해서는 적
남계 적출의 자로 한다.
③현재의 능 및 묘는 제27조의 능 및 묘로 한
다.

제12장 보칙

제57조 현재의 황족으로 5세 이하 친황의 호
　를 선사(宣賜)받은 자는 구(舊)에 의한다.
제58조 황위계승의 순서는 모두 실계(實系)
　에 따른다.
　현재 황양자(皇養子)·황유자(皇猶子) 또
　는 다른 후계자라는 이유로 이를 혼동할
　수 없다.
제59조 친왕·내친왕·왕·여왕의 품위(品位)
　는 폐지한다.
제60조 친왕의 가격(家格)과 기타 이 전범에
　저촉되는 예규(例規)는 모두 폐지한다.
제61조 황족의 재산·세비(歲費) 그리고 제
　규칙은 별도로 정하기로 한다.
제62조 앞으로 이 전범의 조항을 개정하거
　나 증보해야 할 필요가 있을 때는 황족회
　의와 추밀고문에게 자문하여 이를 칙정(勅
　定)하기로 한다.

황실전범 증보 【1907년(메이지 40) 2월 11
　일 공포】

제1조 왕은 칙지나 청원에 의해 가명(家名)
　을 하사받아 화족이 될 수 있다.
　〔1946(쇼와 21)년 조문 개정〕
　〔제1조 내친왕·왕·여왕은 칙지나 청원에
　의해 신적(臣籍)으로 편입시킬 수 있다.〕
제2조 왕은 칙허에 의해 화족의 가독(家督)
　상속인이 되거나 또는 가독상속을 목적으
　로 화족의 양자가 될 수 있다.

제3조 앞의 두 조에 의해 신적에 편입된 자의 처와 직계비속 그리고 그 처는 그 가문에 포함된다. 단, 다른 황족에게 시집간 여자와 그 직계비속은 이에 해당되지 않는다.

제4조 ①특권을 박탈당한 황족은 칙지에 의해 신적으로 강등될 수 있다.

②앞 항에 의해 신적으로 강등된 자의 처는 그 가문에 포함된다.

제5조 제1조·제2조·제4조의 경우는 황족회의와 추밀고문의 자문을 거쳐야 한다.

제6조 황족에서 신적으로 편입된 자는 다시 황족이 될 수 없다.

제7조 ①황족의 신위(身位) 등 권리와 의무에 관한 규정은 이 전범에서 정한 것 이외에 별도로 정한다.

②황족과 인민에 모두 해당되는 사항으로 각각 적용 법규를 달리할 때는 앞항의 규정에 따른다.

제8조 법률·명령 중 황족에 적용하도록 되어 있는 규정은 이 전범이나 이를 근거로 발(發)하는 규칙에 별개의 구정이 없을 때에 한하여 이를 적용한다.

황실전범 증보 【1918(다이쇼 7)년 11월 28일】

황족 여자는 왕족이나 공족(公族)에게 시집갈 수 있다.

참고문헌

논저

稻田正次, 『明治憲法成立史』(有斐閣, 上卷〔1960〕, 下卷〔1962〕)

藤田省三, 『天皇制國家の支配原理』(未來社, 1966)

坂野潤治, 『明治憲法體制の確立』(東京大學出版會, 1971)

宮地正人, 『天皇制の政治史的研究』(校倉書房, 1981)

坂井雄吉, 『井上毅と明治國家』(東京大學出版會, 1983)

坂田吉雄, 『天皇親政』(思文閣出版, 1984)

鈴木正幸, 『近代天皇制の支配秩序』(校倉書房, 1986)

水林彪, 『封建制の再編と日本的社會の確立』(山川出版社, 1988)

笠谷和比古, 『主君〈押込〉の構造』(平凡社, 1988)

小嶋和司, 『明治典憲體制の成立』(木鐸社, 1988)

飛鳥井雅道, 『明治大帝』(筑摩書房, 1989)

小山常實, 『天皇機關說と國民敎育』(アカデミア出版會, 1989)

浜林正夫, 『世界の君主制』(大月書店, 1990)

遠山茂樹, 『明治維新と天皇』(岩波書店, 1991)

藤原彰 外, 『徹底檢證·昭和天皇〈獨白錄〉』(大月書店, 1991)

坂本一登, 『伊藤博文と明治國家形成』(吉川弘文館, 1991)

安丸良夫, 『近代天皇像の形成』(岩波書店, 1992)

梧陰文庫研究會 編, 『明治國家形成と井上毅』(木鐸社, 1992)

鈴木正幸 外編, 『比較國制史研究序說』(柏書房, 1992)

『法學セミナー增刊 總合特集シリーズ1 現代天皇制』(日本評論社, 1977)

『法學セミナー增刊 總合特集シリーズ29 これからの天皇制』(日本評論社, 1985)

『法學セミナー增刊 總合特集シリーズ33 天皇制の現在』(日本評論社, 1986)

村上重良 編, 『皇室辭典』(東京堂出版, 1980)

井原賴明, 『增補皇室事典』(富山房, 1982)

사료

內務省神社局 編,『國體論史』(內務省神社局, 1921)

渡邊幾治郎,『皇室と社會問題』(文泉社, 1925)

酒卷芳男,『皇室制度講話』(岩波書店, 1934)

明治政治史研究會 編,『憲法解釋資料』(ナウカ社, 1936)

慶應義塾 編,『福澤諭吉全集』全21卷(岩波書店, 1958~1964)

原奎一郎 編,『原敬日記』1~6(福村出版, 1965~1967)

木戶日記研究會 校訂,『木戶幸一日記』上・下(東京大學出版會, 1966)

井上毅傳記編纂委員會 編,『井上毅傳 史料編』全6卷(東京大學出版會, 1966~
　　　　1977)

宮內廳 編,『明治天皇紀』全13卷(吉川弘文館, 1968~1977)

伊藤博文 編,『秘書類纂 帝室制度資料』上・下(原書房, 1970)

伊藤博文 編,『秘書類纂 雜纂』I・II・III(原書房, 1970)

國學院大學梧陰文庫研究會 編,『梧陰文庫影印 明治皇室典範制定前史』(大成出版社,
　　　　1982)

伊藤隆 外編,『本庄繁日記』(近代日本資料選書 6-1, 2. 山川出版社, 1982~1983)

國立公文書館藏,『樞密院會議議事錄』第1卷 上・下(東京大學出版會, 1984)

國學院大學梧陰文庫研究會 編,『梧陰文庫影印 明治皇室典範制定本史』(大成出版社,
　　　　1986)

牧原憲夫 編,『明治建白書集成』(筑摩書房, 1986~)

遠山茂樹 編,『日本近代思想大系 天皇と華族』(岩波書店, 1988)

芦部信喜・高見勝利 編,『日本立法資料全集 1 皇室典範』(信山社出版, 1990)

寺崎英成, マリコ・テラサキ・ミラー,『昭和天皇獨白錄 寺崎英成・御用日記』(文藝
　　　　春秋, 1991)

글을 마치면서

천황과 황실의 위치를 규정한 메이지 헌법(대일본제국 헌법)과 황실전범은, 둘다 쌍벽을 이루는 최고의 법전으로서 일본의 국가와 사회의 기본 틀을 규정하는 것이었다. 그러나 그 운용방식은 시시각각 변화하는 정치와 사회로부터 규정되었다고 할 수 있겠다. 이 두 법전이 전전에는 단 한 번도 바뀐 적이 없음에도 불구하고 천황과 황실의 존재양식만큼은 각 시대와 함께 변화하며, 때로는 새로운 가능성이 나타나서 그것이 현실화될 때도 있었으며 때로는 그 가능성이 현실화되지 못한 채 소멸되기도 했다.

법제도는 분명히 현실의 국가와 사회를 규정하지만, 그 운용에는 현실의 국가와 사회가 투영되지 않을 수 없는 것이 사실이다. 황실제도가 근대일본의 국가·사회와 얼마만큼 긴장관계를 가지면서 상호 규정적으로 연동해 왔는가? 이 책을 통해 그 '살아 있는' 황실제도를 이해하는 데 도움이 될 수 있다면 다행이겠다. 황실제도를 '살아 있는' 것으로 인식할 때, 전전과 전후의 황실제도에서 천황과 황실의 존재양식을 단절인가 아니면 연속인가라고 하는 양자택일적인 생각이 반드시 유효하지만은 않다는 것을 알게 될 것이라고 생각한다.

황실을 생각할 때 흔히들 천황과 황족의 언동에만 판단기준을 두고서 황실을 긍정적으로 보거나 또는 비판하기 십상이다. 그러나 천황과 황족은 우리들 보다 훨씬 제약된 제도 속에서 살고 있으므로, 천황과 황족의 언동을 규정한 제도에 대한 이해 없이는 그 본질에 접근할 수 없을 것이다. 특히 천황에 대해서는 더욱 그렇다고 할 수 있다.

선제(다이쇼 천황)에 대하여 논한다는 것은 어려운 일이지만, 황태자 시절에는 아주 쾌활하시고 건강하시어 백모님이 계시는 곳에도 자주 왕래하셨으나, 천황으로 즉위하신 후에는 매사에 속박되신데다 원래 약한 체질이셔서 결국 병을 얻게 되셨는데 참으로 애석하기 이를 데 없다.(『本庄日記』)

이 글은 쇼와 천황이 1934년, 혼조 시게루 시종무관장에게 다이쇼 천황에 대해서 말한 것이다. 황태자 시절과 천황위에 재위 중일 때는 처한 입장이 서로 다르므로 그 생활 또한 크게 바뀌었다. 이러한 '입장'을 규정한 것은 다름 아닌 바로 헌법과 황실제도였던 것이다.

황실을 알기 위해서는 먼저 제도, '살아 있는 제도'를 이해하지 않으면 안된다. 더욱이 법률의 조문에서 볼 수 없는 '살아 있는 제도'에도 주의해야 할 것이다. 이것은 오늘날에도 정도의 차이는 있을지 모르나 거의 같다고 할 수 있겠다.

이 책을 집필하면서 많은 분들의 연구 업적을 참조했는데 이들에게 감사의 뜻을 전한다. 또한 귀중한 조언을 주신 이와나미 서점 편집부의 이노우에 가즈오(井上一夫)씨에게도 감사하는 바이다.

1993년 6월

스즈키 마사유키

옮긴이 주

서장

1) 1993년, 정치부패와 경제적 불황이라는 심각한 상황하에서 일본 정부는 6월 9일로 결정된 황태자의 결혼식을 어떡해서든 성대하게 치르고 그 후의 도쿄 정상회담으로 연결시켜 재부상할 수 있는 계기로 삼고자 했다. 이 결혼식에 우리 돈으로 약 28억 원의 거액이 들었으며, 혼수용품이 자그마치 2t 트럭으로 다섯 대분이었다. 그리고 당일의 경호비용이 약 170억 원에 달했으며, 경호인원만 해도 무려 3만 명이었다.

   일찍이 마르크스는 "국왕의 최고의 정치적 행위는 성행위"임을 간파했는데, 이는 참으로 상징천황제에 걸맞은 표현이다. 왜냐하면 모든 정치적인 권력을 박탈당한 현재 일본의 상징천황에게서 '일본 국민의 통합의 상징'이라는 정치적인 역할을 연출해 내기 위해서는 그 혈연적인 계통을 끊임없이 이어가는 것이 그들에게 남은 유일한 과제이기 때문이며, 또한 이는 내각의 조언과 승인도 필요 없는 정치적인 행위이기 때문이다. 그런데 이러한 천황을 포함한 황실의 '성행위'는 그들 마음대로 이루어질 수 없다. 거기에는 언제나 일본 국민 전체의 승인이 필요하기 때문이다. 국민의 축복을 받지 못하는 천황은 '통합의 상징'이 될 수 없기 때문이다. 따라서 황실에서의 출생과 사망, 그리고 혼인은 단순한 사적인 종교의식이 아닌 국가적인 의식으로 확대되는 것이다. 최근 일본에서는 냉전 후 일본의 국가상을 제시하기 위해 황실을 이용해야 한다고 주장하는 이들이 적지 않다. 이러한 분위기 속에서 연출되고 있는 대대적인 황태자비에 대한 보도, 그리고 그것을 통한 국민의식의 조작을 어떻게 간파하고 대책을 세울 것인가 하는 문제는 우선 일본 국민들의 과제이지만 이웃 국가로서 직간접적인 이해관계가 얽혀 있는 우리로서도 소홀히 할 수 없는 문제이다.

2) 황실전범에 의하면 '즉위'(제4조)와 '즉위례'(제24조)는 서로 구별되고 있다. 즉위는 원래 '천조'(踐祚)와 동의어로 천조란 단계(祚)를 밟아서 천자의 지위에 오른다는 뜻이다. 원래는 '천조식'뿐이었는데 헤이안조(平安朝) 이후 '천조식'과 '즉위례'로 구별되었으며, 전자는 선제의 양위 또는 사망 직후에 계승자가 신기(神器)를 물려받아 황위를 계승하는 간단한 의식으로 되었다. 그리고 후자는 그 후 얼마 지나서 행해지는 대규모의 장중한 의식으로 되었다. 그 경위야 어떻든 구황실전범과 등극령(登極令)에

의하면 즉위례와 대상제는 교토(京都)에서 가을과 겨울 사이에 차례대로 치르게 되어 있으며, 이에 따라 쇼와(昭和)의 경우 천조식으로부터 약 2년 후인 1928년 11월 10일 정오에 즉위례를 치렀으며, 대상제는 14일 밤부터 이 날 새벽에 치러졌다. 그리고 이를 축하하는 연회와 향연은 16일에서 17일 양일간에 걸쳐서 행해졌다.

3) 대상제란 특별히 준비된 논에서 수확한 햇쌀을 새로이 즉위한 천황이 황조신(皇祖神)과 함께 나누어 먹는다는 종교적인 색채가 농후한 행사로 즉위식이 7월 이전일 때는 11월 23일에 치르며, 8월 이후인 경우는 이듬해 11월 23일에 치르게 되어 있다. 이는 전통적인 황위계승을 위해 꼭 필요한 절차로 간주되고 있다. 예컨대 대상제 절차를 밟지 않았다는 이유로 완전한 천황이 될 수 없었던 천황〔半帝〕도 있었다고 한다. 이처럼 대상제가 즉위와 불가분의 관계에 있다고 하더라도, 이러한 강한 종교적인 성격을 띠는 행위를 국사행위로 간주하는 것은 현행 헌법의 정교분리원칙과 명백히 어긋나는 것임에는 이론의 여지가 없을 것이다.

4) 천황의 장례식으로 먼저 황실의 행사로 치르고 난 다음 국사행위로 치러진다. 그러나 이 역시 정교분리원칙에서 생각할 때, 양자의 구별이 불명확하여 위헌성이 제기되는 부분이다. 또한 시종 신도(神道)방식으로 장례—국사행위로서의 장례—가 치러진다는 특정 종교색을 띠는 부분을 어떻게 받아들일 것인가 하는 문제도 여전히 남는다.

5) 1868년 8월 27일에 즉위식을 올린 메이지 천황은 즉위와 함께 다음달인 9월 8일 메이지로 원호(元號, 年號)를 고쳤다. 이와 함께 태정관은 "지금까지 길흉에 따라 자주 원호를 고쳐 왔으나, 이제부터는 일대일호(一代一號)로 함을 정한다"며 일세일원제(一世一元制) 채용을 공포하였다.

원호는 원래 중국에서 황제가 시간까지 지배한다는 이념에서 나온 것으로 원호를 정하거나 고치는 권한은 오로지 황제에게 속하는 것이었다. 치세하는 동안 하나의 원호만을 사용하는 일세일원제는 명조(明朝) 때부터 청조(清朝)까지 계속되었으며, 일본의 일세일원제는 청의 영향을 받은 것으로 보인다.

메이지 정부는 일세일원제를 채용한 직접적인 이유를 수년마다 계속되는 개원(改元)으로 야기되는 행정상·생활상의 불편을 방지하고 원호제를 합리화시키기 위한 것으로 설명했다. 그런데 동시에 새로이 즉위한 천황과 원호와의 일체화로 천황에 의한 정치지배의 존속과 일본 국토의 시간을 천황이 지배한다는 의미에서 이런 조치는 천황절대화의 일환이었다. 이 일세일원제가 제도적으로 확립된 것은 1889년에 제정된 황실전범에서 비롯되며, 여기에는 천황의 사망에 의해서만 황위가 계승될 수 있음과 천황의 퇴위가 어떠한 경우에도 인정되지 않음을 규정하고 있다.

6) 일본인들은 나이를 물으면 대부분이 원호로 대답한다는 사실은 일본인과 접촉이 있었던 사람이라면 누구나가 경험하였을 것으로 생각된다. 예를 들면 1964년생인 경우 쇼와 39년생이라 대답한다는 것이다. 사실 외국인은 물론 일본인들조차도 원호로 대

답하는 상대방의 나이를 금방 계산해 내기란 그리 쉬운 일이 아니다. 이런 까닭에 일본인들은 수첩 뒷부분에 빠짐 없이 실려 있는 연령대조표에 의존하고 있다. 그러나 문제는 지금 상대방이 몇 살인지는 알 수 있어도, 예컨대 다이쇼 14년(1925)에 태어난 사람이 쇼와 40년(1965)에는 몇 살이었는지는 금방 알 수가 없으며, 하나 하나 세어 나가지 않고서는 별 도리가 없다. 그런데 만약 쇼와 천황이 1901년에 태어났다는 것을 알면, 이 천황이 40세 때 아시아태평양전쟁을 일으켰으며, 44세 때 패했음을 쉽게 이해할 수 있다. 쇼와 천황의 생일은 메이지 34년(1901) 4월 29일인데, 그러면 쇼와 16년(1941) 12월 18일 이른바 미국과 영국을 상대로 선전포고를 했을 당시의 천황은 과연 몇 살이었을까를 물어 보면 원호만을 생각하는 일본인들은 쉽게 답할 수 없게 될 것이다. 그리고 패전을 선언한 쇼와 20년(1945) 8월 14일에 천황은 몇 살이었을까를 물어도 마찬가지일 것이다. 곧 원호로는 역사를 쉽게 이해할 수 없다는 말이다. 더욱이 '종전 50주년'이라는 역사인식도 서력에 기준했을 때 가능한 것임은 말할 필요도 없을 것이다.

이처럼 역사인식에서 원호를 사용한다는 것은 되레 역사에 대한 이해를 더욱 어렵게 한다는 결론에 이르게 된다. 그럼에도 불구하고 일본이 원호사용을 고집하고 있는 이유는 그것이 일본의 독특한 문화라는 인식 때문이다. 그러나 원호는 기원전 140년에 중국의 한무제(漢武帝)가 자신이 즉위한 다음해를 건원(建元) 원년으로 정한 것이 시작이었으며, 그 이래 중국의 역대 왕조의 황제는 즉위할 때마다 새로이 연호를 정하였다. 이러한 중국의 연호제도를 일본이 처음으로 모방한 것이 645년의 다이카(大化)였다는 사실을 감안한다면 일본인들이 정치적·사회적으로 국제적인 입장에서 서력을 사용하자는 주장에 대해 국가주의＝배외주의적 입장을 내세우며 이를 외래사상이라 배격하는 행위는 참으로 모순된 일이라 할 수 있을 것이다.

일본의 원호제도는 패전 후 GHQ(연합군 최고 사령관 총사령부)에 의해 폐지되었다가 1979년에 다시 부활되었는데, 당시 GHQ가 원호사용을 받아들이지 않았던 것은 그것이 지니는 정치적 성격을 간파하고 있었기 때문이며, 굳이 일본인이 원호를 제정하려면 독립 후에 제정하라는 입장이었다. 사실상 GHQ는 독립국가의 주권을 존중해야 한다는 기본적인 입장도 있었겠으나, 일본에 민주주의가 정착한다면 원호를 사용하려는 발상도 자연히 소멸될 것으로 보았을 것이다. 그러나 현실은 반대의 결과로 나타났는데, 이는 GHQ의 전망이 틀렸든가 아니면 일본의 민주화가 아직도 미완의 상태이든가 둘 중 하나일 것이다.

7) 진무(神武) 천황의 즉위일은 음력 1월 29일로, 1872년 11월 15일에 메이지 정부가 제정한 국경일이다. 이듬해인 1873년 3월 7일에 기원절(紀元節)로 개칭되었으며, 10월 14일에는 태양력 채택에 따라 2월 11일로 변경되었다. 물론 진무 천황은 가공의 인물로 설사 『일본서기』(日本書紀)를 따른다 하더라도 스이코(推古)기 이전의 역법을

전혀 알 수 없으므로 신유(辛酉)년 1월 1일을 태양력 2월 11일로 정한 근거는 타당성이 전혀 없다. 따라서 제정 의도는 황실의 선조에 의한 건국을 선전·강조하여 천황의 지배에 대한 정당성을 국민에게 각인시키기 위한 것으로 보아야 할 것이다.

이는 패전 후 일본국헌법의 정신에 위배되어 국회의 의결을 거쳐 1948년 7월 20일에 폐지되었으나, 그 후에도 부활론이 계속 거론되어 1966년 12월 8일에 건국기념일로 정해졌으며 공포 후 이듬해부터 시행되었다. 참고로 진보적인 시민단체와 학술단체에 의한 반대운동 역시 계속되고 있다.

8) 중국의 당 현종이 자신의 생일을 '천장절'이라고 했던 것에서 비롯된 것 같으며, 일본의 경우 패전 전까지 천황의 생일을 일컫는 말로 쓰였다. 그리고 이는 당시 일본의 4대 명절 중의 하나였으며, 전후에는 천황탄생일로 그 명칭이 바뀌었다.

9) 가을이 되면 그해에 새로이 수확된 곡물을 천신지기(天神地祇)에게 바치고 수확에 감사하는 의식을 행하며, 이때 천황도 함께 햇곡식을 먹는데 이러한 의식을 신상제(新嘗祭)라 한다. 이 역시 4대 명절의 하나로 전전에는 휴일이었으며, 지금은 근로감사절로 그 명칭만 바뀌었을 뿐 국민축일 중의 하루로 지정되어 있다.

1 근대의 천황상

1) 에도(江戶) 막부시대 1만 석 이상의 공인을 받은 자로 쇼군 직속의 무가를 말한다. 쇼군과의 친소관계와 에도 성 내의 좌석배치, 가격(家格) 등에 따라 분류되었으며, 에도 중기 이후에는 약 260여 가가 존재했다. 다이묘는 세 종류로 나눌 수 있는데, 이 중에서 심판(親藩) 다이묘는 도쿠가와 가문이며, 후다이(譜代) 다이묘는 세습적으로 도쿠가와를 주군으로 받드는 자로 세키가하라(關原) 전투에서 도쿠가와를 도왔던 장수들이다. 이들은 석고(石高, 쌀 총생산량)는 적으나 모두 요직을 차지하고 있다. 마지막으로 도자마(外樣) 다이묘는 세키가하라 전투 이후 도쿠가와를 추종한 다이묘들로 석고는 많으나 중요직에 오르지 못하며 주로 변경에 배치됐다.

2) 세이이다이쇼군(征夷大將軍), 곧 쇼군은 헤이안(平安) 초기 에조(蝦夷) 정벌시에 임시적으로 임명되었다가 811년에 폐지되었다. 그 후 1184년에 미나모토노 요시나카(源義仲)의 명령으로 부활되었는데, 1192년에 조정으로부터 요리토모(賴朝)가 쇼군을 임명받은 이후 무가의 이해를 대표하는 뜻으로 사용되었다. 이는 후지와라(藤原) 가문의 후예가 아니면 임명을 받을 수 없었는데, 그 대표적인 예로 전국시대에 종말을 고하고 일본을 통일했던 도요토미 히데요시(豊臣秀吉)는 미천한 출신이라 쇼군이라는 칭호를 임명받을 수 없고, 따라서 막부를 열 수가 없었다. 덧붙이자면 이러한 신분에 대한 컴플렉스가 도요토미로 하여금 조선침략을 강행케 하는 심리적 요인으로 작용했을 것이라 주장하는 이도 있다. 에도 시대 말기에 이르러 서구열강의 압력으로 막부가 더 이상 쇄국정책을 견지하지 못하고 굴복함으로써 쇼군이 지켜야 할, 곧 외

압으로부터 일본을 보호할 의무를 수행하지 못했다는 이유로 천황을 중심으로 하는 새로운 지배체제로 이행하지 않을 수 없게 되었다.

3) 가마쿠라(鎌倉) 막부에서 군사나 경찰권을 장악하기 위한 지방기관이다. 이것은 1185년 요시쓰네(義經) 토벌을 위해 각 지방에 설치되었다. 초기에는 소쓰이부시(惣追捕使)로 불렸으며, 점차 슈고로 정착되었다. 여기에는 유력한 고케닌(御家人) 등이 임명되었다.

4) 1858년 가나가와(神奈川) 앞바다의 미국측 함상에서 조인되었는데, 그 내용은 가나가와·하코다테(箱館)·나가사키(長崎)·니가타(新潟)·효고(兵庫) 등의 개항과 에도(江戶)·오사카(大阪)의 개시(開市), 그리고 영사재판권 설정과 자유무역을 승인했으며, 협정관세 등을 규정했다.

5) 존왕양이운동은 막말에 발생한 정치운동이다. 에도막부가 시행한 쇄국체제하의 유학은 중화사상을 성장시켰으며, 또한 국학에 바탕을 둔 신도사상은 국수주의적 사상을 발전시켰는데, 이들은 각각 양이사상을 육성시켰다. 이 사상이 막말의 구미제국과의 접촉에 의해서 야기된 위기의식의 고양 속에서 존왕사상과 결합, 종래의 막번체제에 반대하는 존왕양이운동으로 발전해 나갔다.

존왕사상은 황실숭배사상으로 도쿠가와 시대 주자학의 대의명분론에 바탕을 둔 존왕척패(尊王斥覇) 사상은 황실을 존중하고 받들 것을 강조했으며, 국학과 신도에 대한 왕성한 연구는 막부의 존재를 비판하고 황실숭배사상을 확산시키는 결과를 낳았다. 막말단계에 이르자 막부의 정치력 쇠퇴와 경제발전에 따라 막부체제적인 유통기구의 모순이 심화되었으며, 존왕사상은 하급무사 또는 지주와 호농들을 포함한 정치운동과 결합하면서 이윽고 존왕양이운동으로 발전해 나갔다. 그러나 막부가 무너지자 정권을 장악한 삿초(薩長) 등 유신정권의 수뇌부는 재빨리 양이에서 개항으로 전환했으며, 결국 다수의 존양파로부터 저항을 피할 수 없게 되었다.

6) 막부 최고의 직으로 상직이 아닌 비상직이다. 1638년부터 시작되었으며, 12만 석 이상의 후다이 다이묘 중에서 이를 임명했다.

7) 1858년에서 1859년에 걸쳐 행해진 정치탄압으로 주로 막부의 권위를 체현하고 있었던 이이 나오스케(井伊直弼)의 미일수호통상조약 조인과 전제에 반대하는 심판·도자마 다이묘, 지사 등을 처단했으며 연좌된 자만 하여도 100명을 넘었다. 이듬해인 1860년 3월 3일, 나오스케는 반막부적인 존와양이파에 의해 에도성(江戶城)의 사쿠라다문(櫻田門) 밖에서 암살당했다. 이 사건으로 막부의 위신은 급속하게 저하되었으며 반막부운동이 격화되는 계기가 되었다.

8) 존왕양이와 막부타도를 주장하던 급진파들의 움직임은 상층공가와 번주층의 반발을 불러일으켰으며, 결국 1863년 8월 18일의 정변으로 인하여 초슈 세력은 교토(京都)를 쫓겨나게 되었다.(8·18일 정변) 이후 아이즈(會津)와 사쓰마(薩摩)의 연합을 기반

으로 하는 공무합체파의 번주세력이 지배하는 정치적 상황 속에서, 초슈 번은 세력을 회복하기 위해 존왕양이를 주장하는 세 명의 가로(家老)가 번의 병사들을 이끌고 교토로 상경했다. 도바(鳥羽), 후시미(伏見), 나아가서는 고쇼(御所)의 남쪽에 있는 사카이초문(堺町御門), 서쪽에 있는 하마구리문(蛤御門) 부근에서 막부군과 충돌했으나 패배했으며, 초슈 번은 조정의 적이 되었다. 막부의 요청을 받아들인 조정이 초슈 번에 대한 토벌령을 내리자 막부는 서국(西國)의 여러 번에 출병을 명령, 제1차 초슈 토벌이 시작되었다. 하지만 실제 전투는 없었으며, 초슈번이 책임을 지고 세 가로들에게 할복을 명하는 것으로 매듭되었다. 이 두 정변으로 조정의 수뇌부를 비판하던 세력에 대한 처벌과 함께 이른바 '조정 내 과두지배체제'가 성립되었다. 이상의 결과 천황의 의사를 방해하거나 그것을 넘어서는 세력은 감소했으나, 천황은 과거의 정치력을 잃고서 '혼(魂)을 잃은 인간' '벌거숭이 임금님'이 된 것도 사실이다. 따라서 조정은 더욱 막부와 밀착하지 않을 수 없게 되었다.

9) 1866년 12월 25일, 고메이(孝明) 천황은 불과 36세를 일기로 사망했는데, 그의 사망 원인을 둘러싸고 1990년 후반부터 이듬해 초에 걸쳐 이시이 다카시(石井孝)와 하라 구치 기요시(原口淸) 사이에 전개된 논쟁은 주목을 끈다.(『歷史學研究月報』 368·370·372·373호에 게재되어 있음) 이시이와 하라구치는 의학상의 전문지식까지 동원하여 제각기 '위장형 급성 비소중독'(胃腸型急性砒素中毒)으로 인한 독살설을, '자반성 또는 출혈성 농포성인 악성 두창'(紫斑性及出血性膿疱性惡性痘瘡)으로 인한 병사설을 주장하는 등 과열양상을 보였다. 이시이는 고메이 천황의 두창이 거의 회복한 시점에서 갑자기 병상이 급변한 점, 죽음에 이르는 병상이 비소중독과 유사한 점에 주목하여, 누군가가 비소를 사용하여 독살했음을 주장했다. 하라구치는 고메이 천황의 두창이 자색으로 변색한 사실에 주목하고 천황의 두창은 흑두창이나 자두창이라는 심각한 악성 두창이므로 이로 인한 사망을 주장했다.

그러나 여전히 독살 가능성이 강하게 제기되고 있는 이유는, 병상의 급변과 '아홉 구멍에서 피를 쏟았다'는 이해하기 어려운 상황, 그리고 사망 사실이 나흘 동안이나 숨겨졌다는 점 등에서 당시 조정내부에서 독살설이 나돌았기 때문이다. 고메이 천황의 장인이 되는 나카야마 다다야스(中山忠能)의 일기에서도 누군가가 천황에게 독을 먹였다는 소문과, 근친자까지도 천황의 사체를 가까이 할 수 없게 한 점 등이 기록되어 있다.(日本史籍協會叢書, 『中山忠能日記』 제3권, 1867년 1월 4일자, 7쪽 참고) 한편 독살의 주모자로 이와쿠라 도모미(岩倉具視)가 자주 거론되고는 있으나 어디까지나 가정일 뿐 결정적인 단서는 없다. 독살인지 병사인지는 아직도 여전히 명확하게 밝혀지지 않고 있으며, 이시이는 최종적인 결론을 내리기 위해 고메이 천황릉을 조사할 필요가 있음을 밝히고 있지만, 그것이 허용될 가능성은 현재 거의 없으므로 당분간 의문으로 남을 수밖에 없다.

고메이 천황이 사망한 후 즉위한 메이지 천황은 나이가 어려 섭정을 두게 되었으며, 따라서 천황의 의향을 고려할 필요가 없게 된 궁정의 쿠데타는 급속하게 왕정복고로 나아갔다. 공무합체와 대정위임이라는 에도시대의 조정과 막부와의 관계—에도시대 국정의 틀—를 고집했던 고메이 천황은 그것을 변혁하려는 움직임의 강화와 함께 부정되지 않을 수 없었으며, 의문에 싸인 사망과 함께 고메이 천황은 명실공히 '에도시대 최후의 천황'이 되고 말았다.

10) 도쿠가와 막부의 제15대 쇼군인 요시노부(慶喜)가 1867년 10월 14일에 정권을 조정에 반납하겠다는 의사를 밝힌 데 대해 다음날 천황이 이를 받아들임으로써 대정봉환(大政奉還)은 이루어졌다. 당시 삿초 양번이 중심이 된 세력은 토막의 계획을 추진 중이었으나, 도사번을 중심으로 하는 친막부 입장의 세력은 막부에게 자발적으로 정권을 반납시키게 할 것과 새로운 정권 내부에 막부를 온존시키려 했다. 이에 쇼군은 대정봉환의 의사를 자발적으로 밝히게 되었으며, 이로 인하여 일단 토막파 삿초 중심 세력은 주도권을 상실했으나, 그 후 토막군을 일으키는 데 성공했다.

11) 1867년 10월 14일, 쇼군 요시노부(慶喜)는 천황에게 대정봉환의 뜻을 전하고 다음 날 허락을 받았으나, 여전히 정치적 실권은 그의 수중에 있었다. 당시 정치동향은 도사번을 대표로 하는 도쿠가와씨를 포함한 열번회의로 정치를 운영하려는 공의정체파와 삿초를 중심으로 하는 무력 토막파로 나뉘어져 있었다. 삿초 등 토막파는 이와쿠라 도모미(岩倉具視)와 연계, 같은해 12월 9일에 천황을 움직여 왕정복고 선언을 발포했다. 이 선언은 천황친정·진무(神武) 창업으로 복고함을 기치로 내건 것이며, 막부·섭정·관백(關白) 등 종래의 직을 폐지하고 총재(總裁), 의정(議定), 참여(參與) 등의 3직을 두었다.

12) 1868년 신정부측과 구 막부측 사이에 발생한 내전을 말한다. 도바(鳥羽)·후시미(伏見) 전투를 계기로 막부 토벌을 위한 군사행동이 급격하게 전개되기 시작했으며, 이해 1월 4일에 천황은 신정부에 토벌령을 내림은 물론, 2월에는 메이지 천황이 직접 토벌에 나섰다. 이 과정에서 에도공방전은 사이고 다카모리(西鄕隆盛)와 가쓰 가이슈(勝海舟) 등이 주선하여 무혈개성으로 끝났으나, 그 밖의 지방에서는 격렬한 전투가 계속되었다. 결국 전세는 점차 정부군에 유리하게 전개되었으며, 9월경에는 대부분의 지역이 신정부의 명령에 따르게 되었다

13) 부아소나드는 프랑스의 법학자로 메이지 정부의 초청으로 1873년에 일본에 와서 형법과 민법 등을 기초했다. 또한 이노우에 가오루(井上馨)의 조약개정안 중에 외국인 판사 임용 부분을 비판하는 등 조약개정 반대운동에도 영향을 미쳤다.

14) 막말 최종단계의 정치계획은 크게 두 가지로 나눌 수 있다. 우선 천황을 중심에 두면서 정치를 전개시켜 나간다는 점은 일치했으나, 그 다음 단계에서 도쿠가와씨를 다이묘 중의 하나로 온존시키고 이를 포함한 열번동맹정권을 구축하려는 측과 도쿠가

와씨를 무력으로 철저하게 타도하려는 측이 대립했다. 전자를 공의정체파라 부르며, 도사(土佐) 번을 중심으로 오와리(尾張)·에치젠(越前)·게이슈(藝州) 번 등으로 구성되어 있었다. 그러나 결국 삿초의 토막파에 밀려 세이난(西南) 전쟁으로 돌입했다.

15) 정한론에 대해 마루야마 마사오는 『明治國家の思想』(『丸山眞男集』 제4권, 岩波書店, 1995)에서 국권주의와 민권주의가 동시성을 가지고 동시적으로 등장했음은 물론 상호규정적으로 존재하고 있음을 지적했다. 그리고 이러한 점이 메이지 신국가를 내면적으로 조건지었으며, 국권주의의 첫 구체적 실천의 표현을 정한론으로 보고 있다. 그는 정한론자들의 의도와 목적을 대략 다음과 같이 분석하고 있다.

첫째, 구 무사계급의 실업구제문제로 이는 유신혁명의 기반이었던 무사층이 그 후의 질록처분 등으로 신정부가 자신들의 이해와는 정반대의 방향을 취한 것과 양이 불이행(개항)에 대한 불만을 정한 단행으로 전환시켜 구제하려는 것. 둘째, 불평등조약을 국위 발양으로 타파하려는 생각. 셋째, 일종의 동아연합으로 서구세력의 동점을 저지하려는 생각. 넷째, 저항이 가장 적은 곳을 택하여 유럽제국주의의 모방을 시도해 본다는 것. 다섯째, 대외적으로 분규를 일으키고 이를 기화로 국내개조를 단행하려는 생각 등이 정한론의 동기 속에 혼재함을 지적했다.

그리고 나아가 마루야마는 일본의 그 후의 대륙정책에서 나타나는 이론과 실천이 모두 이상과 같은 정한론의 동기 속에 구비되어 있음을 지적했던 것이다. 곧 정한론의 동기 중에서 첫째는 세계공황에 대한 타개책으로 대륙정책이 발전되었던 사정과 유사하며, 둘째는 청일·러일 양전쟁을 거쳐 '열강'이 됨으로써 비로소 서구와의 불평등조약에서 탈피할 수 있었으며, 그리고 셋째는 대아시아주의, 동아시아 공동체 사상으로 계승되었다는 것이다. 또한 일본의 대륙정책이 복잡성을 띠는 것은 이처럼 일본의 국민적인 해방과 국민적인 독립이 동시에 일본의 제국주의적인 진출과 연동되고 있기 때문이라고 마루야마는 분석하고 있다.

이렇게 볼 때, 정한론이란 메이지 국가의 이른바 역사적인 숙명이었으며, 국권론적인 첫 표현형태였던 것이다. 따라서 이를 반대한 이와쿠라 도모미(岩倉具視)나 오쿠보 도시미치(大久保利通) 등의 이른바 내치우선파 역시도 근본적인 견해에서 정한론자들과 대립적이지는 않았던 것이다. 곧 이는 어디까지나 시기적인 차이에 지나지 않으며, 정한론정변 직후인 1875년 4월에 실제 내치파들에 의한 타이완침략과 그보다 1년 후인 1876년 9월에 강화도사건을 일으켰던 것만 보더라도 이해할 수 있다.

한편 민권론의 첫 실천적인 표현은 1875년의 「민선의원 설립 건백서」에서 시작되었는데, 이것이 정한논쟁에서 패배한 논자들에 의해 전개되었다는 것이 아주 상징적이다. 이처럼 마루야마는 정한론 속에서 메이지 국가의 민권론과 국권론 사이의 숙명적인 관련을 도출해 내었던 것이다.

16) 1874년에 자유민권운동의 도화선이 된 국회개설 요구로 정한논쟁 끝에 하야했던

이타가키 다이스케(板垣退助), 고토 쇼지로(後藤象二郎), 소에지마 다네오미(副島種臣), 에토 신페이(江藤新平) 등 여덟 명이 번벌의 유사전제정치를 공격하며 애국공당(愛國公黨)을 결성, 1월 17일에 건백서를 좌원에 제출했다. 그러나 정부는 이를 시기상조라는 이유로 무시했으며, 애국공당측은 "사족과 호농, 호상의 대표자에 의한 민선의원을 주장하는 것으로 결코 모든 인민에 의한 의원 설립을 요구하는 것이 아니다"라는 소신을 표명했다. 따라서 이는 어디까지나 '상류의 민권론'으로 받아들여지고 있다. 그러나 이러한 건백이 그 후의 자유민권운동의 전개를 유발시키는 계기가 되었다는 점에서 그 의미를 찾을 수 있다.

17) 1873년부터 시작된 토지제도와 조세제도의 개혁을 말한다. 개혁의 골자는 ①과세기준을 종래에 수확에 두던 것을 지가로 전환시키는 것, ②풍흉에 관계없이 세율을 지가의 3%로 함, ③현물납을 금납으로 전환시킴, ④납세자는 종래의 경작자에서 토지소유자로 한다는 것 등이었다. 이처럼 그 내용은 바뀌었으나, 정작 지조액은 과거의 공조와 거의 변함이 없었다. 게다가 1876년까지 이 사업을 완료한다는 정부의 강행방침은 농민들의 불만과 저항을 불러일으켜, 결국 1877년에는 2.5%로 감액했다. 한편 토지사유권의 확립은 농민의 근대적인 의식을 발생시키는 계기가 되었다. 이에 대한 상세한 내용은 金容德, 『明治維新의 土地稅制改革』(一潮閣, 1989)을 참조할 것.

18) 메이지 초기에 집중적으로 추진된 천황순행은 권력에 의해 이데올로기적으로 만들어진 천황상이 민중의식과의 모순은 물론 갈등을 내포하면서도 민중자신에 의해 수용되어 나가는 과정이기도 했다. 여기서 메이지 정권이 전개한 천황순행의 정치적 의도와 그 논리는 물론, 순행에 대한 민중의 반응을 민속적인 전통·의식과 관련하여 생각해 볼 필요가 있을 것이며, 특히 민중을 교화하기 위한 수단으로 연출, 관리, 규제된 순행은 그 과정 속에서 민중의 천황에 대한 지지를 조달하기 위해 민중속에 내재하고 있었던 민속적인 종교의식을 묵인, 이용했던 측면도 부정할 수 없다.

　　메이지 정권이 민속적인 행사나 의식에 강력한 개편과 규제를 가하면서도 그것을 정면에서 부정하지는 않았는데, 그 이유는 민중의 민속적인 반응속에 천황에 대한 숭배를 유도할 수 있는 계기가 내포되어 있었기 때문이다. 이로 인하여 민중은 자신들의 전통적·자연적인 천황신앙의 연장선상에 권력에 의해 이데올로기적으로 창출된 근대적인 천황상을 자리매김할 수 있게 되었던 것이다. 여기에 대한 구체적인 해명을 시도한 연구로 박진우의 「近代日本における排外的ナショナリズムと天皇崇拜の形成」(一橋大學 사회학박사 학위논문, 1994)이 있다.

19) 칙임관은 관리의 신분이며 그 밖의 주임관, 판임관 등의 세 계급으로 나뉘는데, 이 중 제1계급이다. 각 성(省)의 대신이나 지방장관 등의 추천을 받은 자로 천황의 재가를 얻어 임명된다.

20) 『메이지 천황기』(明治天皇紀)의 1874년 3월 24일자에 "도쿄부 내에서 천황의 사진

을 매매하는 자들에게 이를 금지"한다는 내용이 있는데, 실제로 도쿄부는 4월 10일에 이를 각 구장들에게 지시했다.(『郵便報知新聞』) 그리고 이듬해 1875년 5월에는 복사하거나 밀매한 사진사들과 이를 구입한 자들을 도쿄에서 적발하여 벌금 75전씩 부과했다.(『朝野新聞』) 이는 천황의 사진을 엄격하게 관리하려는 것이었는데, 사실상 당시 전국적으로 금지되었던 것은 아니며, 처벌 자체도 오늘날의 경범죄 정도에 상응하는 것이었다.

21) 천황의 사진에 대한 불경사건의 한 예로, 1881년 망년회에서 만취한 민권파 상인이 "1890년에 국회가 개설되면 참으로 이처럼 될 것"이라며 큰 소리로 외치면서 천황의 사진을 땅바닥에 내팽개치고서 이를 짓밟은 사건이 오사카에서 발생했다. 그리고 1883년에는 고베(神戸)의 한 초등학교 교사가 천황의 사진을 찢었다는 이유로 체포당했다. 이 두 사람은 1882년에 처음으로 시행된 '불경죄'에 적용되어 각각 금고 3년 9개월과 금고 3년과 벌금 100엔이라는 중벌에 처해졌다. 더욱이 전자의 경우는 사건이 발생한 것이 '불경죄'가 시행되기 전이었음에도 불구하고 적용되었다.(『大阪朝日新聞』,『東京日日新聞』에 의함.)

　1871년경에 촬영된 메이지 천황의 사진은 1873년 도치기(栃木) 현의 경우처럼 현청사에서 일반 인민들에게 보여주기 위해서 사용되었다. 그러나 이것이 천황숭배를 위한 국민통합의 중추적 장치로 전환된 것은 1892년이며, 이탈리아인 화가 키오소네가 그린 초상의 원화인 천황사진을 '고신에이'(御眞影)로 정하고 이를 전국의 초등학교에 하사하면서 사실상 제도화되었다. 그리고 하사된 천황의 초상사진은 그 자체가 메이지의 일본인들에게는 신앙과 엄격한 금기의 대상이 되었다.(猪瀬直樹,『ミカドの肖像』(小學館, 1986) 제13장 참조)

22) 홋카이도(北海道) 개척을 위해 1,400만 엔을 투하한 시설을 개척장관 구로다 기요타카(黑田淸隆)가 고작 38만 엔, 그것도 무이자 30년부로 같은 사쓰마(薩摩) 출신인 고다이 도모아쓰(五代友厚) 등이 운영하는 관서무역상회에 불하하려 했던 사건이다. 이러한 사실을 자유민권파가 폭로, 번벌에 의한 도당정치를 비난했으며 메이지 14년(1881) 정변의 계기가 되었다.

2 정치적 군주로서의 위상

1) 천황기관설(天皇機關說)은 1911년 미노베 다쓰키치(美濃部達吉, 1873~1948) 교수가 주장한 학설로서, 그 특징은 메이지 헌법(대일본제국주의헌법)을 천황에게 절대적이고 무한한 권력이 존재한다는 입장으로 받아들이지 않고, 가능한 한 입헌주의적인 입장에서 해석하려는 점에 있다. 그리고 우선 통치권의 최고의 근원이 천황에서 비롯된다고 하면서도 통치는 천황의 개인적인 행위가 아니라 국가의 공적인 행위이므로 통치권은 법인인 국가에 귀속하는 권리이며, 천황은 헌법에 따라 통치의 권능을 행사

하는 국가의 기관임을 주장했다.

곧 국가는 법률상 인격을 가지고 있는 법인으로, 이러한 국가야말로 주권의 주체이며, 천황은 단지 국가의 최고기관이라고 하는 이른바 국가법인설을 주장했던 것이다. 이는 독일의 국법학자 옐리네크(G. Jellinek)의 국가법인설을 이론적 기초로 하며 메이지 헌법을 입헌주의적·자유주의적으로 해석하려는데 있다. 곧 천황의 독재적 기능을 협의로 해석하고 국무대신의 보필을 광의로 해석하여 국가작용에 대한 제국의회의 통제를 강조함으로써 국민의 의사를 대표하는 의회 중심의 입헌정치를 실현하려는 것이었다.

이러한 기관설을 기초로 내각과 의회를 국정의 중심에 자리매김했으며, 천황은 스스로 책임을 지지 않는 존재이므로 보조자의 진언(국무대신의 보필) 없이 단독으로 대권을 행사하는 것은 헌법상 불가능함을 주장했다. 예를 들면 통수권의 독립이라는 헌법상의 관습을 고쳐, 군에 대한 통수를 내각의 책임으로 귀속시키는 것도 헌법개정을 하지 않고서 실행 가능하다고 해석했다. 또한 의회는 그 권능을 천황으로부터 부여받은 천황의 기관이 아닌, 직접 헌법에 그 근거를 두는 국민의 대표기관임을 주장함으로써 의회의 권한을 확대 해석함은 물론, 국무대신은 의회에 대해 책임을 져야 할 것을 주장했다.

이는 1912년에 같은 도쿄 제국대학 교수로 군권절대주의를 주장하는 우에스기 신키치(上杉愼吉, 1878~1929)와의 논쟁을 통하여 점차 학계에 정착되기 시작했으며, 1932년 5월에 발생한 5·15사건 직전에 미노베는 귀족원 의원으로 칙선되었다. 그러나 그후 파쇼적인 풍조의 고양과 함께 1935년에 기관설을 배격하는 이른바 국체명징 운동(國體明徵運動)이 일어나면서 미노베는 귀족원 의원을 사직했으며, 천황기관설도 학계로부터 배제되었다.

2) 1873년의 정한론은 메이지 정부에 최초의 대정변을 가져다 주었는데, 정한파 참의들이 하야하면서 정부는 사실상 오쿠보 도시미치(大久保利通)의 독재정권으로 변했다. 정한론은 절대주의 군대 창설에 입각한 사족 해체 방침을 대외침략을 통해 사족에 유리한 방향으로 전개시키기 위해 과거 막부 타도에 참가했던 번의 군사적 지도자 출신인 참의들에 의해 주장되었다. 그러나 근대적인 국민군대 창설을 주장하는 세력의 반대로 좌절되자, 이에 대한 불만과 함께 정한론 관철은 물론 사족의 경제적 기반 상실에 따른 군사적 반란을 지향하는 경향으로 기울기 시작했다. 사이고 다카모리(西鄕隆盛)를 중심으로 하는 이들 반정부 사족세력은 거병했으나 정부의 징병군대에 패배, 사이고가 자살함으로써 난은 진압되었다. 사실상 이는 메이지 정부하의 최대의 반정부 반란이었으며, 또 한편으로 최후의 사족반란이었다. 그 결과 메이지 정부의 서구화＝근대화 정책의 걸림돌이 되었던 봉건제로의 복귀세력이 완전히 해체되었다고 볼 수 있다. 그리고 다이묘 이하 사족들은 금록공채에 의존하는 금리생활자로 전락하여,

몰락의 길을 걸어야 했다.

3) 황조황종(皇祖皇宗)은 신격화된 역대의 천황을 황조(皇祖)의 신(神)들과 일체화시키려는 관념이다. 황조란 신화상에 존재하는 천황의 조상을 가리키는 말로 일반적으로는 아마테라스 오미카미(天照大神)를 지칭하나, 근대 천황제하에서는 주로 아마테라스 오미카미부터 진무(神武) 천황에 이르기까지를 지칭하는 것이었다. 황종(皇宗)은 진무 천황 이하 제2대 천황부터 바로 앞대 천황까지의 역대 천황을 말하는데, 진무 천황을 포함시키기도 한다.

천손강림신화(天孫降臨神話)로 천황에 의한 일본국 통치의 정당성을 주장하는 근대 천황제 국가는 당연히 진무 천황에서 시작되는 황통의 '만세일계'를 과거의 사실로 입증할 필요가 있었다. 메이지 유신 직후부터 정부는 역대의 천황에 대한 신격화를 꾀했으며, 때로는 역사상의 사실을 무시하면서 제122대 메이지 천황에 이르는 황통을 인위적으로 만들어 내는 작업을 추진했다. 그 예로 남북조의 정통성 문제에서 남조가 정통임을 확정했으며, 역대 천황의 묘소를 고대로 거슬러올라가 황릉으로 비정한 것도 그 일환이었다. 이처럼 '만세일계'를 역사상의 사실로 정비함과 동시에 '황조황종' '조종'(祖宗)의 관념이 만들어졌던 것이다. 신화상의 역사는 이 '황조황종'의 관념으로 강고하게 연결되었는데, 이는 신(神)인 아마테라스 오미카미부터 바로 앞대의 천황까지 연속성을 의미하는 것이며, 이러한 인식은 명백한 하나의 종교관념이라 할 수 있을 것이다.

4) 초연내각이란 특정 정당과 지지관계를 맺지 않고서 정당과는 무관한 내각의 정치적인 자세를 가리키는 말이다. 이는 대일본제국헌법이 발포된 다음날인 1889년 2월 12일에 구로다 기요타카(黑田淸隆) 수상이 지방장관을 대상으로 연설하던 중에 나온 말로, 그 후 중의원의 대다수 의석을 점령하여 의회를 통한 반정부 공격을 개시하려는 정당세력과는 무관하게 부국강병노선을 초연하게 정부가 추진해 나간다는 의미에서 널리 사용되었다. 이는 곧 정당내각정치를 부정하는 것이었으며, 메이지 이래의 번벌 관료들이 자신들의 내각을 지키기 위한 태도이기도 했다.

5) 제1회 제국의회 무렵부터 일반적으로 사용된 말로 이는 관료정부에 반대하는 야당을 지칭하는 말이다. 단순히 당뿐만 아니라 반정부파의 개인에게도 민당이라고 하는 경우도 있다. 반대로 이당(吏黨)이라는 용어도 사용되었는데, 이는 번벌·관료정부를 지지하는 여당·어용정당을 지칭하는 것이었다. 여기에는 민당의 경우 자부심, 이당의 경우는 경멸의 뉘앙스가 있는데, 나카에 초민(中江兆民)이 처음 사용했다는 설은 있으나 확실하지는 않다. 청일전쟁 이후에는 점차 사용되지 않게 되었으며, 여당과 야당이라는 용어로 대체되었다.

3 '황실'의 성립

1) 누마 모리카즈(沼間守一) 등은 자유민권론의 확대와 함께 1873년에 결성한 법률강의회의를 개편, 1879년에 앵명사(嚶鳴社)로 개칭하고, 연설회를 개최하는 등 폭넓게 활동했다. 누마를 비롯한 사원의 3분의 1정도가 현직 관리였으며, 서구의 신사상 연구와 자유민권을 주장하는 공개강연회를 개최했다. 그러나 1879년에 정부가 현직관리의 공개강연을 금지하자 누마는 사직과 함께『도쿄요코하마마이니치 신문』(東京橫浜每日新聞)과『오메이 잡지』(嚶鳴雜誌) 등의 기관지를 통하여 민권사상 보급을 중심으로 사회운동에 전념했으며, 1880년에는 양원제·의원내각제를 주장하는 헌법초안을 발표했다. 당시 사원만해도 천 명에 달했으며, 이중에는 경제학자 다구치 우키치(田口卯吉)를 비롯, 시마다 사부로(島田三郎), 고이즈카 류(肥塚龍), 가네코 겐타로(金子堅太郎), 오이시 마사미(大石正巳) 등이 소속되어 있으며, 조직의 중심은 1880년경에는 간토(關東)·도호쿠(東北) 각지에 지사를 두었다. 이들 간부 대부분은 입헌개진당 창립에 참가하나, 1882년 7월의 개정집회조례로 인해 해산되었다.

2) 1868년 6월 17일의 행정관 포고에서 공가(에도시대 교토의 조정에서 일하던 상급, 중급의 신하)와 제후(에도시대 막부에 직접 복속되어 있었던 1만 석 이상의 무가를 지칭하는 말로 '다이묘'가 바로 이들임)를 합쳐 화족이라는 새로운 계급의 족칭을 부여했다. 이로써 에도시대까지 서로 다른 별도의 계급이자 신분이었던 공가와 제후는 왕정복고 후 천황친정이라는 일본의 국체에 걸맞은 천황제 화족= '황실의 번병'으로 동족화되었다. 당시의 화족은 모두 427가였으며, 이 중 공가가 142가, 제후가 285가였다. 이후 화족의 수는 점차로 증가하나 일본인 1만 명당 한 명에도 못 미치는 특권계급이었다.

　이들은 메이지 정부로부터 정치·경제는 물론 사회적으로 다양한 특권을 부여받았는데, 이는 자유민권운동의 맥락을 이은 반정부세력의 의회를 매개로한 공격을 제지하기 위한 정치적 방파제 역할을 위해서였다. 따라서 화족의 정치능력 향상이 문제가 되었는데, 이를 위해 메이지 정부는 1884년에 화족령을 통하여 세습적인 '구화족'(1868년 당시에 만들어진 화족) 이외에 정치적인 능력을 겸비한 '신화족'을 대거 가세시켰으며, 의회 개설 때 귀족원의 과반수를 항상적으로 점할 수 있는 법적 장치(귀족원령)를 1889년에 마련함으로써 일단 화족제도는 완성되었으나 전후 일본국헌법시행으로 폐지되었다.

　화족이란 명칭은 원래 개인을 지칭하는 것이 아니라, 동일한 호적에 속한 사람들 전체를 지칭하는 것이었다. 다시 말해서 A라는 인물이 화족이라면 그 A는 화족 A가(家)의 일원이라는 것과 같은 뜻이 된다. 따라서 화족인 A가 혼인하여 화족이 아닌 호적으로 이적할 경우에는 자동적으로 화족이 아닌 평민이 된다. 그리고 이와 함께 작위는 화족 중에서도 호주에 한하여 가질 수 있으며, 바로 여기서 '무작화족'(無爵華族)이란 말이 생겨나게 되는 것이다. 그리고 여성은 화족령 제3조 "여성은 작위를 물려받을 수 없다"는 규정으로 인하여 비록 호주라 하더라도 작위를 가질 수 없었다. 여기서 한 가지 알 수 있는 점은 작위란 개인에게 주어지나 결코 개인의 것이 아니었다는 점이다. 작위는 개인의 공로가 평가되어 내려지는 것이기는 하나, 그 대뿐만 아니라 세습되므로 결국 그 집의 재산이었던 것이다. 작위는 1884년 7월, 화족령에 의해 공·후·백·자·남의 5작제가 제정되어 부여되었다.

3) 1886년 2월 24일에 제정된 공문식(公文式)은 법률, 칙령 등, 명령의 기초·재가·공포·시행을 규정한 칙령을 말한다. 그리고 공포에 관한 규정은 공포식이라 한다.

4) 다섯 섭가란 고노에(近衛)·규조(九條)·이치조(一條)·니조(二條)·다카쓰카사(鷹司) 등의 다섯 가문을 말하는데, 이들은 가마쿠라(鎌倉) 시대에 성립된 섭정·관백에 임할 수 있는 가문으로 모두 후지와라 북가(藤原北家)의 후예이다.

5) 오늘날 일본에서 이에 제도는 소멸되어 가고 있는 데 비해 '가족'은 여전히 존재하고 있으므로 이에가 '일본의 가족'이라는 식의 이해는 바르지 못하다고 하겠다. '가족'이란 어떠한 사회에도 존재하는 인류의 사회집단으로서 보편적인 것인 데 비해, 이에는 일정한 조건에 의해 형성된 일본 문화 특유의 제도라 할 수 있다. 이러한 개념은 메이지 시대에 전통적인 가족으로 법제화되면서 중요한 국민 교화수단으로 사용되었다. 동시에 이에의 확대된 형태가 천황제 국가라는 식으로 간주되면서 이것은 천황제 이데올로기를 정당화하는 중요한 수단으로 사용되었다.

일본 사회에서 이에 제도가 보편적으로 발전한 것은 근세, 특히 중기 이후부터이며, 이것이 최고조에 달한 것은 말기에서 메이지에 걸친 기간이었다. 그리고 다이쇼기에 들어가면서 붕괴현상을 보이기 시작하다가 전후가 되면서 급격하게 소멸했다. 이에를 구성하는 요건은 일정한 경제·정치적 조건과 밀접하게 연관되어 있다. 그러면 먼저 이에를 구성하는 제요건에 대해 살펴보면 대략 다음과 같다.

거주공간과 이를 공유하며 함께 생활하고 있는 자(여기에는 가족 이외의 구성원도 표함된다)로, 예를 들면 '한솥 밥을 먹는 자' '한 지붕 아래' 등의 표현에서 잘 나타나고 있듯이 여기서 이에란 바로 생활공동체가 되는 것이다. 그러나 여기에는 이미 사망하여 현재 존재하지 않는 조상까지도 관념적으로 포함되어 있다. 그리고 이에는 반드시 후계자를 전제로 두므로 인해 세대교체에도 불구하고 존속하는 것으로 인식되고 있다. 여기서 이에는 앞으로 출생할 구성원까지도 포함하고 있다는 것이다. 이러한 점에서 단지 동일의 거주공간을 공유한다는 차원에서의 서구의 하우스홀드(household)와는 차이가 있다. 이러한 점에서 일본의 이에는 상당히 독특하며 생활공동체로서의 단위인 이에는 보다 커다란 집단인 부락의 핵을 이루는 기초단위가 된다. 예를 들어 어떤 부락의 규모를 알려고 할 때, 일본인들은 반드시 "그 부락은 몇 호 정도 되는 부락입니까?" 하고 묻는다. 여기서 일본 사회조직의 기본은 개인이 아니라 이에에 있다고 할 수 있다. 따라서 이에는 상당히 중요한 단위임을 알 수 있다.

다음으로 중요한 것은 이에의 계승문제로, 이에는 우선 가장에 의해 대표되며 이러한 이에가 영속적으로 지속되기 위해서는 가장의 후계자가 필요하기 때문이다. 여기에는 중요한 두 가지 규칙이 있다. 먼저 가장의 아들일 것, 그러나 여기에는 다음과 같은 조건이 있다. 가장과 직접적인 혈연관계에 있지 않는 자라 하더라도 정식절차를 거쳐 양자로 되면 가능하다는 것이다. 일본에서는 이러한 후자의 경우가 무려 30% 이상에 달하고 있다. 그리고 또 하나의 원칙은 계승자가 오로지 한 사람에 국한된다(단자상속)는 점이다. 이는 앞의 원칙과 함께 이에의 구조를 결정하는 중요한 요인이다.

아들이 두 명 이상인 경우 단자상속을 원칙으로 하는 일본의 가족에서 차남 이하는 여분이 된다. 따라서 이들은 다른 집에 양자로 보내지든지, 아니면 분가하게 된다. 분가의 경우는 부모가 경제적으로 여유가 있는 경우는 가옥과 토지를 분할해 주며, 그렇지 못한 경우에는 소작인 같은 형태를 취하게 된다. 여기서 주목할 점은 후계자는 이에의 정식 성원이며, 후계자 이외의 차남 이하는 조역에 불과하다는 것이다. 같은 부모 밑에서 태어나도 이에의 후계자와 그렇지 못한 자들 사이에는 지위의 분화가 생기게 된다. 여기서 "형제는 타인의 시작"이라는 일본의 속담을 쉽게 이해할 수 있을 것이다. 사실상 이에의 재산은 아버지에서 자식으로밖에는 계승되지 않으며, 아들이 없으면 반드시 양자나 데릴사위를 취하므로 다른 혈연자에게로 계승되는 기회는 없게 된다. 즉 아들 이외의 혈연자는 양자가 되지 않는 이상 권리는 없는 것이다.

이에의 구조적 특색은 가족 내에서 나타나는 부모의 위치로 이는 다른 나라에 비해 특이하다. 아버지는 보통 가장의 지위에 있으며, 이에 제도가 한창이었을 때, "지진, 천둥, 화재, 아버지" 등이 가장 두려운 존재였을 만큼 특권적인 지위에 있었다. 그러나 여기에는 아버지의 경제적인 능력과 깊은 관계가 있다. 곧 가장의 권위는 경제적인 능력이 없는 한 상실되며, 새로운 능력이 있는 가장으로 교체되어 지위는 바뀌는 것이 보통이다. 여기서 아버지의 권위는 사실 가장권에 있었던 것이며, 낳아준 아버지에서 비롯되는 것은 아니다. 여기서 주목해야 할 사실은 바로 가장권과 부권의 구별이다. 전후의 부권 상실은 대개 이에의 경제적 능력의 상실에서 비롯된다. 곧 봉급에만 의존하는 이에가 늘어난 것이다. 종래 이에의 재산관리와 운영에 대한 권리를 가지고 있었던 이에의 이상적인 가장의 모습은 봉급생활로 인해 격변했다. 대개 일본인들의 경우 부모에게 효도하는 이유를 자신을 길러 주었다는 데서 찾는다. 또한 양자를 쉽게 들이는 것도 혈연에 대한 집착이 덜하기 때문이다.

이렇게 볼 때 전전이나 전후는 부권 상실이라는 점에서는 별 변화가 없는지도 모른다. 다만 변화가 있다면 가장의 권위의 변화일 것이다. 그러나 패전 전에는 가장권이 확립되어 있었던 이에가 많았는데, 이는 초기에 특히 상층과 중상층에서 발달했던 것이 점차 중산층과 하층에까지 하나의 이데올로기로 보급되어, 전체적으로 보면 가장권을 거의 발휘할 수 없는 아버지들도 권위를 가질 수 있었던 것으로 생각된다. 그러나 패전 후 경제적으로 이에의 양상이 바뀌었으며, 민주적인 사고의 고양과 함께 일본의 아버지는 실제적으로 자리매김되었다.

다음으로 이에에서 나타나는 어머니의 지위인데, 사실 이에 제도 하에서는 '가족'보다도 '집사람'이라는 인식이 강하므로 여기서 처와 자식은 일괄적으로 '집사람'이 된다. 여기에는 혈연보다는 가장의 인지가 제일 조건으로 자식에게 어머니란 성원권 획득에서 그리 중요한 원천이 되지 못한다. 따라서 '자궁은 빌리는 것'이라는 말이 있을 정도이며, 본처와 첩의 사이에 난 자식들이 다른 사회보다 큰 차별이 없다는 것은 이러한 결과이다. 일본에서는 혈연에 대한 인식이 비교적 약하며, 이에가 중요시되고 있다는 점이 어머니의 지위를 약화시키는 하나의 커다란 조건이 되고 있다. 실제 이에구조의 핵은 부자간의 연결선이며, 따라서 어머니와 딸들은 주변성원으로 그 지위는 낮아질 수밖에 없는 것이다. 그러나 한편으로는 가장권을 대행하는 미망인으로서의 주부권이 어머니와 아내로서의 핸디캡을 보완해 준다. 이에 제도란 여성의 지위를 저하시키기도 하는 반면에 높여 주는 부분도 있다는 것은 흥미있다.

패전 후 일본에서는 이에 제도가 붕괴되고 이른바 '마이홈 주의'가 보편화되었다. 이는 바로 일본사회의 변화의 한 중요한 부분으로 이는 단순히 대가족에서 핵가족으로 구조가 변했다는 것만으로 설명할 수 없는 부분이다. 무엇보다 중요한 것은 일단 형성된 이에가 후계자를 제도적으로 가질 수 없게 되었다는 점으로 이는 곧 이에 경제의 변화에서 오는 것이다. 즉 젊은 부부가 노부부와 함께 거주하는 것을 반대할 수밖에 없는 사회적인 변화가 그것이다. 사실 이에의 성립과 발달의 기반은 그 이에의 경제적 조건의 여하에 달려 있었다. 그러나 집과 토지, 그 밖에 재생산에 필요한 경제적인 요건을 전제로 하지 않는 한 이에의 존재 이유는 소멸된다. 즉 이에는 재생산의 경영체라는 점에서 아버지와 아들의 연속선은 발달하는데, 이러한 경제요건을 상실한 현대의 많은 봉급생활자에게는 아버지가 아들에게 계승, 상속한다는 연속선은 별 의미가 없어지게 되었다. 여기서 근세 이래 발달해 온 이에 제도는 현대의 사회 대다수 가족의 경제생활의 변화와 함께 붕괴되기 시작한 것이다.

그러나 이러한 이에에 집약적으로 나타나는 일본적 집단의 모습은 구체적인 가족을 중심으로 하는 이에가 사라져도 여전히 강하게 남아 있다. 즉, 그것은 집이라는 건물로 상징되는 일정한 공간적인 틀을 공유하는 모든 사람은 집단성원으로 여겨지게 되었으며, 그 밖의 사람들과 명확히 구별한다는 집단의 모습이다. 이에적 집단의 모습은 이제 가족을 떠나서 현대일본 사회의 여러 집단에서 재현되고 있다는 점이다.

4 '사회 속의 군주'로 가는 길

1) 제1차 야마가타 아리토모(山縣有朋) 내각하에서 제1회 제국의회 개회 직전인 1890년 10월 30일에 발포되었으며, 정식명칭은 '교육에 관한 칙어'이다. 이노우에 고와시

(井上毅)와 모토다 나가자네(元田永孚) 등이 기초한 것이다. 전문은 315자로 되어 있으며, 그 내용은 부분적으로 보편적인 덕목을 열거하면서 유교사상을 기본으로 가족국가관에 입각한 충군애국사상을 국민에게 강제하는 것이다. 학교 교육과 국민 교화의 성전이었으며, 천황제의 정신적·도덕적 지주로서 역할해 오다 패전 이후 1948년 6월에 폐지되었다.

5 황실제도의 정비

1) 일시동인(一視同仁)이란 차별 없이 공평하게 인애(仁愛)를 베푸는 것을 말한다.
2) 대장성(大藏省)이 국가의 재정을 관리하는 데 대하여 내장료(內藏寮)는 황실의 물품 등의 관리와 출납을 관장하는 곳이다.

6 새로운 황실상

1) 전전의 대일본제국헌법체제는 일정액 이상의 납세를 선거권 취득조건으로 하는 제한 선거제로 출발했다. 민권좌파를 중심으로 하는 보통선거운동의 고양을 배경으로 고토쿠 슈스이(幸德秋水)나 가타야마 센(片山潛) 등의 사회주의자와 노동조합의 지도자들이 이 운동에 대거 가세하면서 자유주의자와 사회주의자간의 공동전선이 형성되었다. 그러나 대역사건 이후 정부의 압박으로 1911년 5월 30일에 해체했다. 제1차 세계대전 후 다시 운동을 재개와 함께 1925년 중의원의원에 대한 선거법이 개정되면서 비로소 만 25세 이상의 남자에 한하여 선거권이 주어졌다. 그러나 여전히 화족과 현역군인 등, 천황제의 직접적인 근간인 특수한 계층과 주거가 일정하지 않은 최하층민은 물론 여성은 제외되었다. 이들에게 선거권이 부여되는 것은 전후에서야 가능했다.
2) 1912~1913년에 일어난 제1차 호헌운동으로 당시 육군이 요구한 2개 사단 증설을 사이온지(西園寺) 내각이 거절하자 육상이 사퇴하면서 내각은 총사퇴와 함께 붕괴했다. 이를 계기로 초슈벌의 전제에 반대하는 정당과 여타 번벌의 연합세력, 실업단체 등 산업자본가, 이를 지원하는 신문과 민중의 '헌정옹호' '벌족타파' 운동이 그 후의 가쓰라(桂) 내각을 타도하는 데 성공했다. 이에 성립한 제1차 야마모토 곤베에(山本權兵衛) 내각은 헌정옹호파의 요구를 받아들여 육해군 대신 및 조선과 타이완의 총독에 대한 현역군인제를 예비, 후비에까지 확장하는 등 당시로서는 상당히 자유주의적인 법제상의 개혁을 단행했으나, '구조적'으로 메이지 헌법의 성격을 변경시킬 수는 없었다. 그러나 민중의 정치적 각성이 내각 붕괴에 성공했다는 사실은 드문 사건이었으며, 보통선거운동 발전에도 적잖은 영향을 미쳤다.
3) 1868년 3월 14일, 메이지 천황이 공가·다이묘·백관과 함께 천지신명에게 서약하는 형태로 발표한 유신정권의 기본방침이다. "널리 회의를 열어 만기공론으로 결정할 것"을 방침으로 하며, 안으로는 토막파가 대정봉환파를 제압하고 주도권을 장악했으

며, 밖으로는 개국정책을 취하면서 열강들의 지지를 얻으려는 의도가 이 서문에 작용하고 있었다.

4) 도쿄 제국대학 교수 요시노 사쿠조(吉野作造)는 『중앙공론』(中央公論)의 1916년 1월호에 「헌정의 본의를 설명함으로써 그 유종의 미를 거둘 수 있는 방도를 논함」이라는 논문을 발표하고 여론정치와 보통선거 실현과 민본주의를 제창했다. 이는 데모크라시 이론을 체계적으로 전개한 것으로 중산계급으로부터 광범한 지지를 받았다. 사회주의자 야마카와 히토시(山川均)는 요시노가 주권의 소재를 나타내는 민주주의라는 말을 피하면서 주권의 운용만을 나타내는 민본주의라는 용어를 사용한 것은 그의 사상적 한계라며 비판했다. 그러나 한편으로 실질적인 정치의 운용, 여론정치, 보통선거의 실현으로 관료·군벌의 정치체제와 지배에 대한 개혁을 시도했다는 점에 민본주의의 적극적인 의미를 찾을 수가 있을 것이다.

5) 제1차 세계대전은 인류 역사상 초유의 대규모적이며 근대적인 총력전이었다. 따라서 수많은 나라들이 국내의 인적 자원과 물적 자원을 대대적으로 동원했으며, 사회의 피폐는 심각했다. 이는 결국 민중으로 하여금 더 이상 과거의 권력에 계속적으로 복종할 수 없게 만들었으며, 그 결과 전쟁의 수모자인 대부분의 왕조는 혁명으로 해체되었다. 그리고 이러한 현상은 제2차 세계대전 후에도 재현되나 일본은 전쟁의 주축국이며 패전국이었음에도 불구하고 계속적으로 유지되고 있는데, 이러한 부정되지 않는 왕조 원리에 대한 연구 역시 일본이해에 필요한 연구가 될 것이다.

6) 황태자(쇼와 천황)의 유럽 방문은 당시의 하라 수상 등이 결혼과 섭정 취임을 앞두고 황태자가 "지금 조금이라도 정치와 사람들을 접하는 일에 익숙해질 필요가 있다"는 생각에서 추진된 것이다. 그러나 여기에는 다이쇼 천황의 병상과 황태자비 선정문제를 둘러싼 내분(이른바 궁중모중대사건)으로 추락된 황실의 권위 회복과 대외적으로는 일본의 국제적 평가를 향상시키려는 의도가 깔려 있었다.

유럽 방문 중 황태자는 당시 초강대국이었던 영국의 조지5세로부터 대대적인 환대를 받았는데, 이는 황태자로 하여금 과대한 자존심을 가지게 했으며, 특히 당시 조지5세로부터 사사받은 입헌군주의 길은 평생 고정관념이 되었다. 만주사변 이후 백마를 타고 '위풍당당'함을 국민에게 과시했던 것과 전쟁 지도에서의 자기 과신도 바로 이때의 영향으로 보인다. 특히 1928년 12월 15일에 있었던 관동지방 청년학생 수만 명의 무장행진을 단상에서 외투도 걸치지 않고 비를 맞으며 장시간을 직립부동자세로 관람했다. 사실 쇼와 천황은 주지하다시피 평소 신상의 문제로 몸을 움짓거리는 버릇이 있어서 한시라도 가만히 못 있는 체질이었다. 그럼에도 불구하고 그가 그런 자세를 보일 수가 있었던 것은 바로 군주라는 강한 자신에 대한 도취였으며, 스스로 일본 국민의 숭배의 대상이 되고자 하는 강한 욕구의 발로라 할 수 있을 것이다.

또한 유럽 방문으로 수행원들도 많은 영향을 받았는데, 그것은 바로 성대한 행사를 통하여 민심을 장악하는 통치기술의 중요함에 대한 인식이었다. 귀국 후 이들은 대중 사회에 대한 황실의 민심동원 기능을 활용하여 쇼와 천황의 대대적인 즉위식을 거행 하는 등, 천황 중심의 구심력 강화를 통한 국민의 사상적 획일화가 침략전쟁에 유효 하게 이용했던 것은 말할 필요도 없을 것이다.

히틀러의 참모이자 '심리전쟁'의 이론화를 추구했던 루덴도르프(E. Ludendorff, 1865~1937)조차도 1935년에 출판된 그의 저서 『국가총력전』에서 세계전쟁 준비에 필요한 사상적 통합의 성공사례로 일본을 지적하면서 "일본 국민의 단결은 정신적인 것이며, 이는 천황에 대한 충절을 토대로 하는 신도 신앙에 기인하고 있다. 일본 민족 의 전통에서 발생한 신도 신앙은 국민과 국가의 요구에 적응하는 것으로 지금의 일본 인들은 이 점을 인식하고 신도의 정신을 대대적으로 고취시켜 천황의 신성은 바야흐 로 절대성을 높여 가고 있다"고 했다.

7) 1919년 12월 22일, 쌀소동 이후 격화될 노동운동에 대항하기 위하여 하라 다카시(原 敬) 내각에서 기획하여 정부보조금 200만 엔과 자본가로부터의 기부금 680만 엔을 재원으로 발족했다. 협조회의 근본적인 목표는 노동자들이 가지는 계급갈등을 은폐 시키는 것이었다. 이러한 목표를 위한 사업으로 사회정책과 사회운동에 대한 조사와 연구 결과를 기관지인 『사회정책시보』(社會政策時報)와 『勞動年鑑』(노동연감)에 발표 하는 등, 정부에 대한 조언, 쟁의에 대한 중재와 조정을 행했다.

8) 치안유지법은 국체를 변혁하고 사유재산제도를 부정하려는 결사와 운동을 금지하기 위한 목적으로 1925년 4월 22일에 공포되었다. 이상의 목적을 갖고 결사에 가입하는 자에 대해서는 최고 10년 징역 또는 금고에 처하며, 협의하거나 선동하는 자는 7년, 이익공여자에 대해서는 5년형을 규정했다. 이후 점차적으로 개정되면서 최고 사형이 규정되는 등, 사상범에 대한 단속과 적발을 강화하기 위한 사항들이 신설되었다. 이 법은 식민지 조선에도 적용되었는데, 1925년 12월의 조선공산당에 대한 검거를 시작 으로 해방되기까지 수많은 민족주의자와 자유주의자, 종교인 등을 탄압하기 위한 도 구로 사용되었다. 패전 후 1945년 10월 15일 GHQ의 칙령 제575호로 철폐되었다.

7 국체 지상주의와 천황의 신격화

1) 시마즈 다다요시(島津忠義, 1840~1897)는 막부말기에 사쓰마 번의 번주로 공무합 체파의 중심 인물이었다. 막부정치개혁이라는 칙명을 받고 에도에 상경하여 개혁(文 久改革)을 추진했던 히사미쓰(久光)의 장남으로, 그는 아버지와 함께 번정개혁을 추 진하는 등 1867년에는 막부 타도라는 밀칙을 받들어 왕정복고를 추진했으며, 보신전 쟁(戊辰戰爭)에서는 관군의 중심으로 활약했다. 유신 후는 판적봉환을 솔선적으로 행 했으며, 스스로 가고시마(鹿兒島) 번의 지사가 되었다.

2) 1926년 오사카의 마쓰시마 유곽 이전과 함께 지가 등귀에 의한 폭리를 취하려는 자

들이 정당을 매수하여 이를 추진하려 했던 사실이 발각, 매스컴을 통하여 폭로되면서 와카쓰키 레이지로(若槻禮次郞) 수상이 심문을 받는 등, 정당정치에 대한 비판이 고조되었다.

3) 입헌정우회 총재인 다나카 기이치(田中義一)가 육군대신 시절에 임시 군사비 중의 기밀비를 공채로 바꾸어 자신이 정우회 총재로 취임할 당시 이를 담보로 금융업자들로부터 300만 엔을 빌려 정계에 뿌린 사실을 1926년 3월 제51의회에서 상대 정당인 헌정회가 공격했다. 이를 계기로 의회는 대혼란에 빠져들었으며, 정당의 위신은 크게 실추되었다.

4) 박열은 천황을 정점으로 하는 일본제국주의 정책에 전면 투쟁을 전개한 것이며, 무정부주의자라기보다는 민족주의자로 평가받아야 타당할 것이다. 1923년의 관동대지진 당시 6천 명 이상의 재일조선인들이 학살당하는 혼란한 상태 속에서 또 다른 폭동에 대한 위기를 느낀 일본 정부는 대대적인 예비검문을 행했다. 이때 박열과 그 부인 후미코는 상해로부터 폭탄을 입수하여 일본의 천황과 황태자에 대한 암살을 계획했다는 죄목으로 1923년 9월 3일에 체포되었으며, 1926년에 사형판결을 받았다. 그러나 다이쇼 천황의 사망과 함께 무기징역으로 감면되었으나, 후미코는 옥중에서 자살했으며, 박열은 23년간을 옥살이했다. 박열에 대한 당시의 재판기록을 보면 그가 일본의 황실에 대하여 어떠한 생각을 가지고 있는가에 대한 신문기록이 있는데, 여기서 그의 천황과 황실에 대한 관념을 엿볼 수 있다.

"나는 일본에게 억압을 당하고 있는 조선민족의 한 사람으로서 일본의 천황·황태자·황실에 대해 참을 수 없는 증오와 반역의 마음을 처음부터 가지고 있었으며, 존경심은 추호도 가지고 있지 않았다. 일본의 천황과 황태자는 하나의 우상에 지나지 않는다. 가련한 제분기(製糞機)이자 희생자에 불과하다. 그들이 지나갈 때 국민들이 피하는 것을 보면 그들은 격리되어야 마땅할 전염병 환자나 페스트 보균자에 불과하며, 정욕에 굶주린 자들을 유혹하는 곱상한 사창가의 매춘부처럼 민중을 기만하고 착취하며 억압하는 권력자 계급의 간판과 하등 다를 바가 없다. 그 정체란 한심하기 짝이 없는 유령과도 같다. 물론 일본의 정치·경제·사회를 지지하고 있는 것은 황실이 아니라 정치가·군벌·자본가들이므로 그들을 처단하는 것이 현재의 사회제도를 전복하는 데 가장 의미가 있는 일이지만, 계몽적 선전시대라 할 수 있는 오늘날의 일본에서 황실은 하나의 미신 위에 세워진 우상에 지나지 않는다는 것을 일본민중에게 알리기 위해, 그리고 천황이나 황태자 같은 유령으로 인하여 일반 민중들이 얼마나 속박받고 있는가를 자각시키기 위해서는 바로 그 제분기를 노리는 길을 택하지 않을 수 없었다. 특히 조선의 일반 민중들은 천황과 황태자가 일본의 명실상부한 실권자이며, 한 하늘 밑에서는 도저히 살 수 없는 원수로 생각하고 있으므로, 그러한 존재를 지구로부터 추방해 버리는 것은 조선의 민중들을 감격시키는 일이 될 것이며, 보다 전투적

인 기분을 가지게 할 것이라는 점을 감안한다면, 이는 실로 가장 의미 있는 방법 중의 하나라 할 수 있을 것이다."(朴慶植·水野直樹·內海愛子·高崎宗司, 『天皇制と朝鮮』, 神戶學生·靑年センター出版部, 1989, pp. 41~43)

5) 해군부 내에서는 정부의 방침을 인정하는 조약파와 이를 반대하는 함대파가 서로 대립하고 있었다. 함대파 중심 인물인 가토 간지(加藤寬治) 군령부장은 그의 반대를 무시하고서 내각이 병력량을 독단적으로 결정한 것은 군의 통수권을 침해한 것이라며 정부를 공격했으며, 여기에 야당과 우익세력이 대거 동조했다.

6) 1932년 1월 8일에 발생한 천황 암살미수사건으로 육군 관병식을 마치고 황거로 돌아오던 천황을 실은 마차가 도쿄의 사쿠라다몬 밖에 다다랐을 때, 한국인 이봉창이 천황을 암살하려다 실수하여 궁내대신이 타고 있던 마차에 폭탄을 투척한 사건이다. 이 사건으로 성립된 지 얼마 안되는 이누카이 쓰요시 내각은 당일 사표를 제출했으나, 천황은 유임할 것을 명함으로써 반려되었다. 그리고 이봉창 의사는 사형당했다.

7) 1929년 10월에 뉴욕의 월가의 주가 폭락을 계기로 전 자본주의 세계에 공황이 파급되었다. 이에 일본경제는 커다란 타격을 받게 되는데, 이것이 쇼와 공황이다. 이러한 공황에 대하여 1930년에 금 해금을 단행한 것은 정화의 대량유출, 기업의 조업 단축과 도산, 임금의 하락을 초래했으며, 심각한 공황사태를 불러일으켰다. 한편 농촌에서는 풍작으로 인한 쌀값폭락(풍작기근)과 생사·누에고치 가격이 폭락했고, 1931년의 도호쿠(東北) 대기근 등 농촌의 곤궁이 심각하게 전개되면서 걸식 아동과 딸을 도시로 팔아넘기는 등의 참상이 속출했다.

8) 류타오후(柳條湖) 사건은 달리 남만주철도폭파사건이라고도 하는데, 1931년 9월 18일 밤에 관동군이 만철선로를 봉천교외의 류타오후에서 폭파했다. 관동군은 이를 중국군대의 행위임을 주장하며 그 보복으로 군사행동을 개시하면서 만주사변으로 발전했다. 참고로 류타오후는 당시 류타오거우(柳條溝)로 전해졌는데, 이는 잘못 전달된 데서 생겨난 오류이다.

9) '이'(帷)는 현수막, '아쿠'(幄)는 가로닫이 막을 뜻하므로 '이아쿠'란 싸움터에서 막을 치고 작전계획을 세우는 곳, 곧 본진(本陣)·본영(本營)을 가리킨다.

10) 일본사에서 천황을 현인신으로 추앙하려는 사상은 '국체'사상으로 이른바 '만세일계'인 천황이 일본을 통치한다는 천황제 이데올로기인 것이다. 이는 천황의 권위의 근거를 신(神)이라는 데 두고서 무제한의 대권을 천황에게 부여하는 사상적 기반이 되었으며, '수신제가치국평천하'(修身齊家治國平天下)라는 유교적 전통에 따라 정치와 윤리를 무매개적으로 통일시킴으로써 천황으로 하여금 권력과 권위의 독점체계로 되게 했다.

11) 1945년 7월 26일 연합국의 3대국인 미국·영국·소련의 수뇌가 베를린 교외의 포츠담에 모여 전후 유럽에 대한 처리 문제와 일본에 대한 최종적인 전쟁 종결 조건을 채

택하여 선언했는데, 8월 9일 소련의 대일참전과 함께 이 선언에 스탈린도 가세했다.

　포츠담 선언은 제4항에서 "무분별한 타산으로 일본제국을 멸망의 늪으로 몰아세우는 방약한 군국주의적 조언자에 의해 일본이 계속적으로 통제될 것인가, 아니면 이성적인 경로를 일본이 취할 것인가를 일본이 결정해야 할 시기가 도래했다"고 하며, 제5항에서는 "우리들의 조건은 이하와 같으며, 위의 조건에서 결코 이탈되지 않을 것이다. 위를 대신하는 조건은 존재하지 않는다. 우리는 더 이상 기다릴 수 없다"며 제6항에서 13항에 걸친 조건을 제시하고 있다. 제8항에서는 "카이로 선언의 조항은 이행되어야 하며, 또한 일본의 주권은 혼슈(本州), 홋카이도(北海道), 규슈(九州) 및 시코쿠(四國)와 함께 우리가 결정하는 섬들에 국한한다"고 했다. 곧, 일본은 이러한 조항을 포함하는 포츠담 선언을 수락함으로써 전쟁을 종결했던 것이다.

　여기서 카이로 선언이란 이집트의 카이로에서 1943년 11월 27일에 미국의 루즈벨트, 영국의 처칠, 중국의 장제스가 일본을 상대로 발표한 공동선언으로 결국 포츠담 선언은 카이로 선언을 포함하고 있으며, 두 선언은 불가분의 관계가 있다. 그리고 일본은 이를 수락함으로써 전쟁을 종결했던 것이다. 이는 포츠담 선언이 단순하게 1941년 12월 8일의 진주만과 말레이 공격에서 시작되는 아시아태평양전쟁만을 문제시했던 것은 아니었음을 의미한다. 1937년 7월 7일의 루거우차오(盧溝橋) 사건을 발단으로 하는 중일전면전쟁 이후를 의미하는 것도 아니다. 또는 1931년 9월 18일 류타오후(柳條湖) 사건을 발단으로 하는 만주사변 등 이를 모두 포함하는 이른바 15년전쟁조차도 아니었다. 그것은 바로 1914년의 제1차 세계대전으로 거슬러올라가 그 이후에 일본이 탈취, 점령한 태평양의 모든 도서를 박탈한다는 카이로 선언을 계승한 것이었다. 뿐만 아니라 만주, 타이완 및 펑후(澎湖) 제도와 같은 일본이 청국에서 탈취한 모든 지역을 중화민국에 반환한다는 카이로 선언의 이행을 요구하는 것이었다.

　일본이 타이완을 탈취한 것은 청일전쟁 이후 시모노세키 강화조약에 의한 것이었으며, 만주는 러일전쟁 이후 포츠머스 강화조약으로 탈취한 것이었다. 이들을 모두 중국에 반환하라는 내용과 1910년의 조선합병으로 일본이 식민지화한 조선의 독립을 회복하는 것을 카이로 선언은 주장했던 것이며, 포츠담 선언은 그 이행을 요구하는 것이었다. 즉 일본이 수락한 포츠담 선언은 사실 청일전쟁으로 거슬러올라가 근대 일본이 자행한 청일전쟁, 의화단 사건, 러일전쟁, 한일합방, 제1차 세계대전, 시베리아 출병, 그리고 세 차례에 걸친 산둥(山東)출병, 만주사변, 중일전쟁, 그리고 아시아태평양전쟁이라는 팽창의 성과를 모두 부정하는 것이었다. 일본은 청일전쟁 이래의 모든 대외팽창을 청산한다는 서약하에 비로소 아시아태평양전쟁을 종결지을 수가 있었던 것이다.

8 전후 황실제도의 출발

1) 어전회의는 국가의 중대한 사항과 관련된 최고회의로 천황의 참석하에 열린다. 메이지 이후 천황은 추밀원회의에 직접 출석하게 되어 있으며, 또한 전시에는 대본영회의에 자주 출석했으나, 국정과 관련된 내각회의에 출석하는 일은 거의 없었다. 그러나 긴급한 국가의 중대사항이 발생했을 때는 천황의 출석을 요청하여 어전회의를 연 예는 메이지 시대에는 청일전쟁이 일어나기 직전부터 몇 번 있었다. 원로와 주요 각료 등 참모총장과 군령부장 등이 참가한 회의에 출석했는데, 여기서 천황은 질문 외에 아무런 발언도 하지 않았으며, 천황의 출석은 회의 자체에 최고의 권위를 부여하는 데 목적이 있었다. 다이쇼 이후부터 쇼와 초기까지 어전회의는 단 한번도 열리지 않았으나, 중일전쟁의 개시로 대본영과 대본영연락회의가 개설되면서 1938년 1월 11일과 25일, 28일에 전쟁 처리에 대한 근본방침을 결정하기 위해 개최되었다. 그러나 이는 천황을 제외한 동일 구성원들이 이미 결정한 사항에 권위를 부여하고 그 사실을 재확인하는 절차에 지나지 않았다. 그 후에도 삼국동맹 결정과 미일교섭문제 등을 비롯, 제2차 세계대전 종전 결정에 이르기까지 수차에 걸쳐서 개최되었다. 포츠담 선언 수락은 최고전쟁지도자회의에서 결정을 보지 못했으나, 모든 각료를 참석시킨 어전회의에서 천황의 '성단'으로 결정되었다.

2) 와쓰지 데쓰로(和辻哲郎)는 그의 저작 『國民統合の象徵』(『和辻哲郎全集』제14권, 岩波書店, 1948)에서 헌법이 천황을 '국민통합의 상징'으로 규정한 것과 관련하여, 이 경우 '국민'이란 정치적 공동체가 아니라 문화적 공동체인 것이며, 천황은 예로부터 문화적 공동체인 일본의 상징 = '국민 전체성의 표현자'였음을 주장했다. 이는 곧 근대천황제가 천황제 전체의 역사 속에서 일탈된 예외현상이라는 식으로 파악하고 따라서 일본문화 본연의 모습으로 돌아갈 것을 주장한 것이라 볼 수 있겠다. 이와 같은 와쓰지의 천황제 옹호론은 패전 후 일본사회에서 상징천황제의 정착에 이데올로기적인 근거를 제공했다. 이에 대한 비판적 연구로는 釘貫和則, 「和辻哲學と天皇制イデオロギー」(鯵坂眞 外, 『現代日本文化論の研究』, 白石書房, 1989)와 山田洸, 『近代日本道德思想史研究』(未來社, 1972) 등이 있다. 그리고 패전 후의 천황제 옹호론과 관계된 일본문화론과 천황제 이데올로기에 대한 연구로는 박진우의 「近代天皇制 研究의 動向과 課題」(일본사상사학회 발표논문, 1997)가 있다.

3) 일본의 황위를 나타내는 상징물로서 역대 천황으로부터 전해져 내려오는 거울·칼·구슬을 말한다. 이는 고대 천황제의 확립과 함께 천손강림 신화와 밀접한 관련이 있으며, 이 세 가지 신기를 지니고 있어야 천황으로 인정을 받을 수 있다. 이 중 최고의 신인 아마테라스 오미카미(天照大神)의 몸을 상징하는 야타노 가가미(八咫の鏡, 거울)는 현재 궁중3전의 한 곳인 가시코도코로(賢所)에 보관되어 있으며, 구사나기노 쓰루기(草薙の劍, 칼)는 아쓰다신궁(熱田神宮), 그리고 야사카니노 마가타마(八坂瓊

の勾玉, 구슬)는 이세신궁(伊勢神宮)에서 각각 보관하고 있다.

4) 1947년에 새로이 만들어진 황실전범에서 황위계승은 '황통에 속하는 남계의 남자'가 이를 계승하는 것으로 규정되어 있다. 여기서 현재 일본 천황가의 황위 계승순위는 나루히토(德仁) 황태자, 그 동생 아키시노노미야(秋篠宮·文仁), 현 천황 아키히토(明仁)의 동생 히타치노미야(常陸宮·正仁), 아키히토의 숙부 다카히토(崇仁), 다카히토의 장남 도모히토(寬仁), 차남 가쓰라노미야(桂宮), 삼남 다카모토노미야(高圓宮) 등의 순으로 이어진다.

그러나 현재의 황태자비인 마사코(雅子)가 아들을 낳을 경우 황태손으로 황위계승 2순위가 된다. 하지만 현재 마사코는 만 5년이 지나도록 아기를 낳지 못하고 있다. 최근 일본에서는 이러한 황위계승 문제와 함께 황실전범이 기본적으로 부정하고 있는 '여제' 조항도 개정해야 한다는 주장이 등장하고 있다.

옮긴이의 말

지난 1989년 재일 한국인 지문날인 문제로 한일관계가 극도로 악화되었을 때, 일부 언론에서는 천황(天皇) 대신 '일왕'(日王)이라는 표현을 쓰기 시작했다. 그러자 일본 정부는 당연히 항의를 했고, 우리 정부는 '천황'과 '일왕'의 절충형태로 보이는 '일황'(日皇)이라는 신조어를 사용하게 되었다고 한다. 그런데 최근 우리 정부가 천황의 방한과 일본 문화의 개방문제에 대해 긍정적인 의사를 밝힘에 따라 여론이 분분하던 즈음에, 외교통상부 장관이 '천황'이라는 용어를 사용하자 천황에 대한 호칭문제가 또다시 언론의 도마 위에 올랐다. 결국 외교통상부는 이에 대해 우리의 대통령을 '대통령'이라고 하듯이 '천황'을 단지 의례적인 표현으로 사용했을 뿐이라는 뜻의 완곡한 해명을 해야 했다. 이런 일련의 해프닝을 보면서 우리는 좀더 냉철해질 필요가 있지 않을까라는 생각을 하게 된다. 왜냐하면 천황(또는 일본)은 우리의 주관적 대상이기 이전에 객관적 대상이기 때문이다. 만일 이같은 인식의 전환이 이루어지지 않는다면 일본을 제대로 알고 비판하고, 일본과 더불어 살기란 먼 미래의 일이 될 것이다.

이 책은 스즈키 마사유키(鈴木正幸)의 『皇室制度—明治から戰後まで』, (岩波書店, 1993)를 완역한 것이다. 이 책은 개국과 함께 근대화의 태동기 속에서 그 모습을 드러낸 일본의 독특한 군주제, 곧 근대 천황제가 메이지·다이쇼·쇼와 시대를 거치면서 일본의 정치와 사회에 어떠한 영향을 주었으며, 시대와 함께 진전된 그 권위와 권력의 변화는 어떠했는지를 심층적이고 체계적으로 분석하고 있다. 특히 변화하는 현실의 정치·사회와 함께 맞물려 있는 '살아 있는 황실제도'를 그려냄으로써 전전과 전후의

천황 그리고 황실의 단절과 연속이라는 종래의 양자택일적인 발상에 대해 비판을 가하고 천황제 연구에 새로운 지평을 열었다고 할 수 있다. 사실 천황과 황실은 일정한 제도 안에서 기능했기 때문에 이러한 제도에 대한 정확한 인식 없이 천황(제)을 평가한다는 것은 불가능하다. 오늘날에도 여전히 천황과 황실을 규정하는 황실전범이 존재하고 있음을 감안할 때, 이에 대한 정확한 이해가 천황(제)을 보다 정확하게 이해하는 데 필수적이라는 것은 말할 필요도 없을 것이다.

일본에서는 웬만한 서점에만 가도 따로 '천황 코너'가 마련되어 있는데, 그 서가에는 대중적인 책에서부터 전문연구서까지 빼곡하게 들어 차 있다. 우리는 이것만 보더라도 일본인들이 천황에 대해 얼마나 관심이 많은지를 금방 알아차릴 수 있다. 그렇다면 일본은 왜 천황(제)에 집착하는 것일까? 그 이유는 우선 천황제가 실질적으로 일본인에게 미치고 있는 영향력과 천황제를 둘러싼 문제가 광범위하고 뿌리깊다는 데 있다고 생각된다. 또 하나는 최근 세계화라는 시대적인 조류 속에서 독자적인 일본문화와 정체성의 문제가 제기되면서 일본인들의 관심이 전통에 경도되고 있다는 점이다. 이러한 움직임이 그들의 정체성의 핵심을 이루는 천황이라는 '권위'로 귀결되는 것은 어쩌면 지극히 당연할지도 모른다.

반면, 우리는 오늘날 일본의 평화헌법과 상징천황제를 양두구육(羊頭狗肉)으로 평가하면서도 정작 '침략과 위선의 상징'인 천황제에 대한 이렇다 할 연구문헌을 찾아보기 어렵다. 이는 곧 우리가 일본을 알고 연구하는데 꼭 필요한 토대를 결여한 것이나 마찬가지라고 할 수 있다. 그런 점에서 이 책은 일본의 근대를 비추어 보는 또 하나의 거울일 수 있으며, 나아가 이 책을 읽은 독자들이 일본에 대한 보다 폭넓은 시선과 합리적인 비판정신을 갖게 된다면 옮긴이로서는 더 이상의 보람이 없을 것이다.

옮긴이가 일본에서 유학생활을 마치고 귀국한 후 가장 먼저 착수한 작업은 이 책의 번역이었다. 번역은 6개월 정도 지나 끝이 났지만, 이 책이 유학시절 은사의 저작인 만큼 자칫 잘못하여 누가 되지 않을까 염려되어 여러 차례 다듬다 보니 어느새 3년이라는 시간이 흘렀다. 나름대로 쉽게 옮기려고 노력했으나, 아직도 미진한 부분이 적지 않을 것으로 생각된다.

끝으로 이 책의 번역을 허락해 주신 스즈키 마사유키 선생님, 번역과정에서 여러 모로 조언을 아끼지 않은 친우 권만규씨, 또한 최근 어려운 출판계의 사정에도 불구하고 흔쾌히 이책이 세상에 나올 수 있도록 해준 이산출판사 여러분께 깊은 감사의 말을 전한다.

1998년 6월

류교열

찾아보기

【ㅂ·ㅅ】

바이마르 체제 149
박열(朴烈, 1902~1974) 141~43
보신전쟁(戊辰戰爭) 22
보통선거법안 135, 141
볼셰비즘 132
부락해방운동 135
부아소나드(Gustave. E. Boissonade, 1825~
　1910) 23, 70
부전조약 143, 144
불평등조약 21, 26, 70, 83
블룬칠리(J. C. Bluntschli, 1808~1881) 37, 57
사다코 황후(節子皇后) 69
사사키 다카유키(佐佐木高行, 1830~1910) 41
사사키 소이치(佐佐木惣一, 1878~1965) 167
사쓰마 포격(薩摩砲擊) 22
사이고 다카모리(西鄕隆盛, 1827~1877) 23, 25
사이고 쓰구미치(西鄕從道, 1843~1902) 76
사이온지 긴모치(西園寺公望, 1849~1940) 125
사이토 마코토(齊藤實, 1858~1936) 151
4·16사건 145
사카이 도시오(酒井俊雄) 177
사쿠라다몬 사건(櫻田門事件) 145
산조 사네토미(三條實美, 1837~1891) 76
삼국간섭 118
3대 국난 144, 149
3·15사건 144
3종의 신기 172, 175, 177
상징천황 166, 167, 199
섭정령 110
세이난 전쟁(西南戰爭) 41, 150
소에지마 다네오미(副島種臣, 1828~1905) 61
쇼군(征夷大將軍) 20, 21
쇼와 공황 145, 149, 151
쇼와 천황[히로히토](昭和天皇[裕仁], 1901~1989)
　17, 30, 69, 128, 129, 152, 157~62, 174, 181,
　198
수평사운동 135
순종(純宗, 1874~1926) 73, 113
순행 29, 30
슈타인(Karl, Freiherr vom Stein, 1757~1831)
　42
스기우라 주고(杉浦重剛, 1855~1924) 140
스이코 천황(推古天皇, 554~628) 58, 59
시데하라 기주로(幣原喜重郞, 1872~1951) 176

시라스(しらす) 80~91
시마다 사부로(島田三郎, 1852~1923) 59
시마즈 다다요시(島津忠義, 1840~1897) 140
시부사와 에이이치(澁澤榮一, 1840~1931) 31
식목일(綠ノ日) 17
신격부정선언 166
신상제(新嘗祭) 17
신인회(新人會) 147
15년전쟁 164, 219
10월사건 151, 158
쌀소동(米騷動) 114, 127

【ㅇ】

아리스가와노미야 다루히토(有栖川宮熾仁, 1835~
　1895) 63
아마테라스 오미카미(天照大神) 29, 68
아오키 다다스(靑木匡) 59
안중근(安重根, 1879~1910) 113
앵명사(嚶鳴社) 59
야나기하라 사키미쓰(柳原前光, 1850~1894)　56
　~58
야노 하루미치(矢野玄道, 1823~1887) 68
야마가타 아리토모(山縣有朋, 1838~1922) 76
야마다 아키요시(山田顯義, 1844~1892) 76
야마모토 곤베에(山本權兵衛, 1852~1933) 141
야마오카 만노스케(山岡萬之助, 1876~1968) 135
야마카와 료스이(山川良水) 78
야스바 야스카즈(安場保和) 76
어전회의(御前會議) 164
에노모토 다케아키(榎本武揚, 1863~1908) 83
에토 신페이(江藤新平, 1834~1874) 25
여제(女帝) 57~62, 180, 181
영세황족제 63, 100, 101
영왕(英王, 1897~1970) 113~15
5개조 서문 121
오규 유즈루(大給恒) 28
오다 겐(織田謙) 51
오다카 도모오(尾高朝雄, 1899~1956) 167
오이시 마사미(大石正巳, 1855~1935) 39
오이카와 다다시(及川規) 179
5·15사건 151, 159
오자키 유키오(尾崎行雄, 1859~1954) 40
오카다 게이스케(岡田啓介, 1868~1952) 153
오쿠니누시노 미코토(大國主神) 81
오쿠마 시게노부(大隈重信, 1838~1922) 32